南开马克思主义研究丛书
刘景泉　总主编

思想政治理论课教学崇高论

宋成剑　著

南开大学出版社
天　津

图书在版编目(CIP)数据

思想政治理论课教学崇高论 / 宋成剑著. —天津：南开大学出版社，2017.9
（南开马克思主义研究丛书）
ISBN 978-7-310-05408-4

Ⅰ.①思… Ⅱ.①宋… Ⅲ.①思想政治教育－教学研究－高等学校 Ⅳ.①G641

中国版本图书馆 CIP 数据核字(2017)第 149566 号

版权所有　侵权必究

南开大学出版社出版发行
出版人：刘立松
地址：天津市南开区卫津路 94 号　邮政编码：300071
营销部电话：(022)23508339　23500755
营销部传真：(022)23508542　邮购部电话：(022)23502200

*

唐山新苑印务有限公司印刷
全国各地新华书店经销

*

2017 年 9 月第 1 版　2017 年 9 月第 1 次印刷
240×170 毫米　16 开本　13.75 印张　4 插页　226 千字
定价：35.00 元

如遇图书印装质量问题，请与本社营销部联系调换，电话：(022)23507125

南开马克思主义研究丛书编辑委员会

主　任：薛进文
副主任：陈　洪　逄锦聚　刘景泉　朱光磊
委　员：（按姓氏笔画为序）
　　　　马君潞　王新生　平章起　刘景泉　朱光磊
　　　　陈　洪　何自力　吴志成　张　静　李　毅
　　　　李维安　李翔海　周立群　武东生　赵铁锁
　　　　逄锦聚　高永久　阎孟伟　景维民　薛进文

本书为 2012 年度天津市教委科研计划项目高校思想政治理论课专项任务课题:"教学美学视野中思想政治理论课崇高教学内容及其教学方法研究——思想政治理论课教学中学生崇高感的培养"(项目编号:2012SZK45)成果

目 录

绪论 …………………………………………………………………… 1
  一、思想政治理论课教学研究概况 ………………………………… 1
  二、思想政治理论课崇高问题的提出 ……………………………… 3

第一章 崇高的一般理论 ……………………………………………… 9
  一、崇高研究概况 …………………………………………………… 9
  二、崇高和崇高感 …………………………………………………… 15
  三、崇高的表现和本质 ……………………………………………… 18
  四、崇高的再现与纪念 ……………………………………………… 23
  五、崇高的意义及弘扬 ……………………………………………… 25
  本章小结 ……………………………………………………………… 27

第二章 崇高的教学价值 ……………………………………………… 28
  一、促进立德树人 …………………………………………………… 29
  二、促进以美育人 …………………………………………………… 33
  三、促进有效教学 …………………………………………………… 38
  本章小结 ……………………………………………………………… 41

第三章 崇高的教学内容 ……………………………………………… 42
  一、崇高的中华民族 ………………………………………………… 43
  二、崇高的马克思主义 ……………………………………………… 49
  三、崇高的中国共产党 ……………………………………………… 62
  四、崇高的普通个人 ………………………………………………… 74
  五、崇高的中国精神 ………………………………………………… 78
  六、崇高的中国力量 ………………………………………………… 88
  七、崇高的中国梦 …………………………………………………… 92
  本章小结 ……………………………………………………………… 95

第四章 崇高的价值追求 ……………………………………………… 96
  一、方志敏的崇高追求 ……………………………………………… 96

二、雷锋的崇高追求……………………………………106
　　本章小结…………………………………………………116
第五章　崇高的教育教学…………………………………118
　　一、崇高的思政教师……………………………………118
　　二、崇高的思想境界……………………………………125
　　三、崇高的教学风格……………………………………138
　　本章小结…………………………………………………143
第六章　崇高的人格塑造…………………………………144
　　一、真情关爱学生法……………………………………144
　　二、倾注满腔情感法……………………………………149
　　三、典范人物事例法……………………………………154
　　四、对话引导法与情景教学法…………………………162
　　五、文学艺术熏陶法……………………………………168
　　六、校园文化培育法……………………………………179
　　七、运用红色资源法……………………………………185
　　八、自然景观游历法……………………………………189
　　本章小结…………………………………………………191
结语……………………………………………………………192
参考文献………………………………………………………197
后记……………………………………………………………208

绪 论

2016 年，习近平在全国高校思想政治工作会议上强调指出："要用好课堂教学这个主渠道，思想政治理论课要坚持在改进中加强，提升思想政治教育亲和力和针对性，满足学生成长发展需求和期待。"[①]高校思想政治理论课承担着对大学生进行系统的马克思主义理论教育的任务，因此，如何开展好思想政治理论课教学、切实提高思想政治理论课教学实效性，是一个十分重大的实践和理论问题。针对这一问题，专家学者、一线教师从各个方面进行了研究，取得了丰硕的研究成果。

一、思想政治理论课教学研究概况

从学者们的研究成果看，有关思想政治理论课教学的研究涉及以下方面：思想政治理论课建设规律的研究，思想政治理论课课程体系的演化及其基本特点的研究，思想政治理论课教材建设的研究，思想政治理论课教学内容、教学方法、教学手段、教学模式的研究，思想政治理论课考核的研究，思想政治理论课师资队伍建设的研究，思想政治理论课课程评价的研究，思想政治理论课建设成绩与经验、问题与对策的研究，国外高校思想政治理论课建设的研究，思想政治理论课教学改革的研究。[②]思想政治理论课教学研究的成果除了体现为学术期刊中的论文及综述性文章外，还体现为思想政治理论课教学研究专著、论文集、硕士博士学位论文。近年来，出版的思想政治理论课教学研究专著及论文集有：石云霞主编的《"马克思主义理论课""思想

[①]《习近平在全国高校思想政治工作会议上强调：把思想政治工作贯穿教育教学全过程，开创我国高等教育事业发展新局面》，《人民日报》，2016 年 12 月 9 日，第 1 版。

[②] 林建华：《21 世纪高校思想政治理论课教学改革研究》，知识产权出版社 2014 年版，第 13—28 页。

品德课""两课"教学法研究》(武汉大学出版社 2002 年第 1 版，2003 年第 2 版)，顾海良、佘双好主编的《高校思想政治理论课程教学改革研究》(论文集，武汉大学出版社 2006 年版)，黄蓉生主编的《改革开放 30 年大学生思想政治教育若干问题研究》(论文集，西南师范大学出版社 2009 年版)，教育部社会科学司组编的《普通高校思想政治理论课文献选编（1949—2008）》(中国人民大学出版社 2008 年版)，周向军主编的《高校思想政治理论课教学改革与创新》(论文集，山东大学出版社 2011 年版)，曹顺仙、郭兆红主编的《高校思想政治理论课教学的实践与探索》(论文集，合肥工业大学出版社 2010 年版)，张凤华、梅萍、万美容等著的《高校思想政治理论课"05"方案实施及测评的实证研究》(中国社会科学出版社 2011 年版)，邹礼玉著的《仰望星空，脚踏实地——高校思想政治理论课魅力课堂的构建》(天津大学出版社 2011 年版)，林庭芳主编的《高校思想政治理论课教育教学现代化研究》(人民出版社 2006 年版)，顾钰民主编的《高校思想政治理论课教学方法研究》(论文集，复旦大学出版社 2012 年版)，王炳林主编的《思想政治理论课教学方法创新研究》(论文集，北京师范大学出版社 2011 年版)，洪明主编的《碰撞·共鸣·认同——高校思想政治理论课互动教学探索》(湖北人民出版社 2012 年版)，杨慧民著的《高校思想政治理论课案例教学法研究》(高等教育出版社 2007 年版)，吕志、黄紫华主编的《面向社会，实践育人——高校思想政治理论课实践教学探索》(华南理工大学出版社 2009 年版)，陈洪涛等著的《高校思想政治理论课评价论》(中国社会科学出版社 2012 年版)，李腊生、龚萱、闵杰等著的《高校思想政治理论课教学实效性研究》(武汉大学出版社 2011 年版)，胡涵锦主编的《上海高校思想政治理论课教师队伍建设研究》(复旦大学出版社 2011 年版)，张红峻等著的《北京高校思想政治理论课教学质量保障体系建构研究》(北京理工大学出版社 2009 年版)，叶天放主编的《高校思想政治理论课教学管理初探》(复旦大学出版社 2010 年版)，[1]刘强主编的《思想政治学科教学论》(高等教育出版社 2000 年版)，孟宪东、高东生主编的《应用型大学思想政治理论课教学模式研究》(中国政法大学出版社 2007 年版)，方世南等著的《高校马克思主义思想政治理论课程改革创新研究》(人民出版社 2007 年版)，张建文著的《思想政治课程与教学论》(人民出版社 2008 年版)，刘素芬著的《思想政治理论课改革衔接——以大中学校衔接为

---

[1] 林建华：《21 世纪高校思想政治理论课教学改革研究》，知识产权出版社 2014 年版，第 24—27 页。

例》（社会科学文献出版社2009年版），刘丽琼著的《思想政治理论课教学接受论》（人民出版社2009年版），王雪凌著的《马克思主义理论课教与学的统一——一种认识论分析》（中国社会科学出版社2011年版），施丽红、苏洁著的《高校思想政治课有效教学》（光明日报出版社2012年版），李海峰著的《高校思想政治理论课教师角色研究》（人民出版社2012年版），史美青著的《高校思想政治理论课教育教学若干问题研究》（西北工业大学出版社2013年版），宋成剑著的《思想政治理论课教学趣味论》（南开大学出版社2013年版），林建华著的《21世纪高校思想政治理论课教学改革研究》（知识产权出版社2014年版），艾四林主编的《MOOC与高校思想政治理论课教育教学创新》（北京大学出版社2014年版），教育部高校思想政治理论课教学指导委员会、《思想理论教育导刊》编辑部组编的《春风化雨、立德树人——高校思想政治理论课教师2013年度影响力人物事迹》（高等教育出版社2014年版），等等。思想政治理论课教学研究是思想政治教育研究的重要内容，在思想政治理论课教学研究的诸多成果中，宋成剑的《思想政治理论课教学趣味论》和刘丽琼的《思想政治理论课教学接受论》在2014年全国纪念思想政治教育学科设立三十周年优秀著作、论文和研究报告评选中分别获得著作类二等奖和三等奖。

二、思想政治理论课崇高问题的提出

在诸多思想政治理论课教学研究的成果中，许多都多少涉及思想政治理论课教学艺术的问题、思想政治理论课教学美的问题。

事实上，思想政治理论课教学既是思想政治理论的教育教学活动，同时也是一种特殊的审美活动，而且，思想政治理论的教育教学活动与思想政治理论的审美活动是一而二、二而一的活动，即是说，在思想政治理论课教育教学过程中，既有思想政治理论本身的教学接受活动，也有思想政治理论的教学审美活动，二者统一于思想政治理论课教学活动。思想政治理论课教学之所以既属于教育教学活动，同时又属于审美活动，是因为思想政治理论课教学在本质上是一种精神生产活动，这种精神生产活动是按照美的规律来进行生产的活动。马克思在谈到动物的生产与人的生产的不同时指出："动物只是按照它所属的那个种的尺度和需要来建造，而人懂得按照任何一个种的尺度来进行生产，并且懂得处处都把内在的尺度运用于对象，因此，人也按照美的规律来构造。"①马克思在这里所指的人的生产，不仅包括人的物质生产，也包括人的精神生产，因而，人们不仅在物质生产中按照美的规律来构造，而且在精神生产中也按照美的规律来构造。思想政治理论课教学属于精神生产范畴，因而，思想政治理论课教学也要按照美的规律来进行。通过按照美的规律进行教学，展现思想政治理论课的教学美（教学内容美、教学手段美、教学语言美、教师风范美），具体包括：马克思主义创始人和继承者的人格美与精神美，马克思主义实事求是、尊重规律的科学美，马克思主义人民至上、胸怀宽广的崇高美，马克思主义与时俱进、不断开拓的创新美，马克思主义语言精练、文风清纯的朴实美，多媒体技术传播的动感美，界面组合的色彩美，板书设计的构思美，引人入胜的开场美，旁征博引的论证美，客观真实的说理美，生动形象的表达美，格言名句的哲理美，学识渊博、思维敏捷的智慧美，为人师表的操行美，庄重大方、亲切自然的教态美，等等。②思想政治理论课教学既然是美的，那么，思想政治理论课教学不仅是传播思想政治理论的教育教学活动，同时也是一种特殊的审美活动，通过这样的审美活动，使学生受到美的熏陶。

笔者在《思想政治理论课教学趣味论》中，针对思想政治理论课教学中存在的枯燥乏味问题，专门深入地论述了如何使思想政治理论课教学有趣味以使教学吸引学生的方法、途径。使思想政治理论课教学有趣味需要多方面的努力，其中一个十分重要的方面则在于使思想政治理论课教学是美的，也即让学生参与思想政治理论课教学的过程成为学生审美的过程，学生在参与思想政治理论课教学的过程中，不仅感受到思想政治理论课教学是传播科学真理的活动，同时也是感受美的过程，让学生感受到思想政治理论既是科学的理论，也是美的理论。如果说《思想政治理论课教学趣味论》解决的主要问题是思想政治理论课教学的枯燥乏味问题，解决思想政治理论课教学吸引学生参与教学的问题，解决学生感受思想政治理论科学之真和审美之美的问题，那么，本书要解决的问题则在于：让学生在感受思想政治理论课教学趣味性、感受思想政治理论课教学真与美的基础上，进一步感受思想政治理论课教学的崇高性，从而让学生在思想政治理论课教学中感受崇高、走向崇高，

---

① 马克思：《1844年经济学哲学手稿》，《马克思恩格斯选集》第1卷，人民出版社1995年版，第47页。
② 刘丽琼：《思想政治理论课教学接受论》，人民出版社2009年版，第200—212页。宋成剑：《思想政治理论课教学趣味论》，南开大学出版社2013年版，第42页。

成为一个崇高的人。研究思想政治理论课中的崇高内容及其呈现崇高的教学方法是本书的主要内容。

研究思想政治理论课的崇高内容及教学方法是增强思想政治理论课教学感染力的需要。2005年2月7日,《中共中央宣传部、教育部关于进一步加强和改进高等学校思想政治理论课的意见》指出,"加强和改进高等学校思想政治理论课的指导思想是:坚持以马克思列宁主义、毛泽东思想、邓小平理论和'三个代表'重要思想为指导,深入贯彻党的十六大精神,贯彻党的教育方针,解放思想、实事求是、与时俱进,立足于帮助大学生树立正确的世界观、人生观、价值观,深入开展马克思主义立场、观点、方法教育,开展党的基本理论、基本路线、基本纲领和基本经验教育,开展科学发展观教育,开展中国革命、建设和改革开放的历史教育,开展基本国情和形势与政策教育,不断增强高等学校思想政治理论课教育教学的针对性、实效性和说服力、感染力。"①要增强思想政治理论课教学的感染力,一个重要方面的工作就是发掘思想政治理论课的崇高教学内容,采用适当的教学方法把这种崇高表现与再现出来,并以这种崇高感染学生,从而增强教学的实效性。马克思主义发生、发展的历史就是一部崇高史,近代以来中国人民为民族独立、国家富强、人民解放而努力的历史就是一部崇高史,这其中有许多可歌可泣的事件、人物、思想,它们体现和反映了马克思主义理论的崇高,体现和反映了中国人民的崇高。把这些崇高的内容以适当的方式方法在教学中再现出来,就可以深深地打动学生,并深深地感染学生。

研究思想政治理论课崇高教学内容及教学方法是引导学生树立高尚的理想情操和养成良好的道德品质的需要。《中共中央宣传部、教育部关于进一步加强和改进高等学校思想政治理论课的意见》指出:"要以马克思主义中国化的理论成果毛泽东思想、邓小平理论和'三个代表'重要思想为中心内容,完善思想政治理论课课程体系。立足于对大学生进行系统的马克思列宁主义、毛泽东思想、邓小平理论和'三个代表'重要思想进教材、进课堂、进大学生头脑工作,帮助大学生掌握中国特色社会主义理论的科学体系和基本观点,指导学生运用马克思主义世界观和方法论去认识和分析问题。开展马克思主义人生观、价值观、道德观和法制观的教育,引导学生树立高尚的理想情操和养成良好的道德品质,树立体现中华民族优秀传统和时代精神的价值标准

---

① 教育部思想政治工作司组编:《加强和改进大学生思想政治教育重要文献选编(1978—2008)》,中国人民大学出版社2008年版,第417页。

和行为规范。开展中国近现代史的教育，帮助学生了解国史、国情，深刻领会历史和人民是怎样选择了马克思主义，选择了中国共产党，选择了社会主义道路。开展党的路线、方针和政策的教育，帮助学生正确认识国内外形势。通过充实教学内容，完善课程设置，形成结构合理、功能互补、相对稳定的课程体系。"[1]我们要以系统化的理论教育，提升学生的理性认识水平，也要以情感的教育，以深厚的情感来打动学生，从而使学生在高尚深厚的情感熏陶下树立高尚的理想情操和养成良好的道德品质。其中，思想政治理论课崇高教学内容本身就可以打动学生的心灵，培养学生的崇高感，而这种崇高感就内在地包含着高尚的理想情操及良好的道德品质，因而，思想政治理论课教学需要我们把崇高内容充实到教学中去，并运用表现和表达崇高的方法，让崇高感染学生。

研究思想政治理论课崇高教学内容及教学方法是提升思想政治理论课教师素质的需要。"提高高等学校思想政治理论课教育教学质量和水平，关键在教师。高等学校思想政治理论课教师是马克思主义理论和党的路线、方针、政策的宣讲者，社会主义意识形态和精神文明的传播者，要不断提高马克思主义理论素养，提高科研能力和教学水平，做坚定的马克思主义者，做教书育人的表率，做大学生健康成长的指导者和引路人。要坚持正确的政治方向，加强思想道德修养，增强社会责任感，不断完善知识结构，提高教育教学能力。"[2]这就是说，要提高思想政治理论课教育教学质量和水平，关键是提升思想政治理论课教师的素质、能力和水平。而教师要提升自己的素质、能力、水平，就需要有高度的责任感、使命感和从事思想政治理论课教育教学的崇高感。从其作为马克思主义理论与党的路线、方针、政策的宣讲者，社会主义意识形态和精神文明的传播者来看，思想政治理论课教师的教育教学活动意义非常重大，思想政治理论课教育教学非常崇高，因而，思想政治理论课教师应当具有从事教育教学活动的崇高感。思想政治理论课教学中的崇高内容本身即有助于教师崇高感的形成，而教师一旦有了这样的崇高感，同时又以适当的方法方式再现崇高，就可以培养学生的崇高感。

本书的研究从整体上说属于美学与思想政治教育学的交叉研究，具体地说，属于美学中的崇高理论与思想政治教育学中思想政治理论课教学理论的

---

[1] 教育部思想政治工作司组编：《加强和改进大学生思想政治教育重要文献选编（1978—2008）》，中国人民大学出版社2008年版，第418页。
[2] 教育部思想政治工作司组编：《加强和改进大学生思想政治教育重要文献选编（1978—2008）》，中国人民大学出版社2008年版，第419—420页。

交叉研究。因为美学和思想政治教育学分属不同的学科，所以进行美学与思想政治教育学的交叉研究，既需要美学的知识，又需要思想政治教育学的知识，这对研究者来说是一个很高的要求。具体到本书的研究，研究者除了具备美学和思想政治教育学的一般知识外，还特别需要对美学中的崇高理论、思想政治教育学中的思想政治理论课教学理论有相当的了解和把握。

  在具体的研究中，根据本书研究的特点，采用以下研究方法：（1）从一般到特殊的研究方法。即首先把握美学研究中已有的崇高理论成果，运用有关崇高的一般理论认识、分析、把握思想政治理论课教学中的崇高，包括思想政治理论课教学目标的崇高，思想政治理论课教学内容的崇高，思想政治理论课教学主体即教师的崇高，思想政治理论课崇高教学内容的教学方法。（2）典型研究法。思想政治理论课教学内容中的崇高包括：马克思主义理论的崇高、中国化马克思主义的崇高、中国近现代史的崇高、中华民族和中国人民的崇高、中国共产党的崇高、中国共产党党员和普通群众的崇高、中国精神的崇高、中国力量的崇高、中国梦的崇高，等等。在崇高的许多具体表现中，尤以人民英雄、中国共产党党员和普通群众的崇高最为丰富，所以，在这部分内容的研究中，笔者选择若干有代表性的典型加以重点论述。（3）从实践到认识的研究方法。实践是认识的来源，是认识的动力，是认识的目的，是检验认识是否真理的唯一标准。在思想政治理论课教学研究中，尽管专家学者没有全面系统地论述思想政治理论课教学中的崇高问题，但从思想政治理论课教学实践来看，思想政治理论课教师根据教学实践所撰写的思想政治理论课教学研究论文、著作，都从一定方面涉及了思想政治理论课教学中的崇高问题，特别是有关教学方法的问题。本书中介绍的若干培养学生崇高感的教学方法是一线教师在教学实践中实际采用的方法。因为广大思想政治理论课教师的教学实践无限丰富，所以，本书介绍的有关教学方法仅仅是全部教学方法中的部分方法。

  为了实现培养学生崇高感、使学生成为崇高的人的教学目标，根据以上研究方法，本书研究、探讨的主要内容如下：（1）概述关于崇高的一般理论。把握崇高的一般理论的目的在于，从崇高的理论视角审视、探究思想政治理论课教学中的崇高问题。（2）运用崇高的一般理论探讨、揭示思想政治理论课教学目标的崇高性，探讨、揭示在思想政治理论课教学中培养学生的崇高感对于实现思想政治理论课教学目标的意义。（3）运用崇高的一般理论探讨、揭示思想政治理论课教学中的崇高内容，思想政治理论课教学中的崇高内容是教师得以在教学中培养学生崇高感的基础,是全书探讨研究的重点。(4)以典型性、代表性个案为例探讨、揭示人们追求崇高、走向崇高的内在精神动因和外在环境条件。在这部分内容中,以方志敏、雷锋为例。(5)具体探讨、揭示思想政治理论课教学的崇高,包括思想政治理论课教师角色职责的崇高、思想政治理论课教师精神境界的崇高、思想政治理论课教学风格的崇高等。(6)依据思想政治教育和思想政治理论课教学的丰富实践,介绍若干培养学生崇高感的教学方法、教学途径。

第一章　崇高的一般理论

一、崇高研究概况

　　一般地说，崇高是西方美学史上的概念。在西方美学史上，最早论述崇高这一概念的是古希腊修辞学家朗基努斯（有的译为朗加纳斯），他著有《论崇高》这一著作，朗基努斯是在两个意义上使用崇高这一概念的，一是文辞，二是自然。在朗基努斯看来，优秀的文辞是思想的光辉，当一篇文章具有深刻的思想，又有强烈的情感，那么，体现这种思想与情感的形象就能产生出一种惊心动魄的力量，这种力量就是崇高。朗基努斯认为，自然界是有崇高的，那些雄伟的自然景观（如火山爆发）是崇高的，人们对自然界的崇高总是充满敬畏之情。

　　在朗基努斯之后，对崇高做了进一步深入思考的英国经验派美学家博克（有的译者译为伯克——笔者注）写了《关于崇高与美的观念的根源的哲学探讨》一文，从此，崇高成为一个真正完全意义上的美学范畴，博克主要研究崇高感产生的原因和崇高事物的基本特征。德国古典哲学家、美学家康德的崇高论深受博克的影响。康德早年写过《论优美感和崇高感》一文，晚年撰写《判断力批判》对崇高做了哲学上的论证。在康德看来，崇高的特征有三：一是对象的"无形式"，即对象的形式无规律、无秩序、无限制；二是从快感的类别看，与美感是直接的、单纯的、安静的、积极的快感不同，崇高感是一种间接的、复杂的、激荡的、消极的快感；三是崇高的根据或者崇高的原因不在客观而在主观。康德把崇高分为两种，一种是"数学上的崇高"，另一种是"力学上的崇高"。数学上的崇高是指对象的体积或者数量绝对地大，大到超出人们的感官所能把握的程度。力学上的崇高是指力量上的巨大威力。

黑格尔从美是理念的感性显现出发，认为崇高是美的一种形态，但与美有所不同，崇高是绝对理念大于或者压倒于感性形式。理念压倒形式，理念是崇高的本质。车尔尼雪夫斯基从"美是生活"的观点出发，认为崇高就在客观事物本身，是一件事物较之与它相比的一切事物要巨大得多。俄国作家屠格涅夫笔下那只反抗猎犬的老麻雀，尽管身体小，但有着敢于反抗的巨大威力，因此车尔尼雪夫斯基把它称为崇高的对象。①因此，有学者根据西方研究崇高的历史认为："西方美学界对崇高的解释是见解纷纭各执一端的，并没有一致'认同'的定论。"②也有学者认为，西方美学没有壮美概念，却有伟大这一概念，伟大即为崇高。③

在中国，崇高作为一个专门的美学范畴出现较晚，但古人在有关论著中已经认识到与一般的美不同的崇高美。学者们一般认为，与西方崇高和优美两个美学范畴大致相当的概念是"阳刚"和"阴柔"。《周易》中对"乾"和"坤"卦及相关的其他一些卦的论述，鲜明地提出了阳刚美和阴柔美的观念。

美学家蒋孔阳指出：

> 我国清初的魏禧，在《文瀫叙》一文中，就描写了这两种不同的美。他说："阴阳互乘，有交错之义，故其遭也而文生焉。然其势有强弱，故其遭也有轻重，而文有大小。洪波巨浪，山立而汹涌者，遭之重者也。沦涟漪濈，皴皱而密理者，遭之轻者也。重者人惊而快之，发豪士之气，有鞭笞四海之心。轻者人乐而玩之，有遗世自得之慕，要为阴阳自然之动。天地之至文，不可以偏废也。"（引自《魏叔子文集外篇》第十卷）后来，姚姬传在《复鲁絜非书》中，更用"阳刚之美"与"阴柔之美"，来加以区分，说：
>
> 自诸子而降，其为文无有弗偏者。其得于阳与刚之美者，则其文如霆如电，如长风之出谷，如崇山峻崖，如决大河，如奔骐骥；其光也如杲日，如火，如金镠铁；其于人也如凭高视远，如君而朝万众，如鼓万勇士而战之。其得于阴与柔之美者，则其为文如升初日，如清风，如云，如霞，如烟，如幽林曲涧，如沦，如漾，如珠玉之辉，如鸿鹄之鸣而入寥廓；其于人也漻乎其如叹，邈乎其如有思，暖乎其如喜，愀乎其如悲。

---

① 张玉能主编：《美学教程》，华中师范大学出版社 2013 年版，第 217—224 页。
② 郑伯农：《一个需要重新审视的理论问题——也谈文化艺术中的"崇高"》，北京走进崇高研究院编：《纵论走进崇高——首次崇高理论研讨会文集》，人民出版社 2011 年版，第 192 页。
③ 陈望衡：《当代美学原理》，武汉大学出版社 2007 年版，第 221 页。

观其文，讽其音，则为文者之性情形状以殊焉。

这里所说的"阳刚"与"阴柔"的两种美，即相当于西方所说的"崇高"与"美"。①

此外，与崇高相似的概念还有"大"。《论语·泰伯》说："大哉！尧之为君也，巍巍乎，唯天为大，唯尧则之。"《孟子·尽心下》说："充实之谓美，充实而有光辉之谓大。"《庄子·天道》说："夫天地者，古之所大也，而黄帝、尧、舜之所共美也。""大"就是伟大的意思，在内涵上大致相当于西方的崇高范畴。近代，王国维是最早译介并运用崇高范畴的学者，王国维著作中所说的"宏壮""壮美"就是我们今天所说的崇高。蔡元培在《以美育代宗教》一文中所称的"崇宏之美"（分为"至大"和"至刚"两种）即是崇高。李大钊在《美与高》一文中所说的"壮伟之美"就是崇高。朱光潜认为英文 sublime（崇高）可译为"雄伟"。在我国当代美学著作中，崇高还被称为"刚性美"或"刚美"。②

在当代中国，学者们在西方崇高研究成果的基础上，从不同的方面对崇高进行了研究。

（一）崇高的字面含义

"崇高"是由"崇"和"高"两个字组成的合成词。"高"，按《新华字典》第 10 版的解释有以下两个基本的含义：一是跟"低"相对。在这个意义上，"高"又可分为如下几个不同方面的含义：1. 由下到上距离远的；2. 等级在上的；3. 在一般标准或平均程度之上；4. 声音响亮。二是敬辞。③"崇"，按《新华字典》第 10 版的解释，有如下两个含义：一是高。二是尊重。④《现代汉语词典》对崇高的解释是："最高的；最高尚的。"⑤从词性来说，崇高属于形容词，如"品格崇高""实现共产主义是我们的崇高理想"。有学者在名词的意义上理解"崇高"一词，认为："将它改为名词，把它与理想、事业、行动、形象联系起来，指具有高尚品质的思想与实践；社会的责任，庄严的使命，理想的追求，伟大的精神，纯真的情感，化为高尚的行动，这就是崇

---

① 蒋孔阳：《美学新论》，人民文学出版社 2006 年版，第 393—394 页。
② 张玉能主编：《美学教程》，华中师范大学出版社 2013 年版，第 216—217 页。
③ 《新华字典（大字本）》（第 10 版），商务印书馆 2004 年版，第 147 页。
④ 《新华字典（大字本）》（第 10 版），商务印书馆 2004 年版，第 62 页。
⑤ 《现代汉语词典》（第 5 版），商务印书馆 2005 年版，第 190 页。

高。"①在这个意义上，崇高主要是一种精神状态。"从本质上说，就是世界观、人生观、价值观的体现。其中首要的内容是理想、信仰。理想、信仰是一个人的灵魂，决定着一个人生活的方向、目标、品格、情操和方式。"②

根据《辞海》，"崇高"有三个含义：一是高大。二是指地位特殊、优越。三是高尚。中国古人分别在这三个不同的含义上使用崇高。在"高大"意义上使用的，如：《国语·楚语上》"不闻其以土木之崇高彤镂为美，而以金石匏竹之昌大嚣庶为乐"；《水经注·淇水》"石壁崇高"。在"地位特殊、优越"意义上使用的，如《易·系辞传》"悬象著明莫大乎日月，崇高莫大乎宝贵"。在"高尚"的意义上使用的，如柳宗元《哭张后余辞》"子之崇高，无愧三事（"三事"即事父、事师、事君——笔者注）"。③有学者结合《辞海》对崇高的解释，认为，今天我们所谓的崇高，也有三重含义："一是指所评价的主体涉及根本、广大领域；二是指影响深远、巨大，具有关键意义；第三，更根本的是指其具有正面、积极的意义，包含着真善美。"④

从字面上讲，崇高一词是由崇和高两个同义字构成的复合词，崇也是高的意思，高也是崇的意思。《辞海》及有关辞典对崇高大致有三种解释：一是雄伟、高大，二是高贵、高尚，三是美学名词，同"壮美"意。崇高的这三种含义可以说是紧密相关的，雄伟、高大一般是指自然界的崇高；高贵、高尚一般是指先进社会力量及人物的高尚精神、行为、思想，也即社会中的崇高；而美学中探讨的重要范畴崇高则是对自然和社会中崇高的反映、概括和抽象。

（二）崇高的多学科审视

在对崇高的研究中，对崇高的美学研究成果最为丰富，这表现在：崇高是美的一种形态，是美学研究的重要对象，可以说几乎所有美学概论、美学原理的教材及有关专著，都有对于崇高的丰富论述。

崇高不仅是美学研究的重要对象，也是伦理学研究的重要对象。从伦理学的角度来看崇高，有的学者认为，"崇高就是在推动历史进步的过程中，一个人能够在这种实践中表现出超出一般人的、或者叫一般水准的心理能力和

---

① 吴雄丞：《试论崇高的本质、内涵及其现实意义——在中国首次走进崇高理论研讨会上的发言》，北京走进崇高研究院编：《纵论走进崇高——首次崇高理论研讨会文集》，人民出版社 2011 年版，第 33 页。
② 吴雄丞：《试论崇高的本质、内涵及其现实意义——在中国首次走进崇高理论研讨会上的发言》，北京走进崇高研究院编：《纵论走进崇高——首次崇高理论研讨会文集》，人民出版社 2011 年版，第 33—34 页。
③ 陈瑛：《敬畏和追求崇高》，北京走进崇高研究院编：《纵论走进崇高——首次崇高理论研讨会文集》，人民出版社 2011 年版，第 43 页。
④ 陈瑛：《敬畏和追求崇高》，北京走进崇高研究院编：《纵论走进崇高——首次崇高理论研讨会文集》，人民出版社 2011 年版，第 43 页。

生理能力。"①有的学者认为,"要为人民服务,为全中国和全世界人民服务,这是体现我们人生价值的根本标志,人的崇高就表现在这上面。要在自己的人生舞台上扮演出最优秀的角色,具体地说就是在实践当中不停地创造物质财富和精神财富,为社会和全人类做出更大贡献。"②有的学者更是简洁地说,崇高,"总而言之,就是永远把国家、民族、人民的利益摆在首位,就是'全心全意为人民服务'。"③结合其他一些学者的论述来看,在伦理学中,崇高一般指人的高尚的思想、行为、人格,是人通过道德修养达到的一种非常高的境界。

伦理学中的崇高和美学中的崇高,二者是什么关系呢?对此,学者们有不同的认识。有的学者认为,伦理学中的崇高与美学中的崇高是两种不同的崇高,伦理学中的崇高是从中国古代流传下来的,而美学中的崇高是从外国引进过来的,两者的含义根本不同,不能混淆。有的学者认为,伦理学中的崇高和美学中的崇高既有区别也有联系,但讨论的角度不一样。伦理学中的崇高与美学中的崇高具有内在的一致性,"伦理学中的'崇高'和美学中的'崇高'都是汉语中的'崇高',并不是风马牛不相及的两个根本不同的概念。把二者割裂开来,就会导致理解上的混乱。'崇高'既不是伦理学中的专用术语,也不是美学中的专用术语。生活中存在着大量崇高的人和事。它表现在道德领域中,就是伦理中所谓的崇高;它表现在艺术形象中,就是文学艺术中的崇高。"④就是说,伦理学中的崇高和美学中的崇高都是对现实生活中崇高的反映。大致说来,伦理学中的崇高同样也是美学中的崇高。"崇高既是一个伦理学范畴,同时又是一个美学范畴。作为伦理学范畴的崇高,一切高尚的思想、品格、气节、情操、行为等皆属之。比如伟大的爱国主义精神,肝胆照人的大公无私,义无反顾的舍己利他等。这是'善'的一种,或者说是一种'大善'。伦理学上的崇高主要指向于对人的思想与行为所做的道德评价与规范,带有明显的倾向性。这种思想与行为主要存在于社会生活领域与艺术表现领域,例如社会生活中的为国捐躯与艺术表现中的为国捐躯。自然现象因为不具有道德关系与伦理特性,所以作为伦理学意义上的崇高,在自然界是被排除的。由于作为美学范畴的崇高是主体把崇高客体作为审美观照对象,

---

① 刘润为:《中国当代问题的核心是走向崇高》,北京走进崇高研究院编:《纵论走进崇高——首次崇高理论研讨会文集》,人民出版社 2011 年版,第 18 页。
② 陈瑛:《敬畏和追求崇高》,北京走进崇高研究院编:《纵论走进崇高——首次崇高理论研讨会文集》,人民出版社 2011 年版,第 42 页。
③ 羊涤生:《时代呼唤崇高——重铸我民族之魂》,北京走进崇高研究院编:《纵论走进崇高——首次崇高理论研讨会文集》,人民出版社 2011 年版,第 47 页。
④ 郑伯农:《一个需要重新审视的理论问题——也谈文化艺术中的"崇高"》,北京走进崇高研究院编:《纵论走进崇高——首次崇高理论研讨会文集》,人民出版社 2011 年版,第 188—189 页。

因而，不仅一切具有伦理学意义的崇高现象都可归属为美学范畴的崇高，而且还可以拓展到自然界。另外，现实悲剧由于直接涉及尖锐的现实利害关系与实践行动，所以一般很难直接进入审美领域，主体也很难对其直接持审美观照的态度，比如临场直面仁人志士走上反动派的刑场。而艺术悲剧则因其与现实在时空上拉开了距离，脱离了直接的现实诸种关系，从而使艺术悲剧与崇高美在内涵上常常相互渗透，在外延上常常相互交叉，甚至成为崇高的主要构成。这样，作为美学范畴的崇高的外延就可最大限度地划至社会领域、艺术领域与自然领域。"①就伦理学上的崇高和美学上的崇高二者的关系来说，伦理学中的崇高都可成为美学中的崇高，成为美学中审美的观照对象。笔者认为，伦理学中的崇高实质上是一种善，而善都是美的，当然，这里的美不是一般的美，而是崇高美。思想政治理论课中的崇高一般都可归属于伦理学上的崇高，因而，也就成为美学中崇高的对象。就是说，伦理学中的崇高，思想政治理论课教学内容中的崇高，都是美学意义上的崇高。正是因为如此，当思想政治理论课教师把教学上升到艺术的境界时，就可以把思想政治理论课教学内容中伦理学意义上的崇高转化为美学意义上的崇高，使崇高成为学生审美的对象。

此外，崇高也是哲学、文化学研究的重要对象。近年出版了若干专门研究崇高的专著：陈伟著的《崇高论》（学林出版社1992年版），言冰著的《走近崇高》（河北人民出版社1998年版），孟祥春著的《历史的崇高形象》（上海三联书店 2008 年版），林新华著的《崇高的文化阐释》（复旦大学出版社2009 年版），朱鹏飞著的《崇高的迷失与重生》（吉林大学出版社2011年版）等。这当中，当代著名哲学家孙正聿的《崇高的位置》（吉林人民出版社1997年版，修订本人民出版社2010年版）专门从哲学的视角对崇高加以研究。在孙正聿教授看来，哲学作为理论形态的人类自我意识，哲学的历史是寻求崇高、消解被异化的崇高和重构崇高的历史，也就是为人类文明提供意义、标准和目标的历史；当代哲学作为人类自我意识的理论形态，它在消解"神圣形象"和"非神圣形象"即消解诸种"被异化的崇高"进程中，既经历着消解崇高的精神困倦，又承担着重建崇高的历史使命。探索"崇高的位置"凸显了当代哲学关切人生的意义和价值、人类的现实和未来的自我意识。

崇高也是思想政治教育学研究的重要对象。思想政治教育的重要目标之

---

① 蔚志坚：《崇高美如是说》，《松辽学刊》1993年第4期。

一就是把受教育者培养成为具有崇高理想信念的人。在近几年的思想政治教育研究中，出现了一门把美学与思想政治教育学结合起来进行研究的学科，即思想政治教育美学。就目前已有的研究成果来看，思想政治教育美学研究的方法大致是：运用美学的原理、知识来审视、指导思想政治教育活动，从而使思想政治教育活动成为一种审美活动。这方面的代表性著作有：童坦主编的《思想政治工作与美学》（天津人民出版社1990年版），刘焕甲、刘芳、张家驹著的《美学与思想政治工作》（解放军出版社1992年版），周芳著的《思想政治教育审美研究》（人民出版社2012年版），祖国华著的《思想政治教育审美问题研究》（人民出版社2015年版），此外还有一些博士生、硕士生从思想政治教育审美的视角进行论文的选题，这当中有一些关于崇高的论述。

建设中国特色社会主义事业是一项崇高的事业。为了推动人们全力投入到中国特色社会主义事业的建设中，以贺茂之将军为代表的一批有志之士于2007年成立了"走进崇高研究院"，原中共中央政治局委员、中央军委副主席兼国防部长迟浩田上将任总顾问。走进崇高研究院旨在研究人类关于崇高思想与崇高实践的发展轨迹及其社会意义。在理论研究方面，他们编辑出版了"走进崇高"系列丛书，包括：《中外崇高论》（人民出版社2010年版）、《崇高的位置》（人民出版社2010年版）、《走进崇高——贺茂之文论选》（人民出版社2010年版）、《走进崇高的阶梯》（人民出版社2010年版）、《纵论走进崇高——首次崇高理论研讨会文集》（人民出版社2011年版）。走进崇高研究院还将陆续出版《崇高文化论》《走近大师》《走近将军》《走进英杰》《历代崇高论诗词大观》《中外读书佳话》等著作。走进崇高研究院除了进行崇高理论的研究外，还积极进行崇高人物、事迹、思想、精神的宣传。

二、崇高和崇高感

有学者通过对崇高的深入研究，指出了以往崇高研究中的一个不足，即没有把崇高与崇高感进行区分，在论述中存在两者混用的现象，即无论是崇高还是崇高感，都用崇高一词来表达。但是，这两者在事实上还是有区别的。"崇高是形体上巨大的，或者精神上又伟大又雄浑的、又令人震撼的或者是让人能感到崇敬、奋发的这样一种事象的特性。由于是事象的特性，所以可以将其分为物体的崇高、精神的崇高等。也正因为崇高是相关事象的特性，因而它是客观的。而崇高感则是面对事物时的一种审美感受，因而是偏于从主体的角度而言的。"①

"所谓崇高，是指形体上巨大有力或精神上雄浑，令人惊心动魄、崇敬奋发、心向神往的事物审美特性。"②崇高作为一种美的形态，有物体的崇高美和精神的崇高美之分。"物体的崇高美如自然物、社会物质产品等的崇高美，在形式上，表现为高大、广阔、粗犷、挺拔等形态，和磅礴、突兀等不可阻挡的气势，往往突破了均衡、比例、节奏、和谐等形式美规律；在性质上，表现为刚强、有力、坚韧，具有超凡的物质力量，是使人震慑、惊惧，但又使人惊喜、感奋的美。"③"精神的崇高美，是人在为进步事业而斗争中所表现出来的博大胸怀、坚强意志、非凡才能和勇敢行为等高尚伟大的思想、品格、行为，是人本质力量的最充分的显现。使人信服、赞叹、神往、感奋。夸父追日、精卫填海、波澜壮阔的农民起义、董存瑞舍身炸碉堡、黄继光英勇堵枪眼，这些都是精神的崇高美。"④具有崇高特性的物体、精神作用于人的感觉，作为对具有崇高特性的物体、精神反映的人会产生一种感觉，这种感觉就是崇高感。"崇高感是美感的一种高级形式。它是对自然、社会、艺术中崇高事物的慑服、敬仰、赞叹相混合的审美感受。崇高感以对象的崇高审美特性为源泉，以对崇高的感受力、理解力、想象力为主观条件。巨大、有力以至无限的自然物，具有崇高精神的社会物、艺术形象，都可以激起人的崇高感。崇高感是一种复合情感，一般包含突兀感、惊惧感、叹服感、愉悦感。崇高感有一个转化的过程，即由惊转化为喜、由推拒转化为接受。"⑤崇高感对培育人的高尚的精神具有重要意义："崇高感可以使人感到渺小，产生归属感或重新塑造自己以同化于对象的要求；更可以使人意识到自己的伟大，使人感奋、自信、自尊、自豪，产生巨大的精神力量。"⑥有的学者更是明确指出崇高感中所包含的伦理意味，"崇高感是一种带有伦理意义的积极情感，它通过诉诸道德心理，激励人们进行理智的思考，激发人掌握对象，摆脱、克服自身的渺小和平庸，从而净化自己的心灵。"⑦还有学者分析了崇高感产生、变化的特点："在大自然中，我们面对崔巍的高山、无际的海洋、奔腾的

---

① 林新华：《崇高的文化阐释》，复旦大学出版社2009年版，第43页。
② 徐德清：《趣味美学》，上海古籍出版社2006年版，第130页。
③ 徐德清：《趣味美学》，上海古籍出版社2006年版，第131页。
④ 徐德清：《趣味美学》，上海古籍出版社2006年版，第131页。
⑤ 徐德清：《趣味美学》，上海古籍出版社2006年版，第172页。
⑥ 徐德清：《趣味美学》，上海古籍出版社2006年版，第172页。
⑦ 李萍、于永顺：《实用美学》，东北财经大学出版社2006年版，第41页。

洪流、渺茫的星空……自己在对象面前感到渺小而激起一种强烈的奋发之情；在社会生活中，我们面对着抛头颅洒热血的斗争，惊天地泣鬼神的业绩，英雄的丰碑以及平凡的伟大，也会感到自己平庸而激起一种高山仰止、奋发向上的感受。这种诉诸道德心理的震荡，摆脱、克服和净化自身的渺小和平庸，激励人们理解对象，征服对象，赶上对象，超越对象，向上飞跃，去探索、追求包含巨大伦理情感和深邃哲理的人生价值。总之，自己的精神境界是大大地被提高了，从而感到一种由衷的喜悦。崇高感的这一审美特征，正是由崇高的本质所决定的。"[1] "欣赏崇高的事物，我们往往先感到一种压抑，要么为对象的伟大所震慑，而觉得自己渺小；要么为对象的巨大不幸而震惊，感到难以忍受。而经过这么一番精神上的抗衡后，提起了本身的精神力量，明确了历史的使命与自己应抱的人生态度。"[2] 还有学者认为，壮美是与崇高意义相同的范畴，壮美即是崇高，崇高即是壮美。壮美感即是崇高感。"壮美感中包含有使命感。显示榜样力量的壮美对象直接激发起主体的使命感，它召唤主体告别当下的平庸，向着高远的目标进取。例如在外敌入侵、民族危亡的时候，岳飞的《满江红》（'怒发冲冠'）可能让无数志士仁人热血沸腾，为保家卫国甘愿赴死。"[3] 从学者们的上述论述中，我们可以认识到，崇高感中包含着道德感、使命感，崇高感的产生意味着人的精神境界的提升，意味着人对自身局限性的超越。因而，崇高感是一种高级情感。

根据学者的上述区分，可以认识到，崇高是事象的一种特性，这种特性在不同的具体物象上表现各不相同。就自然界的事象而言，这种特性表现为形体上的巨大；就社会中的事象而言，这种特性表现为精神上的伟大、雄浑，令人震撼，让人感到崇敬、奋发等。崇高感是人与具有崇高特性的事象接触时产生的一种审美感受。正是由于崇高是客观存在的，而崇高感是人们面对崇高时所产生的一种心理感受，所以，在思想政治理论课教学中，教师就可以以一定的方式呈现崇高，让学生感受崇高，进而产生和形成崇高感。下面我们以陈毅元帅的一首诗加以详细说明。

在陈毅元帅的诸多诗作中，有一首《记遗言》的诗，陈毅元帅首先说明了写这首诗的缘由："某女同志（指新四军战地服务团的李岷同志——《陈毅诗词全集》注）渡江遇敌负伤，临殁，同辈皆哭。乃张目视曰：'革命流血不

---

[1] 刘叔成、夏之放、楼昔勇等著：《美学基本原理》，上海人民出版社2010年版，第155页。
[2] 参见陈望衡：《当代美学原理》，人民出版社2003年版，第246—247页。
[3] 胡家祥：《审美学（修订版）》，北京大学出版社2010年版，第178页。

流泪'，言讫而绝。余闻而壮其言，诗以志之。1940年10月。"陈毅元帅诗曰："革命流血不流泪，生死寻常无怨尤。碧血长江流不尽，一言九鼎重千秋。"①在生死关头，李岷同志视死如归，毫无惧色，坦然面对，给同志们留下了"革命流血不流泪"的豪迈遗言，显示了一个革命者的崇高。李岷同志的崇高是一个英雄人物的崇高，是革命精神的崇高。这种崇高是客观存在的，是能让人感受到的。这种崇高感动了同志，感动了陈毅元帅。陈毅元帅对李岷同志牺牲的"闻"，就是"听闻"，就是感知，陈毅元帅的"壮其言"，就是"以其言壮"，就是感受到"革命流血不流泪"的壮烈、壮美。陈毅元帅的"壮其言"就是崇高感。正是由于"壮其言"的感动、激动，陈毅元帅写下了充满崇高精神的《记遗言》诗作。李岷烈士的死是崇高的。面对李岷同志的牺牲，同志们、陈毅元帅在情感上自然而然是悲痛的、难过的，而在悲痛、难过之情之后，是同志们、陈毅元帅悲壮之情的生发，继续革命的斗志更加坚强、坚定。正如毛泽东所号召的："成千上万的先烈，为着人民的利益，在我们的前头英勇地牺牲了，让我们高举起他们的旗帜，踏着他们的血迹前进吧！"②如今，当我们重读陈毅元帅的《记遗言》诗作时，依旧可以感受到李岷烈士的崇高，《记遗言》的崇高，这感发我们的意气，激励我们要学习、弘扬革命的斗争精神，努力地学习好、工作好、为人民服务好。

从陈毅元帅的《记遗言》诗作中，我们可以认识到，在认识和把握崇高时，必须区分崇高和崇高感。必须认识到，思想政治理论课中有十分丰富的崇高教学内容，在教学中，思想政治理论课教师应当把这些崇高的教学内容呈现给学生，以使学生产生和形成崇高感，让学生感受崇高、感悟崇高、走进崇高。

三、崇高的表现和本质

英国美学家李斯托威尔指出："崇高存在于精神上或物质上令人震撼的宏伟里面，它是确定的，而不是捉摸不定的。它既包括我们赋之以崇高感的外界事物的庄严宏伟，也包括灵魂的高尚伟大。没有灵魂的高尚伟大，最高贵的艺术作品和自然都必定会永远黯淡无光。"③就是说，崇高是与宏伟相联系

---

① 陈毅：《记遗言》，《陈毅诗词全集》，华夏出版社1993年版，第76页。
② 毛泽东：《论联合政府》，《毛泽东选集》第3卷，人民出版社1991年版，第1098页。
③ [英] 李斯托威尔著，蒋孔阳译：《近代美学史评述》，安徽教育出版社2007年版，第226页。

的，在物质上体现为庄严宏伟，在精神上、灵魂上体现为高尚伟大。

自然界存在着各种美的事物，如：雄伟的泰山，险峻的华山，奇特的黄山，秀丽的峨眉，幽深的青城，开阔的滇池。这当中，有些事物具有崇高美的特性。最典型的是泰山，人们称泰山为五岳之首，泰山的自然特征是厚重而高耸，气势磅礴。构成泰山雄伟的因素是：（1）与周围平原、丘陵形成强烈的大小高低的对比。泰山突起于齐鲁平原之上，显示出一种"拔地通天"的气势，使人产生"会当凌绝顶，一览众山小"的感受。（2）山势累积，主峰高耸。泰山的山势由抑到扬，有如大海巨澜，一浪高过一浪，具有强烈的鼓舞性节奏。（3）形体厚重。所谓"稳如泰山""重如泰山"，也反映了泰山的一种自然特征。由于泰山基础宽阔，盘卧426平方公里，加以形体集中、山势累积，因此使人感到安稳厚重。（4）苍松、巨石、烟云对泰山的雄伟起着烘托作用。[①]正是由于泰山的雄伟，再加上泰山深厚的历史文化内涵，"泰山在中国人民的心目中已经成为'崇高''伟大'的同义语，是中华民族的精神象征。"[②]也正是由于这一点，司马迁说："人固有一死，或重于泰山，或轻于鸿毛。"毛泽东在《为人民服务》的著名讲演中，更是高度评价那些为人民利益而死的人："为人民利益而死，就比泰山还重。"

自然界中的野草、白杨、松树由于具有独特的审美特性而给人以崇高的感受。夏衍写有《野草》、茅盾写有《白杨礼赞》、陶铸写有《松树的风格》，陈毅元帅更是留下了"大雪压青松，青松挺且直。要知松高洁，待到雪化时"的著名诗篇。

野草是柔弱的，但又是坚强的，正是在艰难的环境中显现出野草的力量、伟大、坚韧、崇高。夏衍写道："没有一个人将小草叫做'大力士'，但是它的力量之大，的确是世界无比。这种力，是一般人看不见的生命力，只要生命存在，这种力就要显现，上面的石块，丝毫不足以阻挡，因为它是一种'长期抗战'的力，有弹性，能屈能伸的力，有韧性，不达目的不止的力。""种子不落在肥土而落在瓦砾中，有生命力的种子决不会悲观和叹气，因为有了阻力才有磨炼。生命开始的一瞬间就带了斗争来的草，才是坚韧的草，也只有这种草，才可以傲然地对那些玻璃棚中养育着的盆花嗤笑。"[③]

茅盾深情赞美白杨。因为白杨"是力争上游的一种树"，"是虽在北方的

---

① 杨辛、甘霖等著：《美学原理》，北京大学出版社2010年版，第133—134页。
② 杨辛、甘霖等著：《美学原理》，北京大学出版社2010年版，第137页。
③ 夏衍：《野草》，中共重庆市委宣传部、西南大学编：《读点经典》（2009年合订本），重庆出版社2010年版，第163—164页。

风雪压迫下却保持着倔强挺立的一种树!""伟岸,正直,朴质,严肃,也不缺乏温和,更不用提它的坚强不屈与挺拔,它是树中的伟丈夫!""宛然象征了今天在华北平原纵横激荡用血写出新中国历史的那种精神和意志。""它不但象征了北方的农民,尤其象征了今天我们民族解放斗争中所不可缺的朴质,坚强,力求上进的精神。"①

陶铸热情赞美松树的风格。在陶铸看来,"松树郁郁苍苍,生气勃勃,傲然屹立。"松树那种不畏风霜的姿态"使人油然而生敬意,久久不忘"。松树是"崇高品质的象征"。松树之所以是崇高品质的象征,是因为:一方面,松树具有顽强的生命力,能够在任何恶劣的环境中生存生长:"你看它不管是在悬崖的缝隙间也好,不管是在贫瘠的土地上也好,只要是一粒种子——这粒种子也不管是你有意种植的,还是随意丢弃的,也不管是风吹来的,还是从飞鸟的嘴里跌落的,总之,只要有一粒种子,它就不择地势,不畏严寒酷热,随处茁壮地生长起来了。它既不需要谁来施肥,也不需要谁来灌溉。狂风吹不倒它,洪水淹不没它,严寒冻不死它,干旱旱不坏它。它只是一味地无忧无虑地生长。松树的生命力可谓强矣!松树要求于人的可谓少矣!"另一方面,更重要的是松树具有自我牺牲的精神:"你看,松树是用途极广的木材,并且是很好的造纸原料;松树的叶子可以提制挥发油;松树的脂液可制松香、松节油,是很重要的工业原料;松树的根和枝又是很好的燃料。更不用说在夏天,它用自己的枝叶挡住炎炎夏日,叫人们在如盖的绿荫下休憩;在黑夜,它可以劈成碎片做成火把,照亮人们前进的路。总之一句话,为了人类,它的确是做到了'粉身碎骨'的地步了。"概括地说,"要求于人的甚少,给予人的甚多,这就是松树的风格。""松树的风格中还包含着乐观主义的精神。你看它无论在严寒霜雪中和盛夏烈日中,总是精神奕奕,从来都不知道什么叫做忧郁和畏惧。"陶铸每次看到松树,想到松树那种崇高风格的时候,就联想到共产主义风格:"所谓共产主义风格,应该就是要求人的甚少,而给予人的却甚多的风格;所谓共产主义风格,应该就是为了人民的利益和事业不畏任何牺牲的风格。"陶铸希望:"每一个具有共产主义风格的人,都应该像松树一样,不管在怎样恶劣的环境下,都能茁壮地生长,顽强地工作,永不被困难吓倒,永不屈服于恶劣环境。每一个具有共产主义风格的人,都应该具有松树那样的崇高品质,人民需要我们做什么,我们就去做什么,只要是为

---

① 茅盾:《白杨礼赞》,中共重庆市委宣传部、西南大学编:《读点经典》(2009年合订本),重庆出版社2010年版,120—121页。

了人民的利益,粉身碎骨,赴汤蹈火,也在所不惜;而且毫无怨言,永远浑身洋溢着革命乐观主义的精神。"①陶铸由看到松树,想到松树的风格,并进而联想到共产主义风格,表达了一个共产主义者的崇高追求,给人以强烈的崇高感。

李斯托威尔在评述学者们对崇高研究的成果时说:"如果说,阿尔卑斯山峰的高耸入云,或者尼亚加拉大瀑布的飞流悬湍,具有崇高的庄严感;那么,在更为高尚的领域中,安提戈涅、苏格拉底或耶稣那种道德上的庄严感,也同样是巨大的、令人难以抗拒的。"②这就是说,自然中的某些事物可以给人以庄严感、崇高感,同样社会中的某些事物更给人以庄严感、崇高感。自然界中存在着崇高的事物,社会中更是充满着崇高。我们的着眼点主要在于社会中的崇高。社会生活中的崇高"具有明确的伦理本质,实际上,它的内容就是至善"。③伟大、英勇、豪迈、英雄主义、精神不朽,可以看成是社会生活中崇高的同义语。崇高在社会中有各种不同的具体表现形式。一段时间以来,社会生活中出现了人们称之为最美的人和事。2011年7月2日,杭州的一个两岁女孩突然从10楼高空坠落,眼看即将成为悲剧,刹那间,过路女子吴菊萍毫不犹豫地冲过去,徒手接住了女孩。她的事迹被网民热情传颂,"最美妈妈"的称呼由此而来。中学女教师张丽莉奋不顾身保护学生而成为最美教师,战士高铁成冲进火海关闭燃气阀门成为最美战士,客车司机吴斌用生命的最后76秒确保24名乘客安全成为最美司机。此外,还有最美爷爷、最美奶奶、最美孕妇、最美护士、最美油条哥、最美农民工、最美保安等等。回望2012年,"最美"几乎伴随着中国人生活的每时每刻,各行各业的"最美"人物、故事,感动着亿万中国人。"最美"是2012年的社会道德特征,是推动中国社会前进的正能量,是温暖千家万户的精神阳光。④这些最美的人,也就是崇高的人。说他们最美,说他们崇高,就是因为他们的行为是高贵的、高尚的、壮美的。这些最美人物的行为表明他们爱党、爱国、爱人民,他们热爱生活、热爱生命,但必要时却勇于牺牲,体现了大无畏的精神。他们的行为表明他们是"一个高尚的人,一个纯粹的人,一个有道德的人,一个脱离了低级趣味的人,一个有益于人民的人"⑤。他们的行为表明他们是

---

① 陶铸:《松树的风格》,《陶铸文集》,人民出版社1987年版,第154—156页。
② [英]李斯托威尔著,蒋孔阳译:《近代美学史评述》,安徽教育出版社2007年版,第225页。
③ 刘叔成、夏之放、楼昔勇等著:《美学基本原理》,上海人民出版社2010年版,第154页。
④ 《人民日报》,2013年1月8日。
⑤ 毛泽东:《纪念白求恩》,《毛泽东选集》第2卷,人民出版社1991年版,第660页。

"全心全意为人民服务"的人。他们的行为表明他们是践行崇高的人。当人们用"最美"一词描述他们的事迹和行为时，既表明了他们是崇高的践行者、体现者、带动者，又表明了人们对他们的崇敬和崇尚。由于崇高具有多种不同的具体表现，北京走进崇高研究院从多个角度对崇高加以概括："真纯的情感，伟大的精神，高尚的行为，神圣的使命，无形的规范，人类共同崇尚的美德，推动社会前进的动力；既体现在惊天动地的伟业上，又渗透到平凡实际的生活里，更凸显在天塌地陷的灾难中；一旦占有主导地位，就会释放出撼人心魄之光华，形成催人奋进乃至排山倒海之威力，锻铸真、善、美之辉煌。"

与优美相比较，崇高的特征有以下几点：（1）崇高具有压倒一切的力量与气势。崇高更本质的特点不在体积上的巨大而在力量与气势上的卓越。在很多情况下，崇高是精神上的。（2）崇高在形式上具有怪诞的因素。（3）崇高总是体现为对形式美法则的破坏。（4）崇高在社会事物中常见出宗教的圣洁性、道德的高尚性与历史的正义性。（5）崇高感是一种痛感中的快感，惊赞感中的自豪感。[①]与优美表现为主体与客体的相对统一，取和谐的状态不同，崇高表现为主体与客体的对立，取冲突的状态。社会生活中崇高的本质是：处于主客体冲突中的主体，面临的是灾难、艰辛、痛苦、牺牲，正是在这种斗争中主体散发出不平凡的光辉，显示出人性的伟大，方才创造出崇高。这里至关重要的是主体对客体压迫摧残的抗争。斗争的成功与否不是决定主体是否崇高的因素，决定主体是否崇高的是主体的精神，特别是抗争的精神。崇高是在人们集体改造自然、改造社会的斗争中产生的。崇高总是表现为对集体、对社会非凡的认同。这种非凡，通常表现出常人难以克服的物质上的与精神上的艰难。因此，崇高总是首先表现为一种大公无私或舍己为公的集体主义精神、爱国主义精神、人道主义精神。抗争精神与大公精神是崇高的内核。[②]

由于现实生活中存在着崇高（具体体现为崇高的人物、事件、行为、精神），所以人们能够现实地感受崇高、领悟崇高、体会崇高、接近崇高、走向崇高。千百年来，崇高是人们追求的目标。这些最美的人以他们的行为表明，崇高既是目标，又是切实可行的行为。崇高并非高不可攀，而是现实生活中许多人都在践行的行为。认识到最美的人时常就在我们身边，我们就要唱响

---

① 参见陈望衡：《当代美学原理》，人民出版社 2003 年版，第 242—246 页。
② 参见陈望衡：《当代美学原理》，人民出版社 2003 年版，第 247—248 页。

崇高，推崇崇高，学习这些最美人物的行为，让更多的人达到崇高的境界，从而使我们这个社会不断地向善、向美，和谐进步。最美是一种责任。他们之所以最美，是由于他们勇于担当责任。从表面上看，这种责任或者来源于法律的规定，或者来源于道德的要求，但实质上看，这种责任来源于他们内心的召唤。面对这些最美的人，我们不能仅仅停留在口头的议论上，而应当化为我们学习"最美"的行动。我们学习这些最美人物的行为和事迹，就要在平时的工作中干好自己的本职工作，全心全意为人民服务，在履行好自己职责的过程中，表现出自己的最美；同时在社会生活中，在需要我们勇于付出和牺牲时，我们勇于付出和牺牲，表现出我们每个人的最美。崇高是共产党人毕生追求的精神目标。他们的最美行为，是崇高的行为，起着净化人们心灵的作用。人们对最美人物的赞美，说明我们需要崇高。最美就是崇高。每个人应当通过自己的努力，"趋步进入真、善、美之境界，即彰显自身崇高，履行职责崇高，学习他人崇高，用崇高规范自身，研究崇高之道，鼓荡崇高之风，以实现人格优秀、社会和谐、祖国强盛、人类美好。"（见北京走进崇高研究院网站）

四、崇高的再现与纪念

"崇高作为审美的形态，是不能没有形象的，因此，崇高就在那体现着或象征着人类实践斗争的痕迹中展现出来，中国商周的青铜器，其美学风格即为崇高。"[①] 其实，观念形态的崇高作为对现实崇高的主观反映，有多种表现形式。一种表现是，当人们感受到现实中的崇高时，会在内心形成一种崇高感，即人被现实的崇高所激动、惊喜、感愤、昂扬、激越，等等。一种表现是，作为对崇高的客观反映，历史学家、学者们会把现实的崇高（人物、事件、行为、精神等）记录下来，流传后世，后人由此感受到前人的崇高。一种表现是，现实的崇高反映到画家、诗人、小说家、剧作家、音乐家、雕塑家、建筑家、摄影家等艺术家的头脑中，经过他们的艺术加工与创作，现实中的崇高就成为艺术作品中的崇高，如绘画、诗歌、小说、戏曲、音乐、雕塑、建筑、摄影等艺术作品中所展现的崇高，人们从这些艺术作品中可以直

---

① 参见陈望衡：《当代美学原理》，人民出版社2003年版，第248页。

接地感受到崇高。一种表现是，作为对崇高的系统化的理论反映，产生和形成了关于崇高的各种认识、理论、学说。一种表现是，国家和社会对那些为正义事业做出突出贡献的人，特别是牺牲的人授予各种各样的荣誉称号。如《中共中央关于全面推进依法治国若干重大问题的决定》指出："制定国家勋章和国家荣誉称号法，表彰有突出贡献的杰出人士。"①对国家、民族和社会有突出贡献的杰出人士，因其突出贡献而成为崇高的人士，因而，以国家名义授予其国家勋章和国家荣誉称号，有助于肯定其为国家做出的突出贡献，鼓励和带动全社会的人向其学习，发挥国家勋章和国家荣誉称号对广大人民的激励作用。

在各种形式的崇高中，那些为人民利益、民族利益、国家利益、人类利益而勇于牺牲的人是最崇高的，人民通过各种方式、载体来纪念、赞美、歌颂这些英雄人物的崇高：

法律确认，授予烈士光荣称号。我国政府制定了《烈士褒扬条例》，将在保卫祖国和社会主义建设事业中牺牲的公民评定为烈士。烈士遗属享受烈士遗属待遇。

建立纪念碑。1949年9月30日，经周恩来提议，为纪念在人民解放战争和人民革命战争中牺牲的人民英雄，中国人民政治协商会议第一届全体会议决定，在天安门广场建立"为国牺牲的人民英雄纪念碑"。在新中国正式成立前一天，中国人民政治协商会议第一届全体会议的代表以及首都各界群众代表共3000人来到天安门广场南端，举行人民英雄纪念碑奠基典礼。1958年4月22日人民英雄纪念碑落成。碑身南面镶刻着由毛泽东亲自撰写、周恩来亲笔书写的纪念碑碑文。人民英雄纪念碑基座四周还有反映近现代以来我国人民勇于反抗外来侵略、争取民族独立与人民解放事迹的浮雕，这些浮雕以生动鲜明的形象展现了中国人民的崇高精神。我国各地也相继建立了各种纪念碑。由于纪念碑纪念的英雄、烈士的精神是崇高的，所以纪念碑在形体上一般是高大的，纪念碑不高大不足以显示人民英雄、烈士们的崇高精神。②

建立纪念馆。通过搜集、整理烈士的遗物，宣传展示他们的事迹，宣传展示他们的崇高。由于这些纪念馆是用来纪念这些烈士等英雄人物的，所以，

---

① 本书编写组：《〈中共中央关于全面推进依法治国若干重大问题的决定〉辅导读本》，人民出版社2014年版，第14页。
② 在此，我们以美国华盛顿纪念碑为例来说明这一点。"在国家广场中轴线上，林肯纪念堂与国会大厦之间，是高耸挺拔的华盛顿纪念碑。这座仿古埃及风格的方尖石塔是全球最高的石制建筑，为纪念美国第一位总统、国家奠基人乔治·华盛顿而建。纪念碑由大理石、花岗岩和沙石混合而成，近170米高。"洪颖编著：《踏足美利坚》，社会科学文献出版社2009年版，第119页。

我们在参观这些纪念馆时,就会为这些英雄、烈士的崇高精神所打动和震撼。因此,培养学生崇高的途径和方法之一就是组织学生进行纪念馆的参观、考察、瞻仰活动。

设立烈士纪念日。2014年8月31日,十二届全国人大常委会第十次会议通过了关于设立烈士纪念日的决定,以法律形式将9月30日设立为烈士纪念日,并规定每年9月30日国家举行纪念烈士活动。烈士为了民族独立、国家富强、人民幸福的正义事业英勇献身,值得我们永远铭记。设立烈士纪念日,有助于缅怀烈士功绩,激发和弘扬爱国主义精神。

宣传烈士事迹。通过报纸、电视、广播、互联网等各种媒体形式广泛开展崇高人物、事迹的宣传活动。《烈士褒扬条例》规定:各级人民政府应当把宣传烈士事迹作为社会主义精神文明建设的重要内容,培养公民的爱国主义、集体主义精神和社会主义道德风尚。机关、团体、企业事业单位应当采取多种形式纪念烈士,学习、宣传烈士事迹。

文艺再现。通过各种文学艺术形式再现英雄人物的崇高,让人从中可以感受和体悟到这些人物的崇高。

五、崇高的意义及弘扬

朗基努斯从文章、演说的风格方面论述了崇高的意义:"引导别人","有一种无可抗拒的力量和优势,能够征服听者"。朗基努斯认为,文章或演说的"崇高在于表达措辞上一定程度的精妙和出众。就是出于这点,伟大的诗人和历史学家才赢得了声望,流芳百世。高尚语言的作用不在于说服别人,而在于引导别人。无论以哪种方式,一直以来,给我们带来更多惊叹的总是简单的讲述而非说服,或仅仅对我们欲望的满足。通常,我们自己可以掌控在何种程度上相信别人的话,但高尚的篇章有一种无可抗拒的力量和优势,能够征服听者。独具匠心的技巧、合适得体的章法和文章处理的精妙,不会在文章某处展现,相反,这些只会在整篇文章的进程中一点一点浮现出来。另一方面,高尚只有首先存在文章的每一个字句之中,之后才会像雷电一样,在闪电的瞬间展现演讲者的全部力量"。①

---

① [古希腊]朗基努斯著,马文婷译:《论崇高》,《美学三论》,光明日报出版社2009年版,第4—5页。

研究、弘扬崇高具有重要的现实意义。美学家蒋孔阳指出:"朗加纳斯曾经针对他当时的庸俗气息,为了挽救时代的颓风,提出崇高的号召。今天我们社会主义时代,共产主义的思想和风格,应当得到发扬。但是,在传统的官僚主义和外来的拜金主义的冲击下,我们有的人把共产主义的'公'当成谋'私'的手段,使我们社会主义庄严的殿堂中出现了许多资本主义的或非社会主义的阴暗的角落,刮出一股股霉烂的空气,毒化和窒息了人们的灵魂,使他们在精神上变成了泄了气的皮球,这是非常要不得的。在这种情况下,为了精神文明的建设,我们要像当年高尔基呼唤'海燕'的精神一样,呼唤崇高精神的到来。因此,我们今天谈崇高,不仅具有历史的意义,而且具有现实的意义。不过,我们在呼唤崇高精神的时候,千万要防止浮夸的作风的再次到来。我们都曾经经历过'假、大、空'的时代,受过它的欺骗和灾害,我们决不能再把浮夸当成伟大,把虚假当成崇高!"①

崇高是一种宏伟、庄严、以力量与气势取胜的美;是一种冲破形式美的规律、于不和谐中见和谐的美;是一种显示主体严重斗争痕迹的撼人心灵的美;是一种具有强大宗教伦理力量的美。崇高是时代的主旋律,它显示了人类与客观世界严峻斗争的痕迹,凝聚着人类追求自由幸福的伟大的自生力、创造力,标记着人类社会在极其艰苦的斗争中发展进步的光辉历程。不仅人类认识自然、改造自然的斗争历史是惊心动魄的,而且人类认识社会、改造社会的斗争历史也是艰苦激烈的,因而,一部人类的发展史就是一部崇高史。崇高是充分体现历史必然要求的美,也是最具有伦理道德内容的美,因此,崇高这种美具有强大的正面教化作用。社会诚然需要轻松的东西,需要娱乐,需要小夜曲,但社会更需要脊梁骨,需要主旋律。这个脊梁骨、主旋律就是崇高。②正是由于崇高具有强大的正面教化作用,是时代的主旋律,所以,有必要大力宣传崇高、弘扬崇高。

由于崇高具有重要的现实意义,所以一些有识之士致力于崇高的研究、崇高的弘扬。北京走进崇高研究院就是这样一个机构。北京走进崇高研究院是原中共中央政治局委员、中央军委副主席、国防部长迟浩田上将关爱、支持并担任总顾问的崇高文化研究、宣传公益性机构。北京走进崇高研究院旨在研究人类崇高思想与崇高实践的发展轨迹,传承创新崇高文化。其主要工作是研究崇高文化理论,编辑出版"走进崇高"丛书,摄制发行"走进崇高"

---

① 蒋孔阳:《美学新论》,人民文学出版社 2006 年版,第 405—406 页。
② 参见陈望衡:《当代美学原理》,人民出版社 2003 年版,第 251—253 页。

大型人物纪录片，研制开发崇高精神艺术品，组织、举办弘扬崇高精神的社会活动等。

崇高的研究和弘扬可以在不同领域、不同行业、不同部门开展。作为思想政治理论课教师，有必要结合自己的思想政治理论课教学，在教学中研究崇高、宣传崇高、弘扬崇高。

本章小结

总的说来，美学家、伦理学家、哲学家、思想政治教育学家、文化学家对崇高的研究成果十分丰富，他们都从一定方面、一定程度上揭示了崇高某一方面的内容。根据本书研究的具体内容，我们简要地概述了崇高研究的总体状况，区分了崇高和崇高感，揭示了崇高的各种表现，崇高如何再现及人们对崇高的纪念，崇高的意义及其弘扬。本章是全书研究的理论基础。

第二章　崇高的教学价值

实现共产主义是以中国共产党人为代表的广大人民群众的崇高理想，而实现共产主义需要一代又一代人的不懈努力。在实现这一理想的过程中，需要确保一代又一代的人是德智体美全面发展的社会主义事业合格建设者和可靠接班人，这样的人既有共产主义远大理想，又有脚踏实地的苦干精神，面临各种磨难、困难、挫折，能够朝着既定的理想目标，凭着坚定的信念、坚忍不拔的毅力前进，因而这样的人必然是崇高的人。这样的人需要教育培养。思想政治教育、思想政治理论课教学正是承担着这一崇高任务，可以说，培养德智体美全面发展的社会主义事业合格建设者和可靠接班人正是思想政治理论课教学的崇高目标。高校思想政治理论课教材《思想道德修养与法律基础》从学生成长成才的角度对大学生提出了明确的成才目标，这就是："成为德智体美全面发展的社会主义事业合格建设者和可靠接班人"。[1]学生成长成才的目标与思想政治理论课教学的目标是一致的。可以说，思想政治理论课教学的作用就在于帮助学生实现其成才的目标。学生成才目标的实现也就是思想政治理论课教育教学目标的实现。

让大学生成为德智体美全面发展的社会主义事业合格建设者和可靠接班人，对学生而言是崇高的成才目标，对教师而言是崇高的教学目标。在这一崇高的目标中，有许多具体、崇高的要求，比如：要"追求远大理想，坚定崇高信念"[2]，"要坚定科学、崇高的理想信念"[3]，要确立马克思主义的科学信仰，认识和把握"只有马克思主义才真正反映和代表人民群众的根本利益和要求，并用科学理论揭示了工人阶级只有解放全人类才能最终解放自己的崇高历史使命和现实道路。马克思主义是科学性、革命性和崇高性相统一

---

[1] 本书编写组：《思想道德修养与法律基础》，高等教育出版社2015年版，第5页。
[2] 本书编写组：《思想道德修养与法律基础》，高等教育出版社2015年版，第17页。
[3] 本书编写组：《思想道德修养与法律基础》，高等教育出版社2015年版，第19页。

的思想体系，是工人阶级和人民群众争取自身解放的理论指南"。[①]要认识到"伟大的事业需要崇高的精神，崇高的精神支撑和推动着伟大的事业"。[②]"同学们应认真学习科学理论，努力提高明辨是非、善恶、美丑的能力，自觉追求崇高的人生目的，在服务人民和奉献社会的实践中实现有意义的人生。"[③]"全心全意为人民服务的精神，毫不利己、专门利人的精神，应当成为我们时代最崇高的精神。"[④]要认识和把握"中华传统美德始终强调道德是人之为人的根本，弘扬彰显人的道德精神，以崇高的道德境界来激发人的道德主体性"。[⑤]大学生要"在为家庭谋幸福、为他人送温暖、为社会作奉献的过程中，体验光荣、领悟崇高"。[⑥]要"树立崇高的职业理想"[⑦]，要"追求崇高的道德境界"[⑧]，要认识到"实现物质财富极大丰富、人民精神境界极大提高、每个人自由而全面发展的共产主义社会，是马克思主义最崇高的社会理想"。[⑨]"无数革命先烈，正是为了实现这样一个崇高的理想，毫不犹豫地献出了自己的生命。"[⑩]等等。与学生成才目标的崇高性相联系，《思想道德修养与法律基础》等思想政治理论课教材的内容大都有崇高性的特征。

正如美学家蒋孔阳所指出的那样，时代呼唤着崇高，今天谈崇高，不仅具有历史的意义，而且具有现实的意义。正是因为如此，我们有必要研究思想政治理论课教学中的崇高问题，发掘崇高教学内容，把崇高的内容呈现给学生，以之感染学生、感动学生，激发学生的崇高感，把学生培养成崇高的人。我们下面从促进立德树人、促进以美育人、促进有效教学三个方面来看研究思想政治理论课教学中的崇高问题对实现崇高教学目标的意义。

一、促进立德树人

研究思想政治理论课教学中的崇高问题有助于促进"立德树人"。

[①] 本书编写组：《思想道德修养与法律基础》，高等教育出版社 2015 年版，第 23 页。
[②] 本书编写组：《思想道德修养与法律基础》，高等教育出版社 2015 年版，第 141 页。
[③] 本书编写组：《思想道德修养与法律基础》，高等教育出版社 2015 年版，第 68 页。
[④] 本书编写组：《思想道德修养与法律基础》，高等教育出版社 2015 年版，第 74 页。
[⑤] 本书编写组：《思想道德修养与法律基础》，高等教育出版社 2015 年版，第 99—100 页。
[⑥] 本书编写组：《思想道德修养与法律基础》，高等教育出版社 2015 年版，第 113 页。
[⑦] 本书编写组：《思想道德修养与法律基础》，高等教育出版社 2015 年版，第 125 页。
[⑧] 本书编写组：《思想道德修养与法律基础》，高等教育出版社 2015 年版，第 139 页。
[⑨] 本书编写组：《马克思主义基本原理概论》，高等教育出版社 2015 年版，第 15 页。
[⑩] 本书编写组：《思想道德修养与法律基础》，高等教育出版社 2015 年版，第 104 页。

2006年3月4日，胡锦涛在看望出席全国政协十届四次会议的委员时，发表了关于树立社会主义荣辱观的重要讲话。胡锦涛指出，在我们的社会主义社会里，要引导广大干部群众特别是青少年树立社会主义荣辱观，坚持以热爱祖国为荣、以危害祖国为耻，以服务人民为荣、以背离人民为耻，以崇尚科学为荣、以愚昧无知为耻，以辛勤劳动为荣、以好逸恶劳为耻，以团结互助为荣、以损人利己为耻，以诚实守信为荣、以见利忘义为耻，以遵纪守法为荣、以违法乱纪为耻，以艰苦奋斗为荣、以骄奢淫逸为耻。胡锦涛的这一重要讲话，概括精辟，内涵深邃，具有很强的民族性、时代性和实践性，体现了中华民族传统美德与时代精神的有机结合，体现了社会主义基本道德规范和社会风尚的本质要求，体现了社会主义价值观的鲜明导向，对于推动形成良好社会风气，构建社会主义和谐社会具有重要意义。学习和践行社会主义荣辱观，就要培养"热爱祖国、服务人民、崇尚科学、辛勤劳动、团结互助、诚实守信、遵纪守法、艰苦奋斗"的优秀品质，努力做一个崇高的人。

党的十八大报告指出："把立德树人作为教育的根本任务，培养德智体美全面发展的社会主义建设者和接班人。"[①]结合党的十八大报告关于教育的根本任务的论述，教育的目标就是培养德智体美全面发展的社会主义合格建设者和可靠接班人。而这样的人，是崇高的人。马克思指出，"人的本质不是单个人所固有的抽象物，在其现实性上，它是一切社会关系的总和。"[②]人的本质是"一切社会关系的总和"说明，人是处于各种各样的社会关系中的。因此对于任何一个具体的人来说，就有一个如何处理个人与他人、个人与社会、个人与国家、个人与民族、个人与人类的关系问题。如何处理这些关系问题，显示出一个人的人格是崇高还是卑下。我们说，当一个人在处理个人与他人、社会、国家、民族、人类的关系时，如果总是把个人的利益放在第一位，而把他人、社会、国家、民族、人类放在第二位，那么，这个人的品格就不是那么高尚；而当一个人在处理个人与他人、社会、国家、民族、人类的关系时，总是把他人、社会、国家、民族、人类放在第一位，甚至为了他人、社会、国家、民族、人类的利益而不惜牺牲自己的生命，以成就和实现他人、社会、国家、民族、人类的利益，那么，我们说，这样的人就是崇高的。

党的十八大报告明确提出"把立德树人作为教育的根本任务"，这一重要

---

① 胡锦涛：《坚定不移沿着中国特色社会主义道路前进　为全面建成小康社会而奋斗——在中国共产党第十八次全国代表大会上的报告》，《中国共产党第十八次全国代表大会文件汇编》，人民出版社2012年版，第32页。
② 马克思：《关于费尔巴哈的提纲》，《马克思恩格斯选集》第1卷，人民出版社1995年版，第56页。

的理论创新不但确立了我国教育事业的根本任务，也确立了当代大学生思想政治教育的根本任务，为新形势下加强和改进大学生思想政治教育工作指明了方向，提出了新的要求。①思想政治理论课教学是大学生思想政治教育的主渠道。要完成"立德树人"这一大学生思想政治教育的根本任务，必须充分发挥思想政治理论课主渠道的作用。思想政治理论课教学的崇高内容有助于学生良好思想品德的树立，有助于大学生成长成才。

有学者对"立德树人"一词的来源进行了考证："立德树人"的思想由来已久，它经历了一个漫长的演变过程。起初，"立德"与"树人"是分开的。"立德"先出，"树人"后出。早在春秋时期的《左传》中就出现了"立德"的思想："太上有立德，其次有立功，其次有立言，虽久不废，此之谓不朽。"古人认为，一个人要达到人生的崇高境界，首先要树立高尚的道德志趣、实现崇高的道德理想；其次要追求事业上的成功、建功立业；最后要实现思想的理论化和系统化、著书立说，这三者就是我国古代许多读书人终身追求的所谓人生"三不朽"。古人把"立德"摆在"三不朽"之首，深刻反映了我国古代社会对道德的追求和对德育的重视。"树人"的思想最早出于《管子》："一年之计，莫如树谷；十年之计，莫如树木；终身之计，莫如树人"，意思是种粮食是为当年打算，种树是为十年打算，而培养人才则是为长远打算。古人在两千多年前就已经充分认识到培养人才的重要性。由于"立德"和"树人"这两个概念的关联度较高，因而在实践中人们逐步将它们直接联系起来并合为一个词使用。"立"就是培育、修养、践行之意；"树"就是培养、造就、锻炼之意。"立德"和"树人"在不同的历史时期具有不同的含义。在今天，"立德"中的"德"是广义的，"立德"指树立美德，就是要树立社会主义核心价值体系、社会主义核心价值观和社会主义社会公德、职业道德、家庭美德、个人品德等。"树人"中的人也是广义的，"树人"指培养人才，我国教育事业要努力培养造就数以亿计的高素质劳动者、数以千万计的专门人才和一大批拔尖创新人才。在今天，立德树人的任务就是培养中国特色社会主义事业的合格建设者和可靠接班人。②

党的十八大报告提出："倡导富强、民主、文明、和谐，倡导自由、平等、公正、法治，倡导爱国、敬业、诚信、友善，积极培育和践行社会主义核心

---

① 陈勇、陈蕾、陈旻：《立德树人：当代大学生思想政治教育的根本任务》，《思想理论教育导刊》2013年第4期。
② 陈勇、陈蕾、陈旻：《立德树人：当代大学生思想政治教育的根本任务》，《思想理论教育导刊》2013年第4期。

价值观。"这当中,"富强、民主、文明、和谐"是从国家层面对社会主义核心价值观基本理念的凝练,是我国社会主义现代化的奋斗目标;"自由、平等、公正、法治"是从社会层面对社会主义核心价值观基本理念的凝练,反映了社会主义社会的基本要求,是我们党矢志不渝、长期实践的价值理念;"爱国、敬业、诚信、友善"是从个人层面对社会主义核心价值观基本理念的凝练,是每一个公民都必须恪守的根本道德准则。这三个层次的理念相互联系、相互贯通,实现了政治理想、社会导向、行为准则的统一,实现了国家、集体、个人在价值目标上的统一,兼顾了国家、社会、个人三者的价值愿望和要求。落实"立德树人"的要求,努力把当代大学生培养成为德智体美全面发展的社会主义建设者和接班人,在思想政治理论课教学中就要培养、引导大学生成为社会主义核心价值观的践行者,以自己的行动,在国家层面致力于"富强、民主、文明、和谐",在社会层面致力于"自由、平等、公正、法治",在个人立身处世中致力于"爱国、敬业、诚信、友善"。

当一个人全身心地致力于社会主义核心价值观的践行时,这样一个人必然是具有崇高情感的人。习近平要求领导干部学习和树立五种崇高的情感:"一要学习邓小平同志的情怀感。他说:'我是中国人民的儿子,我深情地爱着我的祖国和人民。'二要学习雷锋同志的幸福感。他虽然只活了二十二年,但他说:'什么是幸福?为人民服务是最大的幸福。'三要学习孔繁森同志的境界感。他有一句名言:'爱的最高境界就是爱人民。'四要学习郑培民同志的责任感。他始终把'做官先做人,万事民为先'作为自己的行为准则。五要学习钱学森同志的光荣感。他把群众的口碑当作自己无上的光荣。只有学习和树立这五种崇高的情感,才能心里装着群众,凡事想着群众,工作依靠群众,切实解决好'相信谁、依靠谁、为了谁'的根本政治问题,努力为人民掌好权、用好权。"[①]这五种崇高的情感,不仅是领导干部应当树立的情感,而且是当代大学生应当树立的情感,是一切追求进步和卓越的人应当树立的情感。一个人一旦树立了这五种崇高的情感,也就成为一个崇高的人。而这五种崇高的情感无疑需要教育和培养,需要个人的学习和修炼。崇高对于培养人的高尚的道德品质具有积极的意义。"崇高是人类实践活动中一种具有高尚、壮丽意味的美,有着浓郁的伦理道德色彩,对于人的道德人格境界产生着潜移默化的熏陶提升作用。尽管各种审美范畴都可以通过其产生的美感使

---

① 习近平:《之江新语》,浙江人民出版社 2007 年版,第 7 页。

人们在审美的愉悦中受到陶冶和教益,但崇高的'寓教于乐'效果更为突出。无论自然界的崇高、社会领域的崇高或艺术作品中的崇高都可以其理想主义的力量给人以启迪、陶冶,使人在刚劲激越之美的感召下,产生对卑鄙庸俗的唾弃和对高尚的崇敬与向往,从而获得积极从事社会历史实践活动的勇气和力量。"[①]认识到这一点,则在思想政治理论课教学中,教师有必要通过自己的教学展现、展示思想政治理论课教学内容的崇高,并以这种崇高熏陶、陶冶学生,从而在无形中提升学生的思想品德素质,可以说,思想政治理论课教学就是要培养具有崇高情感的人。

二、促进以美育人

研究思想政治理论课教学中的崇高问题有助于促进以美育人。

党的十八届三中全会指出:"改进美育教学,提高学生审美和人文素养。"[②]美育教学有多种途径,其中之一就是思想政治理论课教学途径。思想政治理论课教学之所以是美育途径之一,就在于思想政治理论课教学本质上是一种特殊形式的精神生产,而这种精神生产本身是按照美的规律来进行的。人们不仅在物质生产中按美的规律来构造,而且在精神生产中也按美的规律来构造。美就体现在人们的物质生产及其物质产品中,体现在人们的精神生产及其精神产品中。思想政治理论课教学既是传播科学真理的活动,又是展现教学美的活动。

当思想政治理论课教学不仅是传播科学真理的活动,而且是展示教学之美的教学艺术活动时,思想政治理论课教学也就成为一种审美活动。学生通过思想政治理论课教学的审美活动,不仅把握了思想政治理论的科学之真,而且体验到了思想政治理论课的艺术之美,在这种情形下,思想政治理论课教学就具有了美育功能。思想政治理论课教学美育功能的发挥,以思想政治理论课教学艺术为前提。思想政治理论课教学既然是艺术,是创造美、展示美的艺术活动,那么,毫无疑问,在思想政治理论课教学中,就可以培养学生的审美素质、审美能力。这当中,崇高是教学艺术要创造的美的一种类型,

---

[①] 李逸津主编:《美学导论》,中国文史出版社 2013 年版,第 126—127 页。
[②] 《中共中央关于全面深化改革若干重大问题的决定》,本书编写组:《〈中共中央关于全面深化改革若干重大问题的决定〉辅导读本》,人民出版社 2013 年版,第 43 页。

学生在教学之美中，就会感受崇高、体悟崇高，从而走近崇高、走进崇高，并最终做一个崇高的人。

当思想政治理论课教师把教学上升为艺术活动，使教学成为教学艺术时，思想政治理论课教学活动就成为知识教育、道德教育、审美教育三者统一的活动。

思想政治理论课教学活动是一种知识教育活动。思想政治理论课教学为什么是知识教育？这是由于思想政治理论课的具体内容是科学，如马克思主义基本原理、毛泽东思想与中国特色社会主义理论体系、中国近现代史纲要、思想道德修养与法律基础，而科学的内容是以系统的知识形态出现的，因而，思想政治理论课的教学，必然是一种知识教育，学生掌握这种知识并将其用于认识世界、改造世界、改造自身。这种知识教育，是奠定学生对马克思主义理论科学信念的认知基础。没有对马克思主义的一定了解、认识和把握，就不可能形成对马克思主义科学的信仰。

思想政治理论课教学活动是道德教育活动。思想政治理论课教学为什么是道德教育？这是由于思想政治理论课的内容不仅是科学，而且是意识形态性特别鲜明和突出的科学，因而，这种教育必然是马克思主义意识形态的教育，在马克思主义理论知识的教育中，就包含着马克思主义意识形态的教育，当学生们对马克思主义的理论知识真正掌握了，也就内在地接受了马克思主义意识形态。作为意识形态的马克思主义理论，必然对教育对象提出旗帜鲜明的要求：应当如何，不应当如何；应当坚持什么，应当反对什么，等等。就是说，必然对人们的思想及行为提出明确具体的要求，以作为思想和行为的规范，因而这样的教育教学必然是一种道德教育。

思想政治理论课教学活动是审美教育活动。思想政治理论课教学为什么是审美教育？这是由于思想政治理论课教学本质上是一种精神生产活动，是按照美的规律进行生产的活动，是塑造美和展示美的活动，因而，是一种审美活动，是审美教育活动。正是在这种审美活动中，学生接受审美教育。这种美育，也就是一种情感教育，能够打动人的心灵的教育，能够给人的心灵以陶冶和净化的教育。

我们提出思想政治理论课教学活动是知识教育、道德教育、审美教育三者的统一，就是希望通过思想政治理论课教学，不仅让学生掌握马克思主义理论的知识、毛泽东思想与中国特色社会主义理论体系的知识、中国近现代史的知识、思想道德修养与法律基础的知识，而且希望学生按照马克思主义理论、毛泽东思想和中国特色社会主义理论体系去思想和行动；把握中国近现代历史的总趋势和规律，并以这种趋势和规律去指导自己的行动；按照马克思主义的道德要求去修养，以社会主义法律规范约束和指导自己的行为。

知识教育、道德教育、审美教育这三种教育活动统一于思想政治理论课教学活动。通过思想政治理论课教学，使学生在知识、道德、审美三个方面发生我们希望的变化。

按照美学的一般理论，美有不同的类型，一般美学原理著作中常常探讨美的以下几种类型：优美、崇高、丑、滑稽、悲剧、喜剧。有学者指出："崇高对于提高人的精神境界和人格是非常有益的。这种庄严的、圣洁的、严肃的、刚性的美时时激起人做人的自豪与勇气，使人不断克服自身的渺小，去创造光辉灿烂的人生。"[①]还有学者指出："人在自己走向进步的历程中从来都不是一帆风顺，而是坎坷多艰的。崇高感能深深唤起人心灵中坚强向上的活力，使人即使面对牺牲和痛苦也不沉沦，这是因为它具有超越万物或压倒一切的宏大。而这一点对现代人来说已显得愈加珍贵。在学校教育中，教师要善于把各种体现崇高品质的人和事物展现在学生面前，使学生的心灵尽可能多地得到崇高品质的感染与浸染。"[②]培养学生的崇高感是审美教育的一个重要内容，但长期以来，在审美教育中存在着一些理论误区：认为美育在内容上主要是"优美的情感"的教育，而忽视崇高、悲剧、喜剧、丑、滑稽等对于人的情感健康和人格健全所具有的价值和意义。而事实上，人的完整的美育应该既有优美的教育，又有崇高的教育。[③]美育观念上的误区，在美育理解上的片面使得当代中国美育在实践中出现了一些需要反思并亟待纠正的问题，如在美育实施中偏重优美的教育，忽视了崇高的教育。[④]而在思想政治理论课教学及教学研究中，存在着只注重思想政治理论课的知识性、价值性，而对教学美（包括崇高美）注意不足的现象。因而，这必然不能充分发挥思想政治理论课教学的育人功能。为了避免这种情形，就有必要在坚持思想政治理论课教学注重知识性、价值性的同时，注重思想政治理论课教学的审美性，发挥思想政治理论课教学美的育人功能，特别是崇高美的育人功能。

著名美学家席勒认为："感受崇高的能力，是人的天性中最壮丽的天禀之

---

① 王旭晓：《美学原理》，上海人民出版社 2000 年版，第 74 页。
② 钟以俊：《美学视野中的学校教育》，广东教育出版社 2006 年版，第 117 页。
③ 王元骧：《美育并非只是"美"的教育》，《学术月刊》2006 年第 3 期。
④ 梁玉水：《美育理论研究述评》，教育部高等学校社会科学发展研究中心与吉林大学联合组编：《中国美育年鉴（2012）》，北京大学出版社 2013 年版，第 65 页。

一,它既值得我们尊敬,因为它来源于自主的思维和意志,也值得最充分地发展,因为它能对道德的人起作用。美仅仅是为人服务,崇高是为了人身上的纯粹的精灵服务。因为我们的规定就是这样:即使受到一切感性的限制,我们也必须以纯粹精神的法典为准,因而要使审美教育成为一个完整的整体,要想使人的心灵的感受能力扩大到我们规定的全部范围,也就是扩大到感性世界的范围以外,就必须除美之外再加上崇高。"①这就是说,崇高是审美教育的重要内容,崇高具有特别的审美价值。审美教育首先包括美(优美)的教育,还应当包括崇高的教育。席勒的这一观点对于我们搞好思想政治理论课教学、丰富教育教学内容、改进教育教学方法具有重要的启示意义,即,我们在思想政治理论课教学中,不仅应当对学生进行理论的教育、知识的教育、道德的教育、信仰信念的教育,还应当包括审美教育、优美教育和崇高教育。这样,我们的思想政治理论课教学内容才是丰富的、完整的。

席勒还指出:"没有美,我们的自然规定与理性规定之间的斗争将始终不断。由于我们要努力满足我们的精神使命,我们就会忽略我们的人性,我们就会抓住一切时机想离开感性世界,结果在这个为我们安排好的行动范围之内,我们就始终是个外来人。没有崇高,美将会使我们忘记我们的尊严。不停顿地享受将会造成疲弱,而处于疲弱之中,我们将会失去性格的刚强,被紧紧地束缚在存在的这种偶然形式之上,看不到我们永恒不变的规定和我们真正的祖国。只有当崇高与美相结合,我们才能使这两者的感受能力得到同等的培养,我们才是自然的完美无缺的公民,而且并没有因此而成为它的奴隶,也没有玩忽我们在精神世界中的公民权。"②在此席勒进一步论述了美与崇高两者结合的必要性、重要性,仅就崇高这一方面来说,如果没有崇高,我们每个人就会忘记自己的尊严,会失去刚强的性格,看不到自身的规定和自己真正的祖国。而只有当一个人的美与崇高的感受能力得到同等培养时,一个人才能成为完美无缺的公民。这就进一步论述了崇高感的培养对一个人生存生活的意义。因而,我们要使每个人成为一个真正的人,成为一个爱祖国的人,成为一个高尚的人,就必须培养人的崇高感。

事实上,思想政治理论课教学具有崇高美的特性,思想政治理论课教师应当充分地挖掘其中的崇高美,并将这种崇高美传达给学生,从而感染学生,培养学生的崇高感,使学生做一个具有崇高品质的人。美国学者乔治·桑塔

---

① [德]席勒著,冯至、范大灿译:《审美教育书简》,上海人民出版社2003年版,第267—268页。
② [德]席勒著,冯至、范大灿译:《审美教育书简》,上海人民出版社2003年版,第268页。

耶纳认为:"崇高是至高无上的美,是使人陶醉的美。它是一种快感:当观赏达到如此的程度,美开始失掉它的客观性,而宣布自己是心灵的一种内在热情,因为无论何时基本上是这样的。如果说,美是我们深入对象之中而发现的生活的美满,那么崇高就是完全不顾那对象而发现的一种更纯洁、更不可夺取的美满。"① 表现崇高美、塑造崇高美是艺术的重要任务。就思想政治理论课的教学来说,教师固然要向学生讲述思想政治理论课的内容,向学生阐明思想政治理论课的科学体系,让学生把握马克思主义理论的真理,形成对马克思主义的科学信念,但同时,也有必要把思想政治理论课教学上升为艺术,在向学生传播思想政治理论课内容的科学之真时,也向学生展现思想政治理论课教学内容之美,特别是其中的崇高美,从而以崇高美打动学生的心灵,塑造学生的精神世界。

教育教学研究与美学研究的交叉形成一门交叉学科,这就是教学美学。这里的教学美学,就是对教学进行美学研究,使教学成为艺术的一门学问。教学美学研究的一个重要内容就是教学中的崇高及如何表现和表达崇高。美学家蒋孔阳曾指出:"美学运用到实际生活中,是要对人进行审美的教育,提高人的素质,帮助人的全面发展。思想政治工作所做的更是人的工作,更是要提高人的素质,帮助人的全面发展。美学与思想政治工作,具有必然的内在联系。过去有人把它们割裂开来。这可能是思想政治工作一度僵化的原因之一……让美学的原则贯彻到思想政治工作中去,从而使思想政治工作更富有时代和生活的气息,这实在是太好了。"② 在教学美学视野中研究思想政治理论课崇高教学内容及其教学方法,以培养学生的崇高感和崇高品质,就是运用美学研究成果、特别是崇高的研究成果,揭示思想政治理论课教学中的崇高内容、具体表现及其具体教学方法,对学生进行审美的教育,特别是进行崇高美的教育,提高学生的素质,帮助学生全面发展,达到以美育人的效果。

---

① [美]乔治·桑塔耶纳:《美感》,中国社会科学出版社 1982 年版,第 166 页。转引自:兰翠主编:《大学美育·文学卷》,高等教育出版社 2008 年版,第 145 页。
② 蒋孔阳:《序》,刘焕甲、刘芳、张家驹:《美学与思想政治工作》,解放军出版社 1992 年版。

三、促进有效教学

　　研究思想政治理论课教学中的崇高问题有助于促进有效教学。
　　《中共中央宣传部、教育部关于进一步加强和改进高等学校思想政治理论课的意见》(以下简称《意见》)指出:"开展中国近现代史教育,帮助学生了解国史、国情,深刻领会历史和人民是怎样选择了马克思主义,选择了中国共产党,选择了社会主义道路。"这段话被视为"纲要"课的教学宗旨和指导思想,并被学者们概括为"两个了解""三个选择"。无疑,我们的思想政治理论课教师要努力通过自己的教学让学生把握"两个了解"和"三个选择"。[①]但是仅仅做到这一点是不够的,在我们的思想政治理论课教学中,还应当通过中国近现代史的教学,依靠中国近现代史中中国人民波澜壮阔的斗争史,依靠中国近现代史中无数可歌可泣的人物事迹,激发学生的崇高感,正如有学者所言,中国近现代史就是一部中华民族、中国人民的崇高史,因而,思想政治理论课教师有必要以中国近现代史的崇高激发学生的崇高感,培养学生做一个具有崇高感的人,提高学生的民族自信心,激发学生的爱国主义热忱,培养学生高尚的道德情操。
　　著名美学家刘纲纪先生论述了什么是精神美及精神美产生的根源、精神美的表现形式。刘纲纪先生说:"精神美是人的自由在人的精神品质上的感性具体表现,它同人与人的社会关系密切相关。"[②]"人是一定社会关系的总和,人的自由只有在他同别人的社会关系中才能实现,但社会却又是不以任何个人的主观意愿为转移的。特别是剥削阶级统治的旧社会,它常常无情地拒绝个人的自由发展的要求,甚至把个人投入毁灭的深渊。因此,生活于一定社会关系中的个人为了求得自由发展,就必须联合起来去改造那压制着人的自由发展的社会,使社会的发展同个人的自由发展统一起来,从社会取得自由。然而,社会的改造经常要遭到各种反动、腐朽、落后、保守的社会势力的强烈抵抗,这就要求一切进步的、革命的人们必须充分发挥出自己的聪明才智去战胜各种困难,同阻碍社会发展的各种势力进行坚忍不拔,甚至是殊死的

---

　　① 白文刚:《"两个了解"和"三个选择"关系探析》,中共北京市委教育工作委员会、首都大学生思想政治教育中心组编:《北京高校思想政治理论课建设的探索与实践》,北京交通大学出版社 2012 年版,第 45 页。
　　② 刘纲纪:《美学与哲学》,武汉大学出版社 2006 年版,第 170 页。

斗争。正是在这种斗争里，我们看到了人改造社会、从社会取得自由的强大的力量，同时也就看到了人的精神美。人在改造社会的斗争中感性具体地表现出来的卓越的智慧、崇高的感情、坚强的意志，就是人的精神美的三个基本方面。而构成人的精神美的本质的东西，又在于个人把他的自由同某种进步的、革命的、崇高的社会理想的实现不可分地联系在一起，把实现这种理想看作是自己全部生命价值的所在，在任何巨大的困难面前都决不屈服后退。例如，雷锋的不朽的精神美就在于他自觉地把为实现共产主义的理想而斗争看作是他的全部生活一刻也不能离开的目标，并且不顾一切地去追求实现这个目标。个人的自由的实现同社会的进步发展这两者之间的不可分的统一，是人的精神美的核心所在。"[①] "社会的改造是多方面的，人的精神美也是多方面的。它既表现在破坏一个旧社会的血与火的斗争中，也表现在建设一个新社会的艰巨的、看来又常常是平凡的工作中；既表现在对一切腐朽反动势力的烈火般的仇恨中，也表现在进步、革命的人们之间无私的爱之中。"[②]

思想政治理论课教学内容的美主要就是一种精神美，总的来说，马克思主义基本原理反映和体现了马克思主义创始人及其后继者认识世界、把握世界的卓越智慧，毛泽东思想和中国特色社会主义理论体系反映和体现了中国共产党人认识中国、改造中国的智慧，马克思主义创始人及其后继者所进行的革命实践。中华民族和中国人民所进行的争取民族独立、人民解放、国家富强的伟大实践活动体现和反映了他们的坚强意志，这些理论和实践中所体现的情感是崇高的情感。因此，思想政治理论课具有崇高性。正是由于思想政治理论课具有崇高性的特点，思想政治理论课成为塑造人类灵魂的崇高而神圣的课程，"它在高等教育中具有不可替代的特殊地位和作用。这一崇高的理念，不仅在过去，而且在现在和将来都是高校思想政治理论课的坚强支柱。"[③]

因此，我们不仅要把思想政治理论课教学内容当作理论来认识，而且要把思想政治理论课教学内容当作审美对象来鉴赏。当我们这样做时，就会看到，思想政治理论课教学内容的美，不是一般的美，而是一种特殊的崇高美。

"马克思主义基本原理"课着重讲授马克思主义的世界观和方法论，帮助学生从整体上把握马克思主义，正确认识人类社会发展的基本规律。马克思

---

① 刘纲纪：《美学与哲学》，武汉大学出版社 2006 年版，第 170 页。
② 刘纲纪：《美学与哲学》，武汉大学出版社 2006 年版，第 170—171 页。
③ 徐东昊、李景山：《增强思想政治理论课的感染力和说服力》，《思想政治教育研究》2012 年第 3 期。

主义主要有三个组成部分，即马克思主义哲学、政治经济学和科学社会主义。而马克思主义的全部精神就在于，马克思主义深刻地揭示了无产阶级在资产阶级社会中受压迫、受剥削的事实，指出了无产阶级要摆脱自己受奴役、受压迫、受剥削的出路就在于团结起来，在自己的先进组织——共产党的领导下，通过革命夺取政权，实现共产主义社会的崇高理想。无产阶级要实现自己的理想，摆脱自己受奴役、受压迫、受剥削的地位，需要面对强大的敌人，进行十分顽强的斗争，付出巨大的努力与牺牲，需要坚强的意志。因而，无产阶级为争取自己的胜利而进行的斗争本身是崇高的。

"毛泽东思想和中国特色社会主义理论体系概论"课着重讲授中国共产党把马克思主义基本原理与中国实际相结合的历史进程，充分反映马克思主义中国化的理论成果，帮助学生系统掌握毛泽东思想、中国特色社会主义理论体系基本原理，坚定在党的领导下走中国特色社会主义道路的理想信念。"中国近现代史纲要"课着重讲授中国近代以来抵御外来侵略、争取民族独立、推翻反动统治、实现人民解放的历史，帮助学生了解国史、国情，深刻领会历史和人民是怎样选择了马克思主义，选择了中国共产党，选择了社会主义道路。从一定意义上说，毛泽东思想和中国特色社会主义理论体系的核心内容就是有关中华民族伟大复兴的理论，而中国近现代史则具体展示了一百多年来伟大的中华民族和中国人民的伟大的斗争史、奋斗史、崇高史。从中华民族整体来说，第一次鸦片战争以来，中华民族面对帝国主义列强的一次次侵略，反抗、失败，再反抗、再失败，直至最终取得了胜利，中华民族反抗帝国主义侵略的历史，是一部悲壮的历史，是充满了斗争的历史，是显示了中华民族不屈不挠斗争精神的历史，因而，是一部崇高史。当我们具体走进中国近现代史中，我们会看到许许多多的民族英雄、人民英雄，为了民族的独立、人民的解放而英勇斗争，勇于牺牲，他们的事迹可歌可泣，他们的精神值得敬仰！当中华民族、中国人民的这一艰难的奋斗史，民族英雄、人民英雄的群像呈现在我们眼前时，我们看到的不是一幅幅崇高、壮美的感人画卷吗？

"思想道德修养与法律基础"课主要进行社会主义道德教育和法治教育，培养学生具有良好的思想道德素质和法律素质，帮助学生增强社会主义法治观念，提高思想道德素质，解决成长成才过程中遇到的实际问题。思想道德修养与法律基础中的许多内容都有助于这一目标的实现。如中华传统美德中有关高尚人格的论述：孔子提倡杀身成仁，"志士仁人，无求生以害仁，有杀身以求仁。"(《论语·卫灵公》)孟子提倡舍生取义,"鱼,我所欲也;熊掌,亦我所欲也,二者不可得兼,舍鱼而取熊掌者也。生亦我所欲也;义亦我所欲也,二者不可得兼,舍生而取义者也。"(《孟子·告子上》)李清照"生当作人杰,死亦为鬼雄。"(《夏日绝句》)于谦"粉身碎骨浑不怕,要留清白在人间。"(《石灰吟》)

我们要培养学生成为崇高的人,仅仅进行理论的说服教育是不够的,理论的说服教育固然会起到一定的作用,甚至是特别重要的作用,但现代美学理论、特别是美育理论的研究成果显示,要让学生成为品德完美的人,美育功能的发挥必不可少。在这个过程中,思想政治理论课教学内容本身蕴藏的丰富审美对象,使思想政治理论课教学不仅是理论的教育,而且也是审美的教育。这样,学生通过教学就不仅获得了理性的认识,而且也获得了审美的陶冶,从而让学生成为品德得到充分完善的人。

因而,通过对思想政治理论课中崇高教学内容及其教学方法的研究,并将研究成果运用于实际的教学中,可以丰富思想政治理论课教学内容,可以提高教育教学效果,可以增强思想政治理论课教学的实效性,从而增强学生思想政治素质(崇高感),帮助学生积极地投身于建设中国特色社会主义的伟大实践中,在完善自身中实现其人生的自我价值和社会价值。

本章小结

实现共产主义是我们的崇高理想。要实现共产主义的崇高理想,需要我们培养一代又一代的德智体美全面发展的社会主义事业合格建设者和可靠接班人。这对学生而言,是崇高的学习目标;对教师而言,是崇高的教育教学目标。要实现这一崇高的目标,需要我们高度重视思想政治理论课教学,而研究、发掘思想政治理论课教学中的崇高内容,用适当的教学方法把崇高的教学内容呈现给学生,有助于立德树人、以美育人,促进教学,从而有助于崇高教学目标的实现。

第三章 崇高的教学内容

以崇高理论来审视思想政治理论课教学，思想政治理论课本身即蕴含着丰富的崇高教学内容。思想政治理论课共有四门。"马克思主义基本原理概论"，着重讲授马克思主义的世界观和方法论，帮助学生从整体上把握马克思主义，正确认识人类社会发展的基本规律。"毛泽东思想和中国特色社会主义理论体系概论"，着重讲授中国共产党把马克思主义基本原理与中国实际相结合的历史进程，充分反映马克思主义中国化的两大理论成果，帮助学生系统掌握毛泽东思想、中国特色社会主义理论体系，坚定在党的领导下走中国特色社会主义道路的理想信念。"中国近现代史纲要"，主要讲授中国近代以来抵御外来侵略、争取民族独立、推翻反动统治、实现人民解放的历史，帮助学生了解国史、国情，深刻领会历史和人民是怎样选择了马克思主义，选择了中国共产党，选择了社会主义道路，选择了改革开放。"思想道德修养与法律基础"，主要进行社会主义道德教育和法治教育，帮助学生增强社会主义法治观念，提高思想道德素质，解决成长成才过程中遇到的实际问题。四门思想政治理论课中都有丰富的崇高内容。

思想政治理论课教学中有关崇高的内容，主要不是自然界中物的崇高，而是社会中的崇高，如崇高的思想、崇高的理想、崇高的信念信仰、崇高的人格、崇高的境界、崇高的行为、崇高的品格，等等。因而，这为教师在思想政治理论课教学中培养学生的崇高感奠定了客观的基础。我们可以让学生在名山大川中感受崇高，如巍峨的泰山，如面积广大的海洋；我们可以让学生在对历史人物的感知中感受崇高，如对名人故事的阅读，对博物馆、纪念馆的参观；我们可以在新闻中让学生感受崇高，如面对突发危机，那些最美人物的突出表现，可以直接地给人以崇高感，如最美教师张丽莉、最美司机吴斌、最美战士张铁成等。

一、崇高的中华民族

习近平指出:"我们的民族是伟大的民族。在五千多年的文明发展历程中,中华民族为人类文明进步作出了不可磨灭的贡献。近代以后,我们的民族历经磨难,中华民族到了最危险的时候。自那时以来,为了实现中华民族的伟大复兴,无数仁人志士奋起抗争,但一次又一次地失败了。中国共产党成立后,团结带领人民前赴后继、顽强奋斗,把贫穷落后的旧中国变成日益走向繁荣富强的新中国,中华民族伟大复兴展现出前所未有的光明前景。"[①]习近平的这一段话简明扼要地指出了中华民族的崇高。

中华民族的崇高体现在其辉煌灿烂的历史中,更特别体现在近现代中华民族抵御资本—帝国主义的侵略、争取民族独立的伟大斗争中。纵观中国近现代历史的进程,整个中国近现代史就是一部崇高史,整个中国近现代史充分体现了中华民族奋勇向前、勇于抵抗侵略及努力实现民族独立、人民解放、国家富强的中国精神和中国力量,涌现了许许多多可歌可泣的人物和事件。

江泽民特别强调在全国人民、特别是青少年中进行爱国主义教育。进行爱国主义教育,一个重要的方面就是进行中国历史、特别是近现代史的教育。进行中国历史的教育,特别是进行中国近现代史的教育,不仅可以让人们了解中华民族的历史、特别是近现代史,了解中华民族的过去,而且中国历史的教育、特别是中国近现代史的教育特别能激发人们的崇高感,因为一部中国史、特别是近现代史就是一部中华民族的崇高史。江泽民指出:"中华民族历史悠久,我们的祖先在这块土地上创造了灿烂的物质文明和精神文明,形成了具有民族特色的文化传统,为人类文明做出了卓越的贡献。但是,长期的封建统治阻碍了我国社会的发展。鸦片战争后,中国又曾受到帝国主义列强的欺凌,人民遭受了巨大的灾难,这是近代中国贫穷衰弱的一个重要原因。我国人民从不屈从于任何外力,为了救亡图存,推翻'三座大山',进行过不屈不挠、前仆后继的斗争,涌现出许多永垂史册的仁人志士和英雄豪杰。一部中国近代、现代史,就是一部中国人民爱国主义的斗争史、创业史。"[②]因

[①] 习近平:《人民对美好生活的向往,就是我们的奋斗目标》,《习近平谈治国理政》,外文出版社 2014 年版,第 3—4 页。
[②] 中共中央文献研究室编:《江泽民论有中国特色社会主义(专题摘编)》,中央文献出版社 2002 年版,第 401 页。

而，我们说，一部中国人民爱国主义的斗争史、创业史，就是一部中国人民的崇高史。

"崇高是一个相对弱小却代表正义与善的主体与强大的敌对势力奋斗抗争的过程，通过抗争展示人的精神与力量。因此，崇高是人的精神与力量的动态展示。"①中华民族在与帝国主义、殖民主义的斗争中，中国人民在与封建主义、官僚资本主义的斗争中充分展现了其崇高的品质。毛泽东在《青年运动的方向》一文中回答为什么"革命尚未成功，同志仍须努力"这一问题时指出："中国革命干了几十年，为什么至今尚未达到目的呢？原因在什么地方呢？我以为原因在两个地方：第一是敌人的力量太强；第二是自己的力量太弱。一个强了，一个弱了，所以革命没有胜利。"②中国的革命就是在自己的力量太弱而敌人的力量太强这种情形下进行的，正是这种情形体现了和反映了中国人民的崇高。毛泽东指出："帝国主义和中国封建主义相结合，把中国变为半殖民地和殖民地的过程，也就是中国人民反抗帝国主义及其走狗的过程。从鸦片战争、太平天国运动、中法战争、中日战争、戊戌变法、义和团运动、辛亥革命、五四运动、五卅运动、北伐战争、土地革命战争，直至现在的抗日战争，都表现了中国人民不甘屈服于帝国主义及其走狗的顽强的反抗精神。"③"中国人民，百年以来，不屈不挠，再接再厉的英勇斗争，使得帝国主义至今不能灭亡中国，也永远不能灭亡中国。"④近代以来，中国受到了外敌入侵，中国成为半殖民地半封建国家，中华民族受到外敌的奴役，中国人民不仅受到本国封建主义的压迫，而且受到殖民主义、帝国主义的压迫。中华民族为了民族独立、中国人民为了解放进行了英勇不屈的斗争，这当中，几经磨难和曲折，最终赢得了民族独立、人民解放。从中华民族、中国人民不屈不挠的斗争中，我们看到了中华民族、中国人民的伟大、光荣、崇高。中国的历史，特别是中国近现代历史，就是一部中华民族、中国人民的崇高史。

中华民族的崇高体现为几千年来的团结统一、热爱和平、勤劳勇敢、自强不息，尤其体现为近代以来勇敢地、坚决地反对帝国主义、殖民主义的侵略，争取民族独立。在近现代历史上，中华民族的崇高表现为一系列反对外来侵略、争取民族独立的事件中，突出的事件如毛泽东所指出的：鸦片战争、

---

① 王旭晓：《美学原理》，上海人民出版社 2000 年版，第 71—72 页。
② 毛泽东：《青年运动的方向》，《毛泽东选集》第 2 卷，人民出版社 1991 年版，第 564 页。
③ 毛泽东：《中国革命和中国共产党》，《毛泽东选集》第 2 卷，人民出版社 1991 年版，第 632 页。
④ 毛泽东：《中国革命和中国共产党》，《毛泽东选集》第 2 卷，人民出版社 1991 年版，第 632 页。

太平天国运动、中法战争、中日战争、戊戌变法、义和团运动、辛亥革命、五四运动、五卅运动、北伐战争、土地革命战争，直至抗日战争，在反对外国侵略、争取民族独立的战争中，涌现了许许多多的民族英雄，他们的英勇事迹可歌可泣、感天动地，书写了中华民族的英勇篇章。

近代中国社会有两大主要矛盾，一是帝国主义与中华民族的矛盾，在抗日战争中突出地表现为日本帝国主义与中华民族的矛盾。解决这一矛盾的主体是中华民族。一是封建主义与人民大众的矛盾，解决这一矛盾的主体是人民大众。在两大矛盾中，中华民族相对于帝国主义是弱小的，中国人民相对于封建主义是弱小的。中华民族、中国人民相对于自己的敌人，力量尽管弱小，但勇于斗争的决心是坚决的、彻底的，勇于斗争的意志力是顽强的、坚韧的。通过长期艰苦卓绝的斗争，中华民族终于赢得了民族独立，中国人民终于赢得胜利。他们的英勇斗争显现了他们的崇高。

在争取民族独立、人民解放的伟大斗争中，产生了许多的民族英雄、人民英雄：虎门销烟的林则徐，血战虎门的关天培，英勇抗英的三元里人民，收复新疆的左宗棠，甲午英雄邓世昌，台湾抗日义军领袖徐骧，维新志士谭嗣同，"革命军中马前卒"邹容，英勇牺牲的黄花岗七十二烈士，"鉴湖女侠"秋瑾，写下《与妻书》的林觉民，护国讨袁的蔡锷，翻译《天演论》的严复，修建京张铁路的詹天佑，制造飞机的冯如，为救国奔走革命、力行"天下为公"的孙中山，逼蒋抗日的张学良和杨虎城，威震敌胆的赵登禹，奋勇抗战的佟麟阁，英勇殉国的张自忠，永载史册的中国远征军，立功异域的抗日英雄戴安澜，拒当"吹鼓手"的邹韬奋，支持抗战的华侨领袖陈嘉庚，组织工业大撤退的卢作孚，拒绝为日伪演出的梅兰芳，做《最后一次演讲》的闻一多，拒食美国救济粮的朱自清，一心为公的张澜，人民教育家陶行知，等等。①

为了纪念在争取民族独立、人民解放斗争中英勇牺牲的英雄们，彰显他们的崇高，弘扬他们的精神，新中国在成立之初，就决定在天安门广场建立人民英雄纪念碑。如今我们漫步在庄严的北京天安门广场上，就会看到广场中心矗立的庄严的人民英雄纪念碑，纪念碑上镌刻着由毛泽东撰文、周恩来题写的人民英雄纪念碑碑文，碑文内容如下：

---

① 中国共产党成立后，在中国共产党领导下涌现的民族英雄、人民英雄具体参见本书"崇高的中国共产党"部分。

  三年以来在人民解放战争中牺牲的人民英雄们永垂不朽

  三十年以来在人民解放战争和人民革命战争中牺牲的人民英雄们永垂不朽

  由此上溯到一千八百四十年从那时起为了反对内外敌人争取民族独立和人民自由幸福在历次战争中牺牲的人民英雄们永垂不朽

一九四九年九月三十日
中国人民政治协商会议第一次全体会议建立

  人民英雄纪念碑的碑文所歌颂的人民英雄们就是为国家、民族、人民而英勇牺牲的人们，他们是伟大的、崇高的人，是值得我们歌颂的人。人民英雄纪念碑是崇高的象征、崇高的纪念、崇高的显现。

  新中国成立后，党领导人民进行社会主义建设和改革开放，取得了举世瞩目的成就。习近平在参观《复兴之路》展览时发表了深情的讲话："《复兴之路》这个展览，回顾了中华民族的昨天，展示了中华民族的今天，宣示了中华民族的明天，给人以深刻教育和启示。中华民族的昨天，可以说是'雄关漫道真如铁'。近代以后，中华民族遭受的苦难之重、付出的牺牲之大，在世界历史上都是罕见的。但是，中国人民从不屈服，不断奋起抗争，终于掌握了自己的命运，开始了建设自己国家的伟大进程，充分展示了以爱国主义为核心的伟大民族精神。中华民族的今天，正可谓'人间正道是沧桑'。改革开放以来，我们总结历史经验，不断艰辛探索，终于找到了实现中华民族伟大复兴的正确道路，取得了举世瞩目的成果。这条道路就是中国特色社会主义。中华民族的明天，可以说是'长风破浪会有时'。经过鸦片战争以来170多年的持续奋斗，中华民族伟大复兴展现出光明的前景。现在，我们比历史上任何时期都更接近中华民族伟大复兴的目标，比历史上任何时期都更有信心、有能力实现这个目标。"①习近平的这一讲话告诉我们，中华民族有艰苦奋斗的崇高历史，有举世瞩目的今天的成果，必将有光明美好的未来。

  "中国近现代史纲要"是全国高等学校本科生必修的思想政治理论课之一。中国近现代史，是指1840年以来中国的历史。其中，从1840年鸦片战争爆发到1949年中华人民共和国成立的历史，是中国的近代史；1949年中华人民共和国成立以来的历史，是中国的现代史。"中国的近现代史，就其主

---

  ① 习近平：《实现中华民族伟大复兴是中华民族近代以来最伟大的梦想》，《习近平谈治国理政》，外文出版社2014年版，第35—36页。

流和本质来说,是中国一代又一代的仁人志士和人民群众为救亡图存和实现中华民族的伟大复兴而英勇奋斗、艰苦探索的历史;尤其是全国各族人民在中国共产党的领导下,进行伟大的艰苦的斗争,经过新民主主义革命,赢得民族独立和人民解放的历史;经过社会主义革命、建设和改革,把一个极度贫弱的旧中国逐步变成一个初步繁荣昌盛、充满生机和活力的社会主义新中国的历史。"①这样的一部中国近现代史,是中国人民迎难而上,勇于奋斗的历史,是克服了种种艰难险阻而最终取得胜利并不断走向新胜利的历史,因而是崇高的历史。

《中国近现代史纲要》在论述开设这门课应达到的目的时指出:"通过本课程的学习,应当达到什么目的呢?主要是要认识近现代中国社会发展和革命、建设、改革的历史进程及其内在规律性,了解国史、国情,深刻领会历史和人民是怎样选择了马克思主义,选择了中国共产党,选择了社会主义道路,选择了改革开放。"②我们说,在达到这个目的之外,还有一个目的:感悟中国近现代史的崇高,感悟中华民族的崇高、中国人民的崇高,感悟马克思主义的崇高,感悟中国共产党的崇高,感悟社会主义的崇高,从而培养自己的崇高感,做一个崇高的人。

《中国近现代史纲要》还进一步对学习"中国近现代史纲要"课的目的做了说明,具体说来,应当达到以下的目的与要求:

一、了解外国资本—帝国主义入侵中国及其与中国封建势力相结合给中华民族和中国人民带来的深重苦难,了解近代以来中国面临的争取民族独立、人民解放和实现国家富强、人民富裕这两项历史任务;懂得必须首先推翻半殖民地半封建的社会制度,争得民族独立、人民解放,才能为集中力量进行现代化建设开辟道路,认识革命的必要性、正义性、进步性;自觉地继承和发扬近代以来中国人民的爱国主义精神和革命传统,进一步增强实现中华民族伟大复兴的责任感和使命感。

二、了解近代以来中国的先进分子和人民群众为救亡图存而进行的艰苦探索、顽强奋斗的历程及其经验教训;注意比较地主买办资产阶级、民族资产阶级和工人阶级政党的政治方案,懂得旧民主主义革命让位给新民主主义革命、资产阶级共和国让位给人民共和国的原因;认识历史

---

① 本书编写组:《中国近现代史纲要》,高等教育出版社 2015 年版,第 1 页。
② 本书编写组:《中国近现代史纲要》,高等教育出版社 2015 年版,第 2 页。

和人民怎样选择了中国共产党、选择了马克思主义，进一步增强拥护共产党的领导和接受马克思主义指导的自觉性。

三、联系新中国成立以后的国内外环境，了解中国人民走上以共产党为领导力量的社会主义道路的历史必然性；了解实行改革开放和搞好现代化建设的重大意义，联系中国现代化建设事业取得的巨大成就，懂得中国选择社会主义的正确性；进一步树立"只有社会主义才能救中国，只有社会主义才能发展中国"的信念，坚定不移地走中国特色社会主义道路。

四、紧密结合中国近现代的历史实际，通过对有关历史进程、事件和人物的分析，进一步明确中国近现代历史的主题、主线和主流、本质，懂得珍惜中国人民英勇奋斗的历史，尤其是中国共产党领导中国人民进行革命、建设和改革的历史，提高运用科学的历史观和方法论分析和评价历史问题、辨别历史是非和社会发展方向的能力。[①]

这样，通过对"中国近现代史纲要"课的学习，要达到的目的就十分明确了，我们在此要说的是，除此之外，从美学美育的角度来看，中国近现代史具有崇高美的特征，因而，在讲述中国近现代史的过程中，十分有必要把中国近现代史的崇高美呈现给学生，从而达到让学生感悟崇高、培育崇高感、做崇高的人的目的。

从中华民族整体来说，自第一次鸦片战争以来，中华民族面对帝国主义列强的一次次侵略，反抗、失败，再反抗、再失败，直至最终取得了胜利，中华民族反抗帝国主义侵略的历史，是一部悲壮的历史，是充满了斗争的历史，是显示了中华民族不屈不挠斗争精神的历史，因而，是一部崇高史。更具体地说，当我们具体走进中国近现代史中，我们就会看到许许多多的历史人物，为了中华民族的崛起而英勇斗争，勇于牺牲，他们是值得我们崇敬的民族英雄。他们的崇高精神值得我们敬仰！当中华民族的这一奋斗史、民族英雄的群像呈现在我们的眼前时，我们不是看到一幅幅崇高的图画吗？我们不会从中感受到一种十分庄严神圣的崇高感吗？

---

① 《开篇的话》，本书编写组：《中国近现代史纲要》，高等教育出版社2015年版，第2页。

二、崇高的马克思主义

在近现代中国人民的革命斗争史中,马克思主义起到了特别重要的作用。毛泽东指出:"灾难深重的中华民族,一百年来,其优秀人物奋斗牺牲,前仆后继,摸索救国救民的真理,是可歌可泣的。""但是直到第一次世界大战和俄国十月革命之后,才找到马克思列宁主义这个最好的真理,作为解放我们民族的最好的武器,而中国共产党则是拿起这个武器的倡导者、宣传者和组织者。马克思列宁主义的普遍真理一经与中国革命的具体实践相结合,就使中国革命的面目为之一新。"①之所以如此,就在于马克思主义是科学真理,它揭示了社会发展的规律,指明了人民获得解放与幸福的出路。

要认识马克思主义的崇高,必须首先把握什么是马克思主义。从它的创造者、继承者的认识成果讲,马克思主义是由马克思、恩格斯创立的,而由其后各个时代、各个民族的马克思主义者不断丰富和发展的观点和学说的体系。从它的阶级属性上讲,马克思主义是无产阶级争取自身解放和整个人类解放的科学理论,是关于无产阶级斗争的性质、目的和解放条件的学说。从它的研究对象和主要内容讲,马克思主义是无产阶级的世界观和方法论,是关于自然、社会和人类思维发展一般规律的学说,是关于资本主义发展及其转变为社会主义以及社会主义和共产主义发展规律的学说。概括地说,马克思主义是由马克思、恩格斯创立的,为他们的后继者所发展的,以批判资本主义、建设社会主义和实现共产主义为目标的科学理论体系,是关于无产阶级和人类解放的科学。马克思主义既包括由马克思、恩格斯创立和列宁等发展了的马克思主义,也包括中国共产党人将其与中国具体实际相结合,不断推进马克思主义中国化的理论成果。②我们说马克思主义是崇高的,既包括马克思、恩格斯所创立的马克思主义是崇高的,也包括其后继者所发展的马克思主义是崇高的。在此,我们主要论述马克思、恩格斯创立的马克思主义的崇高。

列宁曾指出:"现代科学社会主义的创始人马克思和恩格斯本人,按他们

---

① 毛泽东:《改造我们的学习》,《毛泽东选集》第 3 卷,人民出版社 1991 年版,第 796 页。
② 本书编写组:《马克思主义基本原理概论》,高等教育出版社 2015 年版,第 2 页。

的社会地位来说,也是资产阶级知识分子。"①列宁在此提出了一个特别耐人寻味的论断,即,马克思和恩格斯本人按其社会地位而言,是资产阶级知识分子,但他们却创立了现代科学社会主义的学说,即他们的学说是为无产阶级劳动人民服务的,而不是为资产阶级服务的。按社会地位来说是资产阶级的知识分子却创立了为无产阶级服务的学说,而且一生都为无产阶级的解放而斗争,这就是马克思、恩格斯及他们学说的崇高。他们及他们的学说之所以崇高,就在于他们从年轻时就树立了崇高的理想。

(一)马克思主义创始人的崇高

1. 马克思的崇高

马克思是崇高的,马克思的崇高表现在许多方面。在青年时代,他就树立了为人类的幸福而工作的远大理想和抱负,1835年他中学毕业时,写下了《青年在选择职业时的考虑》一文,他写道:"在选择职业时,我们应该遵循的主要指针是人类的幸福和我们自身的完美。不应认为,这两种利益是对立的,相互冲突的,一种利益必须消灭另一种的;人类的天性本来就是这样的:人们只有为同时代人的完美、为他们的幸福而工作,才能使自己也达到完美。"他还说:"如果一个人只为自己劳动,他也许能够成为著名学者、大哲人、卓越诗人,然而他永远不能成为完美无瑕的伟大人物";"历史承认那些为共同目标劳动因而自己变得高尚的伟大人物;经验赞美那些为大多数人带来幸福的人是最幸福的人;宗教本身也教诲我们,人人敬仰的理想人物,就曾为人类牺牲了自己"。在此,马克思表达了自己要为人类的幸福而工作的崇高理想和目标。马克思还说:"如果我们选择了最能为人类福利而劳动的职业,那么,重担就不能把我们压倒,因为这是为大家而献身;那时我们感到的就不是可怜的、有限的、自私的乐趣,我们的幸福将属于千百万人,我们的事业将默默地、但是永恒发挥作用地存在下去,而面对我们的骨灰,高尚的人们将洒下热泪。"②

马克思从特里尔中学毕业后,先后入波恩大学和柏林大学攻读法学。大学毕业之后,由于当时政府实行反动政策,富于革命民主思想倾向的马克思当大学教授的想法未能实现。于是马克思投身于理论的创造、宣传,"对现存

---

① 列宁:《怎么办?》,《列宁专题文集·论无产阶级政党》,人民出版社2009年版,第76页。
② 马克思:《青年在选择职业时的考虑》,《马克思恩格斯全集》第40卷,人民出版社1982年版,第7页。

的一切进行无情的批判",尤其是"武器的批判";他诉诸群众,诉诸无产阶级。因此,马克思不断地被驱逐,不得不过着流亡的生活。流亡生活极端困苦。"马克思及其一家饱受贫困的折磨。"①尽管如此,马克思投身于革命的志向丝毫没有动摇。

恩格斯在评价马克思的伟大贡献和高尚人格时指出:"因为马克思首先是一个革命家。他毕生的真正使命,就是以这种或那种方式参加推翻资本主义社会及其所建立的国家设施的事业,参加现代无产阶级的解放事业,正是他第一次使现代无产阶级意识到自身的地位和需要,意识到自身解放的条件。斗争是他的生命要素。很少有人像他那样满腔热情、坚忍不拔和卓有成效地进行斗争。""正因为这样,所以马克思是当代最遭嫉恨和最受诬蔑的人。各国政府——无论专制政府或共和政府,都驱逐他;资产者——无论保守派或极端民主派,都竞相诽谤他,诅咒他。他对这一切毫不在意,把它们当做蛛丝一样轻轻拂去,只是在万不得已时才给以回敬。现在他逝世了,在整个欧洲和美洲,从西伯利亚矿井到加利福尼亚,千百万革命战友无不对他表示尊敬、爱戴和悼念,而我可以大胆地说:他可能有过许多敌人,但未必有一个私敌。"②在此,恩格斯高度评价了马克思一生的伟大和崇高。马克思的一生就是为人民群众谋福利的一生。

2. 恩格斯的崇高

恩格斯的崇高不仅体现在他同马克思一道进行马克思主义学说的创立上,而且体现在他同马克思的交往中表现出的个人的崇高上。这方面的崇高具体体现在:(1)在经济上资助马克思。在马克思被迫过着流亡生活而受着贫困的折磨时,恩格斯"牺牲自己而不断给予资助"③,使马克思不仅避免死于贫困,而且完成了伟大著作《资本论》。(2)整理出版《资本论》第2卷、第3卷。马克思生前仅出版了《资本论》第1卷,但《资本论》其他部分的草稿已经完成了。恩格斯在马克思逝世后就从事整理和出版《资本论》第2卷和第3卷的艰巨工作。通过艰苦的工作,恩格斯于1885年出版了《资本论》第2卷,于1894年出版了《资本论》第3卷(他还没有来得及把第4卷整理好)。列宁高度评价了恩格斯整理出版《资本论》的工作:"整理这两

---

① 列宁:《卡尔·马克思(传略和马克思主义概述)》,《列宁专题文集·论马克思主义》,人民出版社2009年版,第5页。
② 恩格斯:《在马克思墓前的讲话》,《马克思恩格斯文集》第3卷,人民出版社2009年版,第602—603页。
③ 列宁:《卡尔·马克思(传略和马克思主义概述)》,《列宁专题文集·论马克思主义》,人民出版社2009年版,第5页。

卷《资本论》，是一件很费力的工作。奥地利社会民主党人阿德勒说得很对：恩格斯出版《资本论》第2卷和第3卷，就是替他的天才朋友建立了一座庄严宏伟的纪念碑，无意中也把自己的名字不可磨灭地铭刻在上面了。的确，这两卷《资本论》是马克思和恩格斯两人的著作。"①（3）谦虚地把自己放在马克思之后。列宁高度评价恩格斯的谦虚："恩格斯总是把自己放在马克思之后，总的说来这是十分公正的。他在写给一位老朋友的信中说：'马克思在世的时候，我拉第二小提琴。'他对在世时的马克思无限热爱，对死后的马克思无限敬仰。这位严峻的战士和严正的思想家，具有一颗深情挚爱的心。"②

3. 马克思和恩格斯的崇高

列宁在马克思恩格斯纪念碑揭幕典礼上论述了马克思和恩格斯的崇高。列宁指出：

> 多少世纪以来，人类都是在一小撮蹂躏千百万劳动人民的剥削者的压迫下受苦受难。旧时代的剥削者地主压榨和掠夺的是分散、愚昧的农奴，而新时代的剥削者资本家所碰到的是被压迫群众的先进部队，即城市工人，工厂工人，产业工人。工厂把工人联合起来了，城市生活启发了他们，共同的罢工斗争和革命行动锻炼了他们。
>
> 马克思和恩格斯的具有世界历史意义的伟大功绩，在于他们用科学的分析证明了，资本主义必然崩溃，资本主义必然过渡到不再有人剥削人现象的共产主义。
>
> 马克思和恩格斯的具有世界历史意义的伟大功绩，在于他们向各国无产者指出了无产者的作用、任务和使命就是率先起来同资本进行斗争，并在这场斗争中把一切被剥削的劳动者团结在自己的周围。
>
> 我们处在一个幸福的时代，处在两位伟大社会主义者的这个预见开始实现的时代。我们大家都看到，在许多国家里已经显露出国际无产阶级社会主义革命的曙光。各民族间的帝国主义大厮杀所造成的不堪言状的惨祸，无论在哪里都激起被压迫群众英勇精神的高涨，大大加强了他们争取解放的斗争力量。
>
> 愿一个个马克思恩格斯纪念碑都来提醒千百万工人和农民：我们在

---

① 列宁：《弗里德里希·恩格斯》，《列宁专题文集·论马克思主义》，人民出版社2009年版，第58页。

② 列宁：《弗里德里希·恩格斯》，《列宁专题文集·论马克思主义》，人民出版社2009年版，第58—59页。

斗争中不是孤立的。更先进的国家的工人正挺身奋起同我们并肩战斗。在我们和他们的面前还有艰苦的战斗。通过共同的斗争，我们一定会粉碎资本的压迫，最终赢得社会主义！①

马克思和恩格斯按其出身都是资产阶级知识分子，他们以他们个人的才华可以在资本主义社会中谋得一个很好的职位，可以很好地生活。但马克思和恩格斯却十分关心受苦受难的千百万劳动人民，为受苦受难的广大工人阶级分析他们受苦受难的根源，并为他们指出摆脱受苦受难的出路。

"革命导师的人生阅历、精神品质既是一座丰富的人类精神宝藏，更是一座光芒四射的精神丰碑，是我们毕生学习的榜样。革命导师对社会进步的探索，对真理的不断追求，以及他们崇高的思想境界，高尚的道德情操，积极进取的人生态度，都会给大学生以强烈的美感和震撼，促使大学生的心灵、品格、情操在潜移默化中得到升华，让进步的、纯洁的、高尚的、健康的人文精神内化为大学生自身的素养。"②

（二）马克思主义内容的崇高

1. 马克思主义要求人民的"现实幸福"

马克思是"第一个给社会主义，因而也给现代整个工人运动提供了科学基础的人"。③

马克思在《〈黑格尔法哲学批判〉导言》中指出："宗教里的苦难既是现实的苦难的表现，又是对这种现实的苦难的抗议。宗教是被压迫生灵的叹息，是无情世界的情感，正像它是无精神活力的制度的精神一样。宗教是人民的鸦片。"马克思还指出："废除作为人民的虚幻幸福的宗教，就是要求人民的现实幸福。要求抛弃关于人民处境的幻觉，就是要求抛弃那需要幻觉的处境。因此，对宗教的批判就是对苦难尘世——宗教是它的神圣光环——的批判的胚芽。"在此，马克思论述了抛弃人民的虚幻幸福，实现人民的"现实幸福"的思想。实现人民的"现实幸福"，可以说是马克思一生进行革命活动、理论创造活动的出发点、目的和归宿。他自己就是一个为实现人民幸福而努力工

---

① 列宁：《在马克思恩格斯纪念碑揭幕典礼上的讲话》，《列宁专题文集·论马克思主义》，人民出版社 2009 年版，第 81—82 页。
② 田淑娟、张喆：《论社会主义核心价值体系对大学生人文精神培养的指导作用》，《思想理论教育导刊》2013 年第 9 期，第 130—132 页。
③ 恩格斯：《卡尔·马克思》，《马克思恩格斯文集》第 3 卷，人民出版社 2009 年版，第 451 页。

作的人，马克思的全部工作都是为实现人民的"现实幸福"，马克思的全部理论也都是为实现人民的"现实幸福"。这与他在《青年在选择职业时的考虑》中的思想是一脉相承的。马克思的这一主张，既表明了马克思的崇高，也表明了马克思主义理论的崇高。马克思主义就是关于人类如何幸福的一门学问，是人们的幸福学。

马克思在《1844年经济学哲学手稿》中认为，在资本主义条件下工人的劳动表现为"异化劳动"。就是说，在资本主义条件下，对人的确证的生产劳动却表现为对劳动者——工人的奴役，这种工人从事的但反过来奴役工人的劳动就是异化劳动，它与作为人的类生活的劳动相对立。马克思提出异化劳动并以之为核心来展开对资本主义经济世界和资产阶级政治经济学的哲学批判。

马克思、恩格斯在《德意志意识形态》中论述了人的解放的思想。在马克思、恩格斯看来，人的解放的一个重要方面，是从落后的生产力中解放出来，没有生产力的充分发展，没有物质生活资料的极大丰富，人就谈不上真正的解放。马克思、恩格斯指出："只有在现实的世界中并使用现实的手段才能实现真正的解放；没有蒸汽机和珍妮走锭精纺机就不能消灭奴隶制；没有改良的农业就不能消灭农奴制；当人们还不能使自己的吃喝住穿在质和量方面得到充分保证的时候，人们就根本不能获得解放。'解放'是一种历史活动，不是思想活动，'解放'是由历史的关系，是由工业状况、商业状况、农业状况、交往状况促成的。"① 由马克思、恩格斯在这里的叙述，我们可以看到，在马克思、恩格斯看来，人的解放，在归根到底的意义上，是人从落后的生产力中解放出来，没有生产力的高度发展，就没有真正的人的解放，因而，要使人得到真正的解放，就必须在发展生产力上下功夫。也正是在这个意义上，马克思、恩格斯在《共产党宣言》中要求："无产阶级将利用自己的政治统治，一步一步地夺取资产阶级的全部资本，把一切生产工具集中在国家即组织成为统治阶级的无产阶级手里，并且尽可能快地增加生产力的总量。"② 这就是说，对马克思、恩格斯在《共产党宣言》中关于"尽可能快地增加生产力的总量"的含义，必须结合《德意志意识形态》的这一相关论述，才能获得更深刻的理解。就是说，即使有了工人阶级对资产阶级政权的夺取，但

---

① 马克思、恩格斯：《德意志意识形态》，《马克思恩格斯文集》第1卷，人民出版社2009年版，第527页。
② 马克思、恩格斯：《共产党宣言》，《马克思恩格斯文集》第2卷，人民出版社2009年版，第52页。

如果没有"尽可能快地增加生产力的总量"这一实际的活动，人们还不能使自己的吃喝住穿在质和量方面得到充分保证，人就根本不能获得真正解放。

马克思、恩格斯认为，在分工以私有制为基础的社会中，人受分工的制约，人不是自由全面发展的，只有到了共产主义社会，消除了旧式分工的局限，人才能获得自由而全面的发展。"当分工一出现之后，任何人都有自己一定的特殊的活动范围，这个范围是强加于他的，他不能超出这个范围：他是一个猎人、渔夫、或牧人，或者是一个批判的批判者，只要他不想失去生活资料，他就始终应该是这样的人。而在共产主义社会里，任何人都没有特殊的活动范围，而是都可以在任何部门内发展，社会调节着整个生产，因而使我有可能随自己的兴趣今天干这事，明天干那事，上午打猎，下午捕鱼，傍晚从事畜牧，晚饭后从事批判，这样就不会使我老是一个猎人、渔夫、牧人或批判者。"①马克思、恩格斯在此所说的共产主义社会，就是马克思、恩格斯在《共产党宣言》中指的"自由人联合体"的社会。马克思、恩格斯所展望的未来的社会就是这样一个每一个人都得到自由全面发展的社会，在对未来理想社会的向往中，包含着对以私有制为基础的造成人的片面的资本主义社会的深刻批判。

2. 马克思主义面对强大敌人无所畏惧

马克思、恩格斯在《共产党宣言》中指出："一个幽灵，共产主义的幽灵，在欧洲游荡。为了对这个幽灵进行神圣的围剿，旧欧洲的一切势力，教皇和沙皇、梅特涅和基佐、法国的激进派和德国的警察，都联合起来了。"②马克思、恩格斯在此明确地指出了共产主义诞生时所面对的敌人的强大，而面对强大的敌人，共产党人无所畏惧，表现出了大无畏的英雄气概，公开展示共产党人自己的观点、目的、意图："现在是共产党人向全世界公开说明自己的观点、自己的目的、自己的意图并且拿党自己的宣言来反驳关于共产主义幽灵的神话的时候了。"③

3. 马克思主义具有宏大的历史视野

马克思、恩格斯指出：

> 至今一切社会的历史都是阶级斗争的历史。

---

① 马克思、恩格斯：《德意志意识形态》，《马克思恩格斯文集》第 1 卷，人民出版社 2009 年版，第 537 页。
② 马克思、恩格斯：《共产党宣言》，《马克思恩格斯文集》第 2 卷，人民出版社 2009 年版，第 30 页。
③ 马克思、恩格斯：《共产党宣言》，《马克思恩格斯文集》第 2 卷，人民出版社 2009 年版，第 30 页。

  自由民和奴隶、贵族和平民、领主和农奴、行会师傅和帮工,一句话,压迫者和被压迫者,始终处于相互对立的地位,进行不断的、有时隐蔽有时公开的斗争,而每一次斗争的结局都是整个社会受到革命改造或者斗争的各阶级同归于尽。

  在过去的各个历史时代,我们几乎到处都可以看到社会完全划分为各个不同的等级,看到社会地位分成多种多样的层次。在古罗马,有贵族、骑士、平民、奴隶,在中世纪,有封建主、臣仆、行会师傅、帮工、农奴,而且几乎在每一个阶级内部又有一些特殊的阶层。

  从封建社会的灭亡中产生出来的现代资产阶级社会并没有消灭阶级对立。它只是用新的阶级、新的压迫条件、新的斗争形式代替了旧的。

  但是,我们的时代,资产阶级时代,却有一个特点:它使阶级对立简单化了。整个社会日益分裂为两大敌对的阵营,分裂为两大相互直接对立的阶级:资产阶级和无产阶级。

  从中世纪的农奴中产生了初期城市的城关市民;从这个市民等级中发展出最初的资产阶级分子。①

马克思、恩格斯在一简短的篇幅中揭示了人类社会的阶级斗争史,展现了马克思、恩格斯宏大的历史视野。

4. 马克思主义具有宽广的世界眼光

  马克思、恩格斯不仅具有宏大的历史视野,而且具有宽广的世界眼光,他们以全球的眼光观察世界发展的大势。马克思、恩格斯指出:

  美洲的发现、绕过非洲的航行,给新兴的资产阶级开辟了新天地。东印度和中国的市场、美洲的殖民化、对殖民地的贸易、交换手段和一般商品的增加,使商业、航海业和工业空前高涨,因而使正在崩溃的封建社会内部的革命因素迅速发展。

  ……

  大工业建立了由美洲的发现所准备好的世界市场。世界市场使商业、航海业和陆路交通得到了巨大的发展。这种发展又反过来促进了工业的扩展,同时,随着工业、商业、航海业和铁路的扩展,资产阶级也在同

---

① 马克思、恩格斯:《共产党宣言》,《马克思恩格斯文集》第 2 卷,人民出版社 2009 年版,第 31—32 页。

一程度上发展起来,增加自己的资本,把中世纪遗留下来的一切阶级排挤到后面去。①

由此,我们可以看到,马克思、恩格斯是从全球的宽广视野来观察世界发展的大势的,这样就把握住了世界发展的总趋势。

5. 马克思主义具有无比高尚的目的

马克思、恩格斯以宏大的历史视野和宽广的世界眼光把握人类历史和现实,揭示人类社会发展的规律,显示了马克思、恩格斯的崇高,但相对说来,这还不是主要的,更能深刻地显示马克思、恩格斯及其思想崇高的,在于他们自觉地站在无产阶级劳苦大众的立场上,揭示了无产阶级劳苦大众受苦受难的根源,指明了无产阶级摆脱苦难困境的现实道路。

马克思、恩格斯为共产主义同盟所写的《共产党宣言》站在无产阶级劳苦大众的立场,深刻地揭示了无产阶级劳苦大众受苦受难的地位,表达了对无产阶级劳苦大众的深情关切。

> 随着资产阶级即资本的发展,无产阶级即现代工人阶级也在同一程度上得到发展;现代的工人只有当他们找到工作的时候才能生存,而且只有当他们的劳动增殖资本的时候才能找到工作。这些不得不把自己零星出卖的工人,像其他任何货物一样,也是一种商品,所以他们同样地受到竞争的一切变化、市场的一切波动的影响。
>
> 由于推广机器和分工,无产者的劳动已经失去了任何独立的性质,因而对工人也失去了任何吸引力。工人变成了机器的单纯附属品,要求他做的只是极其简单、极其单调和极易学会的操作。因此,花在工人身上的费用,几乎只限于维持工人生活和延续工人后代所必需的生活资料。但是,商品的价格,从而劳动的价格,是同它的生产费用相同的,因此,劳动越使人感到厌恶,工资也就越减少。不仅如此,机器越推广,分工越细致,劳动量也就越增加,这或者是由于工作时间的延长,或者是由于一定时间内所要求的劳动的增加,机器运转的加速,等等。
>
> 现代工业已经把家长式的师傅的小作坊变成了工业资本家的大工厂。挤在工厂里的工人群众就像士兵一样被组织起来。他们是产业军的

---

① 马克思、恩格斯:《共产党宣言》,《马克思恩格斯文集》第 2 卷,人民出版社 2009 年版,第 32—33 页。

普通士兵,受着各级军士和军官的层层监视。他们不仅仅是资产阶级的、资产阶级国家的奴隶,他们每日每时都受机器、受监工、首先是受各个经营工厂的资产者本人的奴役。这种专制制度越是公开地把营利宣布为自己的最终目的,它就越是可鄙、可恨和可恶。

手的操作所要求的技巧和气力越少,换句话说,现代工业越发达,男工也就越受到女工和童工的排挤。对工人阶级来说,性别和年龄的差别再没有什么社会意义了。他们都只是劳动工具,不过因为年龄和性别的不同而需要不同的费用罢了。

当厂主对工人的剥削告一段落,工人领到了用现钱支付的工资的时候,马上就有资产阶级的另一部分人——房主、小店主、当铺老板等等向他们扑来。①

在此,马克思、恩格斯深刻地揭示了无产阶级的悲惨地位:即无产阶级沦为机器,得到越来越少的工资,受到严密的监视,受到层层的盘剥。

马克思、恩格斯考察了工人运动的历史过程、经验教训,指出无产阶级摆脱困境的出路就在于团结组织起来,在自己的先进组织——共产党的领导之下进行革命,推翻资本的统治。马克思、恩格斯指出:

> 共产党人同全体无产者的关系是怎样的呢?
> 共产党人不是同其他工人政党相对立的特殊政党。
> 他们没有任何同整个无产阶级的利益不同的利益。
> 他们不提出任何特殊的原则,用以塑造无产阶级的运动。
> 共产党人同其他无产阶级政党不同的地方只是:一方面,在无产者不同的民族的斗争中,共产党人强调和坚持整个无产阶级共同的不分民族的利益;另一方面,在无产阶级和资产阶级的斗争所经历的各个发展阶段上,共产党人始终代表整个运动的利益。
> 因此,在实践方面,共产党人是各国工人政党中最坚决的、始终起推动作用的部分;在理论方面,他们胜过其余无产阶级群众的地方在于他们了解无产阶级运动的条件、进程和一般结果。
> 共产党人的最近目的是和其他一切无产阶级政党的最近目的一样的:

---

① 马克思、恩格斯:《共产党宣言》,《马克思恩格斯文集》第 2 卷,人民出版社 2009 年版,第 38—39 页。

使无产阶级形成为阶级，推翻资产阶级的统治，由无产阶级夺取政权。①

在这里，马克思、恩格斯指明了无产阶级摆脱苦难的道路，这就是在共产党的领导下推翻资产阶级的阶级统治。同时，马克思、恩格斯也向人们指出，共产党是代表、维护、实现无产阶级利益的革命政党，因而，是一个崇高的政党。共产党人的最终目标是实现共产主义，即"代替那存在着阶级和阶级对立的资产阶级旧社会的，将是这样一个联合体，在那里，每个人的自由发展是一切人的自由发展的条件。"②这样的一个社会，也是一个崇高的社会，因为在这样的社会里，没有了阶级，没有了阶级对立，没有了阶级压迫和阶级剥削，每个人都不再是片面的、受局限的，而是个性得到了充分发展和展示。这样一个社会是人们所理想的社会，是人们所向往的社会。

1913年3月，列宁为纪念马克思逝世30周年而写的《马克思主义的三个来源和三个组成部分》一文高度评价了马克思主义的崇高："马克思学说在整个文明世界中引起全部资产阶级科学（官方科学和自由派科学）极大的仇视和憎恨，这种科学把马克思主义看做某种'有害的宗派'。也不能期望有别的态度，因为建筑在阶级斗争上的社会是不可能有'公正的'社会科学的。全部官方的和自由派的科学都这样或那样地为雇佣奴隶制辩护，而马克思主义则对这种奴隶制宣布了无情的战争。"③列宁在此指出，马克思主义对雇佣奴隶制"宣布了无情的战争"，说明了马克思主义是同全部资产阶级科学（官方科学和自由派科学）进行斗争的科学，是要揭露和推翻雇佣奴隶制的科学，因而是为雇佣奴隶翻身求解放的科学。列宁还指出：马克思主义"完备而严密，它给人们提供了决不同任何迷信、任何反动势力、任何为资产阶级压迫所作的辩护相妥协的完整的世界观。"④这就指出了马克思主义的完整性及其斗争的坚定性和彻底性。列宁还明确指出："马克思的哲学是完备的哲学唯物主义，它把伟大的认识工具给了人类，特别是给了工人阶级。"⑤这就是说，马克思主义，特别是其中的哲学唯物主义是无产阶级的认识工具，是为无产阶级服务的。列宁还指出："只有马克思主义的哲学唯物主义，才给无产阶级

---

① 马克思、恩格斯：《共产党宣言》，《马克思恩格斯文集》第2卷，人民出版社2009年版，第44页。
② 马克思、恩格斯：《共产党宣言》，《马克思恩格斯文集》第2卷，人民出版社2009年版，第52页。
③ 列宁：《马克思主义的三个来源和三个组成部分》，《列宁专题文集·论马克思主义》，人民出版社2009年版，第66页。
④ 列宁：《马克思主义的三个来源和三个组成部分》，《列宁专题文集·论马克思主义》，人民出版社2009年版，第67页。
⑤ 列宁：《马克思主义的三个来源和三个组成部分》，《列宁专题文集·论马克思主义》，人民出版社2009年版，第68页。

指明了如何摆脱一切被压迫阶级至今深受其害的精神奴役的出路,只有马克思的经济理论,才阐明了无产阶级在整个资本主义制度中的真正地位。"①

(三) 马克思主义的影响巨大

马克思主义的崇高不仅体现在以上几个方面,还体现在马克思主义对世界历史进程的影响,没有学说能够超越。

1. 马克思主义对世界的改变巨大

马克思指出:"哲学家们只是用不同的方式解释世界,问题在于改变世界。"②马克思主义以其巨大的能动作用深深地改变了世界。

"在人类思想史上,从来没有一种学说像马克思主义这样曾经改变和正在改变整个世界的格局,改变一个社会的结构,改变人类学术思想的理论思维方式。"③"与政治家、科学家、军人和宗教人士不同,很少有思想家能真正改变历史进程,而《共产党宣言》的作者恰恰在人类历史进程中发挥了决定性作用。历史上从来未出现过建立在笛卡尔思想之上的政府,用柏拉图思想武装起来的游击队,或者以黑格尔的理论指导的工会组织。马克思彻底改变了人类对历史的理解,这就是连马克思主义最激烈的批评者也无法否认的事实。就连反社会主义思想家路维希·冯·米塞斯也认为,社会主义是有史以来影响最深远的社会改革运动,也是第一个不限于某个特定群体,而受到不分种族、国别、宗教和文明的所有人支持的思想潮流。"④

2. 马克思主义对世界的解释力巨大

就马克思主义对人们的思想观念的影响来说,其作用也是巨大的。"对于马克思主义的信仰者来说,马克思主义学说是一座高山,世界各国的马克思主义实践者和理论工作者都在攀登马克思主义这座山。这座山有高峰,有险峰,但没有顶峰。马克思主义是永远发展着的学说。……要对当代世界出现的种种问题,从西方的资本主义社会向何处去、文化危机、金融危机,到一些国家的贫困落后,到苏联解体东欧剧变,到中国特色社会主义理论、道路和制度的建设,如果不以马克思主义作为分析的基本理论和方法,当代有哪

---

① 列宁:《马克思主义的三个来源和三个组成部分》,《列宁专题文集·论马克思主义》,人民出版社2009年版,第71页。
② 马克思:《关于费尔巴哈的提纲》,《马克思恩格斯文集》第1卷,人民出版社2009年版,第502页。
③ 陈先达:《论马克思主义理论教员的专业与信仰》,《中国高校社会科学》2013年第1期,第12—18页。
④ [英]特里·伊格尔顿著,李杨、任文科、郑义译:《马克思为什么是对的》,新星出版社2011年版,第2页。

种学说能担当这个任务呢？没有。"①因此，马克思主义对现实复杂多变的世界具有极大的分析力和解释力。

3. 马克思主义对当代资本主义世界影响巨大

马克思主义对当代资本主义世界的影响也是巨大的，既体现在对当代资本主义世界学术思想的影响上，也体现在对当代资本主义世界政府的影响上。"对于那些反对和攻击马克思主义的政治家和学者来说，马克思主义同样是一座高山，是挡住去路无法逾越的更无法绕过的高山。你只要看看当代那些反对马克思主义的学者，哪个不是拿马克思和马克思主义说事，不是以推翻马克思主义理论为自己的学术使命？在发达资本主义国家，一些政治家为缓和社会矛盾和阶级矛盾，不是也在偷偷地吸收马克思提出过的某些社会措施吗？光凭这些，我们就可以说，马克思主义在当代已经不是19世纪40年代的'幽灵'，而是不可战胜的理论巨人。"②

由上可知，马克思主义的崇高表现在许多方面。这当中，始终站在无产阶级和人民大众的立场上，一切为了人民，一切依靠人民，全心全意为人民谋利益，努力实现共产主义是最主要的。

马克思主义包含着丰富的内容，其中，集体主义、社会主义、共产主义是其重要内容。我们说，马克思主义是崇高的，就内在地包含着集体主义的崇高、社会主义的崇高、共产主义的崇高。马克思主义与中国的具体实际相结合，产生和形成了中国化马克思主义，即毛泽东思想和中国特色社会主义理论体系。因而，当我们说马克思主义是崇高的时，内在地包含着中国化马克思主义的崇高，即毛泽东思想和中国特色社会主义理论体系的崇高。中国化马克思主义有着十分丰富的内容，是在中国革命、建设和改革开放过程中形成的马克思主义理论，它着眼于中华民族的独立和中国人民的解放，着眼于中国的繁荣富强和人民的共同富裕，因而是崇高的理论。

由于马克思主义是科学的和崇高的，所以我们"要坚持不懈传播马克思主义科学理论，抓好马克思主义理论教育，为学生一生成长奠定科学的思想基础。"③

---

① 陈先达：《论马克思主义理论教员的专业与信仰》，《中国高校社会科学》2013年第1期，第12—18页。
② 陈先达：《论马克思主义理论教员的专业与信仰》，《中国高校社会科学》2013年第1期，第12—18页。
③ 《习近平在全国高校思想政治工作会议上强调：把思想政治工作贯穿教育教学全过程，开创我国高等教育事业发展新局面》，《人民日报》，2016年12月9日，第1版。

三、崇高的中国共产党

在争取民族独立、人民解放的伟大斗争中，产生了以马克思主义作为指导思想的中国共产党，作为中国工人阶级的先锋队、中国人民的先锋队和中华民族的先锋队，中国共产党以求得民族独立和人民解放、实现国家繁荣富强和人民富裕为己任，以实现共产主义为远大理想，以全心全意为人民服务作为自己的唯一宗旨，带领人民进行了坚苦卓绝的斗争，最终赢得了民族独立、人民解放，建立了新中国。之后，带领人民进行了社会主义改造、社会主义建设和伟大的改革开放。一部中国共产党的历史就是一部中国共产党的崇高史。

中国共产党的发展并不是一帆风顺的。1921年7月，中国共产党第一次全国代表大会召开，全国有50多名党员。1922年7月，中国共产党第二次全国代表大会召开，全国有195名党员。1923年6月，中国共产党第三次全国代表大会召开，全国有420名党员。1925年1月，中国共产党第四次全国代表大会召开，全国有994名党员。1927年4—5月，中国共产党第五次全国代表大会召开，全国有57967名党员。由于以蒋介石为代表的国民党反动派发动反革命政变，大革命失败，共产党员和革命群众被大量捕杀。"据不完全统计，从1927年3月到1928年上半年，被杀害的共产党员和革命群众达31万多人，其中共产党员2.6万多人。在极其险恶的局势下，党内思想异常混乱，一些同志和不坚定分子离开党的队伍，党员数量急剧减少到1万多人。"[①]

在1945年召开的党的第七次全国代表大会上，毛泽东在回顾，中国共产党和中国人民1927年大革命失败后的表现时指出："但是，中国共产党和中国人民并没有被吓倒，被征服，被杀绝。他们从地下爬起来，揩干身上的血迹，掩埋好同伴的尸首，他们又继续战斗了。"[②]毛泽东这一富有深情的话语，生动地揭示了中国共产党和中国人民在1927年大革命失败之后的高大形象、豪迈气概，表达和赞美了中国共产党和中国人民的崇高。面对敌人的屠杀，中国共产党和中国人民"没有被吓倒，被征服，被杀绝"，"从地下爬起来，

---

① 中共中央党史研究室：《中国共产党简史》，中共党史出版社2010年版，第20页。
② 毛泽东：《论联合政府》，《毛泽东选集》第3卷，人民出版社1991年版，第1036页。

揩干身上的血迹，掩埋好同伴的尸首，又继续战斗了。"毛泽东这简单的几笔给人呈现了中国共产党感天动地的崇高意象。

在革命处于低潮时期，一大批革命意志特别坚定、信仰特别坚定的人毅然决然地加入了中国共产党，徐特立就是这样一位老人。1937年1月30日，毛泽东为徐特立六十岁生日写了贺信。毛泽东在信中说："你是我二十年前的先生，你现在仍然是我的先生，你将来必定还是我的先生。当革命失败的时候，许多共产党员离开了共产党，有些甚至跑到敌人那边去了，你却在一九二七年秋天加入共产党，而且取的态度是十分积极的。从那时至今长期的艰苦斗争中，你比许多青年壮年党员还要积极，还要不怕困难，还要虚心学习新的东西。什么'老'，什么'身体精神不行'，什么'困难障碍'，在你面前都降服了。而在有些人面前呢？却做了畏葸不前的借口。你是懂得很多而时刻以为不足，而在有些人本来只有'半桶水'，却偏要'淌得很'。你是心里想的就是口里所说的与手里做的，而在有些人他们心之某一角落，却不免藏着一些腌腌臜臜的东西。你是任何时候都是同群众在一块的，而在有些人却似乎以脱离群众为快乐。你是处处表现自己就是服从党的与革命的纪律之模范，而在有些人却似乎认为纪律只是束缚人家的，自己并不包括在内。你是革命第一，工作第一，他人第一，而在有些人却是出风头第一，休息第一，与自己第一。你总是拣难事做，从来也不躲避责任，而在有些人则只愿意拣轻松事做，遇到担当责任的关头就躲避了。所有这些方面我都是佩服你的，愿意继续学习你的，也愿意全党同志学习你。当你六十岁生日的时候写这封信祝贺你，愿你健康，愿你长寿，愿你成为一切革命党人与全体人民的模范。"①毛泽东给徐特立六十岁生日的贺信，高度评价了徐特立的革命风范和高风亮节。这不仅是对徐特立个人品行的评价与肯定，也是对所有像徐特立一样立场坚定、意志坚决的模范共产党人的评价与肯定。正是靠了像徐特立这样的共产党员的加入，中国共产党的队伍又不断发展壮大起来。到1929年6月党的六届二中全会召开时，党员达到6.9万人，到1930年3月，又增加到10万多人。②1945年4—6月，中国共产党第七次全国代表大会召开，全国有党员121万人。此后，中国共产党党员人数不断增加。至2014年底，全国党员总数达到8779.3万人。

---

① 毛泽东：《为徐特立六十岁生日写的贺信》，《毛泽东文集》第1卷，人民出版社1993年版，第477—478页。
② 中共中央党史研究室：《中国共产党简史》，中共党史出版社2010年版，第24页。

中国共产党是中华民族以爱国主义为核心的崇高民族精神的继承者和弘扬者。在抗日战争时期，毛泽东指出："中国人民的民族革命斗争，从一八四〇年的鸦片战争算起，已经有了整整一百年的历史了；从一九一一年的辛亥革命算起，也有了三十年的历史了。这个革命的过程，现在还未完结，革命的任务还没有显著的成就，还要求全国人民，首先是中国共产党，担负起坚决奋斗的责任。"①这说明中国共产党是近代以来民族民主革命的继承者和发扬光大者。

在中华民族的历史上，有许多伟大卓越的人物，他们是我们民族的骄傲；在近现代历史中产生了许许多多为民族独立自由尊严、为人民生活幸福而勇于奋斗、勇于牺牲的人物；而在中国共产党成立后，更是产生了不可计数的崇高人物。

毛泽东指出："指导伟大的革命，要有伟大的党，要有许多最好的干部……这些干部和领袖懂得马克思列宁主义，有政治远见，有工作能力，富于牺牲精神，能独立解决问题，在困难中不动摇，忠心耿耿地为民族、为阶级、为党而工作。党依靠着这些人而联系党员和群众，依靠着这些人对于群众的坚强领导而达到打倒敌人之目的。这些人不要自私自利，不要个人英雄主义和风头主义，不要懒惰和消极性，不要自高自大的宗派主义，他们是大公无私的民族的阶级的英雄。这就是共产党员、党的干部、党的领袖应该有的性格和作风。我们死去的若干万数的党员，若干千数的干部和几十个最好的领袖遗留给我们的精神，也就是这些东西。我们无疑地应该学习这些东西，把自己改造得更好一些，把自己提高到更高的水平。"②在此，毛泽东所论述的中国共产党领导干部和领袖的作风、气派，就是中国共产党人崇高的具体表现，这种崇高既表现在已经牺牲的党员、干部和领袖身上，也表现在活着的仍然在斗争的广大党员、干部和领袖的身上。毛泽东、周恩来、刘少奇、朱德、邓小平、陈云等老一辈无产阶级革命家无疑是崇高的，在他们领导之下我党我军的高级领导人是崇高的，我党我军的各级干部、普通党员是崇高的，广大的人民群众是崇高的。

从2005年2月1日起，《人民日报》、新华社、中央人民广播电台、中央电视台等中央主要媒体和各省、自治区、直辖市主要媒体，同时开展《永远

---

① 毛泽东：《中国革命和中国共产党》，《毛泽东选集》第2卷，人民出版社1991年版，第632页。
② 毛泽东：《为争取千百万群众进入抗日民族统一战线而斗争》，《毛泽东选集》第1卷，人民出版社1991年版，第277页。

的丰碑》大型主题宣传活动，每天同步介绍一位中国共产党80多年历史上的优秀代表人物、革命烈士和劳动模范。《永远的丰碑》专栏推出后，立即在社会上产生强烈的反响。可以说，中国共产党历史上的优秀代表人物、革命烈士和劳动模范都是崇高的人物，对他们的宣传，可以让人们感受崇高。这些伟大崇高的人物包括但不限于如下名单：

中国最早的马克思主义者和共产主义者、中国共产党的主要创始人之一李大钊，中国共产党早期卓越的领导人和工人运动领袖蔡和森，中国共产党的创始人之一董必武，中国共产党的创始人之一何叔衡，伟大的共产主义战士方志敏，生的伟大死的光荣的刘胡兰，百战百胜的抗日民族英雄回民支队司令员马本斋，中国工农红军和八路军高级指挥员左权，新四军领导人叶挺，抗日民族英雄杨靖宇，我国妇女运动的先驱向警予，中国农民革命运动的先导者和著名海陆丰苏维埃政权创建人彭湃，体现中国共产党宗旨的普通共产党员张思德，杰出的工人运动领袖邓中夏，广州起义领导人、中国共产党的创建人之一张太雷，全国著名战斗英雄董存瑞，中国共产党早期领导人之一瞿秋白，著名的工人运动领袖赵世炎，群众领袖人民英雄刘志丹，为整体、为胜利而自我牺牲的伟大战士邱少云，"砍头不要紧，只要主义真"的夏明翰，具有"蜡烛精神"的共产党人萧楚女，舍身堵枪眼的中国人民志愿军战士黄继光，党的骆驼、人民的骆驼任弼时，中共一大代表、党的创始人之一陈潭秋，中国人民志愿军特级战斗英雄杨根思，中国青年的领袖和导师恽代英，中国共产党和人民解放军卓越政治工作领导人和优秀指挥员关向应，中国共产党的创始人之一王尽美，为挽救党和红军做出了重要贡献的张闻天，中国人民志愿军烈士毛岸英，杰出的红军将领、军事家黄公略，全心全意为人民服务的楷模雷锋，中国共产党主要创始人和早期领导人之一李达，著名抗日民族女英雄赵一曼，意志如钢铁的共产党员江竹筠，中国共产党早期杰出的无产阶级革命家王若飞，抗日名将吉鸿昌，杰出的工人运动领导人苏兆征，党的宣传活动家魏野畴，红军优秀指挥员毛泽覃，湘鄂西苏区创建人周逸群，从奴隶到将军的罗炳辉，中国共产党早期优秀理论家杨匏安，一不怕苦、二不怕死的共产主义战士王杰，革命伉俪、感天动地的陈觉、赵云霄夫妇，中国工人运动的先驱王荷波，抗日民族女英雄、归侨李林，宁都起义领导人董振堂，红军优秀指挥员王尔琢，爱民模范欧阳海，中国共产党早期领导人罗亦农，爱兵模范、杀敌英雄王克勤，优秀党员、革命烈士蒋先云，中共在黄埔军校的重要负责人熊雄，黄继光式的英雄许家朋，中国共产党年轻将才卢德铭,中国工农红军早期杰出将领许继慎,"共产党人的好榜样"彭雪枫,"有名的工人运动的组织者"郭亮,在敌人的刑场上举行革命者婚礼的周文雍和陈铁军,"模范的革命军人"曹渊,东北抗日联军创建人李兆麟,抗日英雄狼牙山五壮士,"人民的坚强战士"李硕勋,26岁英勇就义的共产党人陈乔年,铁腿通信员李家发,中国工农红军杰出指挥员吴焕先,百色起义领导人之一韦拔群,广东地区青年运动的先驱者之一阮啸仙,中共早期著名的政治活动家、理论家高君宇,陕北红军和苏区创建人谢子长,中国少年共产党创建者之一陈延年,孤胆英雄陈树棠,中共一大代表邓恩铭,"我的头可断,志不可夺"的杨闇公,中国工农红军杰出指挥员蔡申熙,东北抗日联军创建人和领导人赵尚志,我国工人运动的著名领袖之一邓发,边区英模赵占魁,鞍钢老英雄孟泰,农民致富的带头人史来贺,工业战线的排头兵马恒昌,为大山披上新绿的植树模范马永顺,甘当人民勤务员的掏粪工人时传祥,走在时间前面的人王崇伦,新中国石油战线的铁人王进喜,商业战线的旗帜"一抓准"张秉贵,纺织战线的一面红旗赵梦桃,炮弹大王甄荣典,煤矿生产战线的一面红旗马六孩,增产节约的排头兵阎金芬,矿山铁汉侯占友,党的好女儿赵春娥,中国原子弹理论设计负责人邓稼先,光学界优秀人才蒋筑英,中国式保尔罗健夫,刻苦钻研电焊技术的全国劳动模范张树贵,"毛泽东号"机车司机长李永,河北龙烟铁矿"马万水小组"组长马万水,被乘客誉为"贴心人"的售票员赵淑珍,冲在前面的钻掘工人李九德,全国农业劳动模范耿长锁,劳动英雄李顺达,一级爆破英雄伍先华,中国人民解放军爱民模范范身臣,"生是为中国,死是为中国"的刘伯坚,革命意志坚强的无产阶级战士孙炳文,"高扬我们的旗帜"的罗世文,"衡山朱凤"毛泽建,回族人民的好儿子马骏,"愿以我血献后土,换得神州永太平"的车耀先,天津五四运动杰出的领导者之一于方舟,"死,只能吓胆小鬼,吓不住共产党人"的杨开慧,江岸京汉铁路工会委员长林祥谦,中国共产党第一个女党员缪伯英,中国工人阶级杰出代表王孝和,"我不能放弃共产主义立场"的毛泽民,劳动者的律师施洋,打入国民党内部的共产党员钱壮飞,为苏维埃新中国流尽最后一滴血的陈树湘,青年楷模何功伟,"大众的牛"茅丽英,中国工农红军和新四军高级指挥员周子昆,以一胜十的骁将陈毅安,"革命是杀不绝的"的冯平,"从容就义气如虹"的许建业,中国共产党德高望重的领导人之一林伯渠,新民学会第一批会员之一罗学瓒,"愿把这牢底坐穿"的何敬平,"一辈子做好事的人"吴玉章,"对着死亡我放声大笑"的陈然,冉庄地道战组织者张森林,宁死不屈的东北抗日联军女官兵冷云等投江八女,夜袭战斗常胜英雄桂干生,作战勇猛的战斗英雄任常,爆破英雄马立,出奇制胜、具有大将风范的粟裕,铁骨铮铮抗日到底的夏云杰,"对中国革命有大功的人"徐海东,东北抗日联军优秀指挥员曹亚范,抗日壮士英气冲天的董天知,"打仗数第一"的陈锡联,抗日赤心日月可鉴的许亨植,坚如磐石抗日心的魏大光,"绝不给中华民族丢脸"的刘老庄连,抗日怒火燃赤心的马耀南,荡气回肠的抗日虎将叶成焕,电影《平原游击队》主人公李向阳的原型包森,在特殊岗位上抗击日寇的女共产党员张宗兰,朝鲜族抗日英雄李红光,胆壮气豪惊天地的抗联十二烈士,刀劈日本宪兵的抗日民族英雄节振国,誓死抗日血沸腾的续范亭,为东北抗日战争立赫赫战功的陈翰章,殉国为抗日、壮烈动天地的江雅臣,"要把鬼子从中国赶出去"的魏拯民,新四军抗日名将罗忠毅,"最忠实于中华民族解放事业的战士"范子侠,"绝不能让群众受到鬼子的伤害"的马定夫,伟大的国际主义战士诺尔曼·白求恩,戎马倥偬赫赫战功的黄克诚,浴血奋战战果累累的陈赓,烽火狼烟铁骨铮铮的杨成武,文韬武略建功勋的谭政,国际主义精神的代表柯棣华,闪烁着国际共产主义灿烂光辉的战士马海德,中华民族一将才朱程,赤胆抗日忠心为国的萧劲光,枪林弹雨毙日寇的杨勇,"打出八路军的威风"的符竹庭,屡建功勋敌胆寒的张云逸,能文亦武功勋卓著的罗瑞卿,英勇炳千秋的杨得志,英名天下扬的许光达,为中华民族解放事业献出青春和才智的罗生特,出生入死撼敌胆的叶飞,"独臂将军"建奇功的贺炳炎,英勇善战战功显赫的王树声,等等。

1927年大革命失败时,开国大将黄克诚当时有国民党员和共产党员双重身份,在北伐军中已任团政治教官,与团长关系不错,月收入上百大洋。但在1927年10月,黄克诚谢绝了团长的挽留,毅然离开国民党部队,冒着生命危险到武汉寻找党组织。

1927年7月4日夜,国民党反动军警将陈延年押赴刑场。敌人喝令陈延年跪下。陈延年毫不理会。于是几个刽子手强行把他按下去。但刽子手们的手刚一松,陈延年便再次傲然挺立。无奈,刽子手一拥而上乱刀将陈延年杀害并分尸,投入黄浦江中。在陈延年牺牲后一年,他的二弟陈乔年也在同一地点被杀害。

1928年3月20日,夏明翰在汉口余记里刑场慷慨就义,临刑前,他大义凛然地写下了著名的诗句:"砍头不要紧,只要主义真。杀了夏明翰,还有后来人。"

1928 年 7 月，年仅 29 岁的琼崖工农革命军司令、共产党员冯平在就义前向世人宣扬了他的信念："革命不怕死，怕死不革命。杀了一个冯平，还有千万个冯平！革命是杀不绝的，共产主义一定会实现！"

1934 年 11 月下旬，红三十四师师长陈树湘率部负责掩护中央红军转移，突围时腹部中弹，身负重伤。最后部队弹尽粮绝，陈树湘伤重被俘。在押送途中，他趁敌人不备，在担架上忍着剧痛，从伤口处掏出肠子，用力绞断，壮烈牺牲，年仅 29 岁。

著名爱国将领吉鸿昌在 1934 年 11 月 24 日英勇就义时，慷慨激昂地写下了"恨不抗日死，留作今日羞。国破尚如此，我何惜此头"的就义诗，充分显示了吉鸿昌强烈的爱国情怀和民族气节。

著名抗日将领杨靖宇率领东北抗日联军与侵华日军血战八年。1940 年 2 月 23 日，杨靖宇孤身被围，战至最后，壮烈殉国。日军对在零下 20 多度的林海雪原中断粮 5 天的杨靖宇能够生存下来感到不解，于是解剖了杨靖宇的遗体，看到胃里一粒粮食也没有，只有尚未消化的树皮、草根和棉絮。

1941 年 1 月 14 日晚，新四军高级将领袁国平在皖南事变突围中身负重伤，为了不拖累战士们及时突围，袁国平悄悄摸出手枪，对准自己的太阳穴扣动扳机，践行了他在部队突围动员时所讲的"如果我们有 100 发子弹，要用 99 发射向敌人，最后 1 发留给自己"的誓言。

刘胡兰为保守党的秘密，宁愿牺牲在敌人的铡刀之下。毛泽东为刘胡兰题写"生的伟大，死的光荣"八个大字，毛泽东的这一题词是写给刘胡兰的，同时也是写给所有为革命、为人民利益、为党的利益而牺牲的人们的。

为了赢得战斗的胜利，董存瑞舍身炸碉堡。和董存瑞舍身炸碉堡相类似，在抗美援朝战争的上甘岭战役中，为了避免更大的牺牲，为了胜利，黄继光舍身堵枪眼，勇敢地牺牲了自己。和董存瑞、黄继光牺牲在战争年代、牺牲在战场不同，在和平年代，英雄王杰在组织和带领民兵训练中，为了保护民兵的生命安全，英勇地扑向了手榴弹，牺牲了自己，保护了民兵的安全。与王杰相类似，革命战士欧阳海为了火车安全运行舍身拦惊马，牺牲了自己，保证了火车的安全运行。

在中国共产党领导的革命战争中，还有许多家庭为了革命而牺牲了多位亲人。

毛泽东一家为革命而牺牲了 6 位亲人，他们是：毛泽东妻子杨开慧，毛泽东长子毛岸英，毛泽东的弟弟毛泽民和毛泽覃，毛泽东堂妹毛泽建，毛泽东的侄子毛楚雄。

写下了著名就义诗的夏明翰除了自己牺牲外,还有其弟夏明霹、夏明震,其妹夏明衡,其外甥邬依庄为革命牺牲。整个夏家为革命牺牲了5人。

据开国大将王树声的女儿回忆,王树声1926年2月加入中国共产党。王树声全家为革命付出了巨大代价,共牺牲了13位亲人。

和刘志丹一起创建了西北革命根据地的谢子长不仅自己献身于革命,还教育和带动全家投身革命,成为一个革命的家庭,他家中先后有11人参加革命,在1932年至1936年短短的3年多时间里,就有8人为革命英勇献身。

而举家献身革命,为革命而牺牲家庭成员最多的要数贺龙元帅了。贺龙元帅两把菜刀闹革命,全家前后共有109位烈士。

他们的事迹感天动地、光照千秋、彪炳史册。从这些共产党员的身上,我们看到真正的共产党员的人生价值目标,那就是为人民服务。这正是共产党的崇高之所在。

像这样为了革命、为了人民利益而光荣牺牲的党员很多很多。对于他们的死,毛泽东给予了高度的评价。"为人民服务"就是毛泽东对一切革命者崇高品质的概括。毛泽东在追悼张思德大会上发表的《为人民服务》的演讲指出:"人总是要死的,但死的意义有不同。中国古时候有个文学家叫做司马迁的说过:'人固有一死,或重于泰山,或轻于鸿毛。'为人民利益而死,就比泰山还重;替法西斯卖力,替剥削人民和压迫人民的去死,就比鸿毛还轻。张思德同志是为人民利益而死的,他的死是比泰山还重的。"[①]毛泽东关于"为人民利益而死,就比泰山还重"的论述向我们充分地说明,为人民利益而死的人,是崇高的,是让人无比崇敬的。我们革命队伍内有许许多多的人都是为人民利益而死的,他们的死是比泰山还重的,是比泰山还崇高的。我们的革命队伍就是一个崇高的队伍。具体到我们革命队伍中的张思德同志,他就是一个为人民利益而死的同志,所以,张思德同志是崇高的。由张思德同志的死,我们联想到许多为人民利益而死的同志,他们都是崇高的,高大的,让人无比崇敬的。刘胡兰为人民的利益而死在敌人的铡刀之下,她的死是崇高的,毛泽东为她题词"生的伟大,死的光荣"。董存瑞舍身炸碉堡是为人民利益而死的,他的死是崇高的。黄继光是为人民利益而死的,他的死是崇高的。欧阳海是为人民利益而死的,他的死是崇高的。王杰是为人民利益而死

[①] 毛泽东:《为人民服务》,《毛泽东选集》第3卷,人民出版社1991年版,第1004页。

的，他的死是崇高的。20世纪80年代，大学生张华为救老人而死，他的死是崇高的。长江大学三个大学生为救落水儿童而死，他们的死是崇高的。我们可以看到，社会生活中，有许许多多为人民利益而死的人，他们的死都是崇高的。分析他们的行为表现，他们之所以崇高，就在于他们在自己的利益与人民的利益不能同时保全时，他们总是以牺牲自己来维护、成全、成就、实现人民的利益，就是说，他们的崇高就在于他们勇于牺牲自己，勇于保护人民利益。他们是为人民利益而牺牲的，在他们牺牲之后，人民一定不会忘记他们，总是以不同的方式来纪念他们。

  毛泽东在《为人民服务》中指出："我们的共产党和共产党所领导的八路军、新四军，是革命的队伍。我们这个队伍完全是为着解放人民的，是彻底地为人民的利益工作的。"①中国共产党并不是为着自己的利益工作的，而是为着人民的利益工作的，除了人民的利益，它没有任何自己的利益。中国共产党的崇高不仅体现在它的整体的崇高上，而且体现在组成它的每个党员的崇高上，无论是一般的共产党员，还是党的高级干部，都通过自己的活动体现了共产党的宗旨、追求、作风。毛泽东指出："这个军队之所以有力量，是因为所有参加这个军队的人，都具有自觉的纪律；他们不是为着少数人的或狭隘集团的私利，而是为着广大人民群众的利益，为着全民族的利益，而结合，而战斗的。紧紧地和中国人民站在一起，全心全意地为中国人民服务，就是这个军队的唯一的宗旨。""在这个宗旨下面，这个军队具有一往无前的精神，它要压倒一切敌人，而决不被敌人所屈服。不论在任何艰难困苦的场合，只要还有一个人，这个人就要继续战斗下去。"②由此可见，中国共产党和中国共产党所领导的人民军队的崇高，首先在于中国共产党和中国共产党所领导的人民军队的宗旨的崇高，由于宗旨的崇高，因而，在面对敌人、面对困难时，就表现出行为的崇高。行为的崇高是宗旨的崇高、精神的崇高的外在表现。

  中国共产党及其党员的崇高不仅因为其以马克思主义为指导思想，以全心全意为人民服务为唯一宗旨，以实现共产主义为远大理想，而且在于其在思想、宗旨、理想的指引下，努力加强自身的修养，以改正错误、缺点，发扬长处、优点，更好地为人民服务。早在延安时期，刘少奇就发表了《论共产党员的修养》，要求每一个共产党员都要加强自身的修养。加强自身的修养

---

① 毛泽东：《为人民服务》，《毛泽东选集》第3卷，人民出版社1991年版，第1004页。
② 毛泽东：《论联合政府》，《毛泽东选集》第3卷，人民出版社1991年版，第1039页。

就是要讲正气。江泽民指出:"讲正气,是中华民族也是我们党的一个优良传统。古语所说的'我善养吾浩然之气','一点浩然气,千里快哉风',等等,都是讲一个人必须树立浩然正气,必须有正义感。有了一腔浩然正气,才能无所畏惧地前进,才能不屈不挠地为国家为社会建功立业。文天祥专门写过一篇《正气歌》,他在《过零丁洋》中写下的'人生自古谁无死,留取丹心照汗青',以及顾炎武的天下兴亡,匹夫有责,等等,为什么会成为千古传颂的名句,就是因为充满着高昂激越的爱国正气。我们党的宗旨是全心全意为人民服务,这就是全党同志首先是各级领导干部,必须坚持树立和发扬的最大的正气。大大发扬这种正气,以权谋私、拜金主义、享乐主义、极端个人主义的邪气就滋长不起来。要教育干部自觉地树立正气,坚决同歪风邪气作斗争。"[1]正气,就是崇高之气。江泽民还指出:"讲政治,必然要体现在讲正气上。讲正气,就是要坚持和发扬共产党人的政治本色与革命气节。中央一直强调全党同志特别是领导干部,一定要树立和保持共产党人的高尚情操与革命气节。这历来是我们党团结奋斗、夺取胜利的强大精神力量。一个革命政党,必须有一股浩然正气,这样全党才能具有强大的精神支柱,才能充满生机和活力。……我们中华民族历来崇尚名节。孟子说的'富贵不能淫,贫贱不能移,威武不能屈',以及其他许多格言名句,都表达了我们民族对坚贞气节的追求。我们共产党人,应该继承和发扬中华民族的优秀文化传统,应该在马克思主义思想基础上,培养和弘扬高尚的人格品质。"[2]中国共产党及其党员之所以崇高,就在于注重自身的修养,具有浩然之气。

为了真正践履全心全意为人民服务的宗旨,中国共产党对危害人民利益的党员绝不姑息。在此,我们看一个典型的例子。在延安时期,有一名参加过长征的老红军、共产党员黄克功,因为恋爱不成,而将一个女学生打死。事件发生后,有人为黄克功求情,希望能对黄克功不处死刑,让他戴罪立功,对此,作为党的最高领袖的毛泽东没有答应,为此,他专门给审判黄克功案的审判长雷经天写了一封信,说明为什么要对黄克功判处死刑,信的内容如下:

---

[1] 中共中央文献研究室编:《江泽民论有中国特色社会主义(专题摘编)》,中央文献出版社 2002 年版,第 708—709 页。
[2] 中共中央文献研究室编:《江泽民论有中国特色社会主义(专题摘编)》,中央文献出版社 2002 年版,第 709—710 页。

雷经天①同志：

你的及黄克功②的信均收阅。黄克功过去斗争历史是光荣的，今天处以极刑，我及党中央的同志都是为之惋惜的。但他犯了不容赦免的大罪，以一个共产党员、红军干部而有如此卑鄙的，残忍的，失掉党的立场的，失掉革命立场的，失掉人的立场的行为，如为赦免，便无以教育党，无以教育红军，无以教育革命者，并无以教育做一个普通的人。因此中央与军委便不得不根据他的罪恶行为，根据党与红军的纪律，处他以极刑。正因为黄克功不同于一个普通人，正因为他是一个多年的共产党员，是一个多年的红军，所以不能不这样办。共产党与红军，对于自己的党员与红军成员不能不执行比较一般平民更加严格的纪律。当此国家危急革命紧张之时，黄克功卑鄙无耻残忍自私至如此程度，他之处死，是他自己的行为决定的。一切共产党员，一切红军指战员，一切革命分子，都要以黄克功为前车之鉴。请你在公审会上，当着黄克功及到会群众，除宣布法庭判决外，并宣布我这封信，对刘茜同志之家属，应给以安慰与抚恤。

毛泽东
一九三七年十月十日③

从毛泽东给雷经天的这封信及中国共产党对黄克功的处理来看，中国共产党对危害人民利益的党员是绝不姑息的，不如此，就不能始终保持与人民群众的密切联系，就不能确保全心全意为人民服务作为自己的唯一宗旨。为加强党的作风建设，我们党先后开展了延安整风、整党、"三讲"教育、保持共产党员先进性教育、深入学习实践科学发展观活动、党的群众路线教育实践活动等。

在新的历史时期，党面临着执政考验、改革开放考验、市场经济考验与外部环境考验。"面对世情、国情、党情的深刻变化，精神懈怠危险、能力不足危险、脱离群众危险、消极腐败危险更加尖锐地摆在全党面前，党内脱离

---

① 雷经天（1904—1959），广西南宁人。当时任陕甘宁边区高等法院院长，是黄克功案件的审判长。
② 黄克功，少年时加入红军，参加过井冈山的斗争和长征。当时是抗日军政大学第六队队长。1937年10月，他对陕北公学女学生刘茜逼婚不遂，开枪把刘茜打死。经陕甘宁边区高等法院审判，黄克功被处以死刑。
③ 毛泽东：《给雷经天的信》，《毛泽东文集》第2卷，人民出版社1993年版，第39—40页。

群众的现象大量存在,一些问题还相当严重,集中表现在形式主义、官僚主义、享乐主义和奢靡之风这'四风'上。"①面对四种考验、四种危险和党内普遍存在的"四风",党必须努力加强自身建设,紧紧围绕保持和发展党的先进性和纯洁性,以为民务实清廉为主要内容,切实加强全体党员的马克思主义群众观点和党的群众路线教育。反对形式主义,着重解决工作不实的问题;反对官僚主义,着重解决在人民群众利益上不维护、不作为的问题;反对享乐主义,着重克服及时享乐思想和特权现象;反对奢靡之风,着重狠刹挥霍享乐和骄奢淫逸的不良风气。按照"照镜子、正衣冠、洗洗澡、治治病"的总要求,自我净化、自我完善、自我革新、自我提高。党的各级领导干部"既要严以修身、严以用权、严以律己,又谋事要实、创业要实、做人要实"②。"要坚持标本兼治、综合治理、惩防并举、注重预防方针,更加科学有效地防治腐败,坚定不移把党风廉政建设和反腐败斗争引向深入。"③通过从各个方面强加的党的建设,确保党始终立党为公,执政为民,把人民对美好生活的向往,作为自己的奋斗目标。

总之,中国共产党的崇高可以从以下几个方面来看:

从中国共产党的指导思想来看,中国共产党是崇高的。中国共产党的指导思想是马克思列宁主义、毛泽东思想和中国特色社会主义理论体系。马克思列宁主义、毛泽东思想、中国特色社会主义理论体系是崇高的,指导思想的崇高决定了中国共产党的崇高。

从中国共产党的最终理想来看,中国共产党是崇高的。实现共产主义是中国共产党的崇高理想。说实现共产主义是中国共产党的崇高理想,不仅仅在于这个理想是远大的,而且在于这个理想的实现是一个长期的过程,要经历许多磨难和曲折。中国共产党愿为实现这一理想而奋斗不息。

从中国共产党的宗旨来看,中国共产党是崇高的。中国共产党的宗旨是全心全意为人民服务。全心全意为人民服务而不谋求任何私利决定了中国共产党的崇高。

从中国共产党的发展历程来看,中国共产党是崇高的。中国共产党的发展经历了从无到有、从小到大、从弱到强、从幼稚到成熟的曲折发展历程,

---

① 习近平:《群众路线是党的生命线和根本工作路线》,《习近平谈治国理政》,外文出版社 2014 年版,第 368 页。
② 习近平:《树立和发扬"三严三实"的作风》,《习近平谈治国理政》,外文出版社 2014 年版,第 381 页。
③ 习近平:《把权力关进制度的笼子里》,《习近平谈治国理政》,外文出版社 2014 年版,第 385 页。

这个曲折的发展历程显示了中国共产党的崇高。

从中国共产党领导人民进行革命、建设和改革开放的实践成果看，中国共产党是崇高的，中国共产党领导人民经过艰苦卓绝的奋斗建立了新中国，实现了民族独立、人民解放、国家富强、人民富裕，中国共产党领导人民取得的伟大成就显示了中国共产党的崇高。

从中国共产党的各个党员来看，中国共产党是崇高的。中国共产党的每个党员忠实地践行党的宗旨，全心全意为人民服务，共产党员个人的崇高彰显了中国共产党的崇高。

从中国共产党自身的建设来看，中国共产党是崇高的。中国共产党通过加强自身的思想建设、组织建设、作风建设、廉政建设等方面的建设，保持党的先进性和纯洁性，保持党始终全心全意为人民服务的宗旨永不改变。

四、崇高的普通个人

"英雄人物的一生必是崇高的，但崇高并不限于英雄，平凡的人也可以有崇高的光辉的人生。"①这就是说，崇高表现在人身上，有英雄人物的崇高，有平凡人物的崇高。"在一般的理解中，崇高是和英雄伟人联系在一起的。凌云壮志、冲天豪情，以非凡的气魄和壮举改写历史，这当然是崇高。但是，那只是崇高的一面。崇高还有另一面，那就是小人物平凡的日常生活中蕴含的崇高。并且，在远离战火硝烟的和平年代，在亿万普通人成为历史主角的时代，这种'日常生活的崇高'已经是常态和主流。作家和艺术家应该善于在波澜壮阔的历史之中，从细微和平静的褶皱处发掘崇高。"（张江）②这种日常生活的崇高"既不是启蒙主义'宏大叙事'的崇高，也不是后现代'黑暗'和'绝望'的崇高，而是现实生活中的普通人，在承受社会的巨大压力和历经人生的诸多磨难时，虽然伤痕累累，却仍然满怀信念，善良而正直地生活着所呈现出来的那样一种人性之光，这是一种为千千万万'小人物'所践行的崇高。"（王杰）③无疑，在实际的社会生活中，有着许许多多、千千

---

① 王旭晓：《美学原理》，上海人民出版社 2000 年版，第 73 页。
② 张江、高建平、李国平、王杰、王家新：《文学呼唤崇高》，《人民日报》，2014 年 8 月 29 日，第 24 版。
③ 张江、高建平、李国平、王杰、王家新：《文学呼唤崇高》，《人民日报》，2014 年 8 月 29 日，第 24 版。

万万这样的小人物,他们的精神和行为是崇高的。

社会中有许多的崇高人物和事迹。在这些崇高的人物和事迹中,有的属于英雄人物,有的属于普通个人。普通人物的崇高同样给人心灵上的感动。

如在伟大的抗日战争中,既有敌占区人民的英勇奋战,也有大后方人民对前线的大力支持。在川军出川抗日的许多可歌可泣的故事中,有一件事特别感人:四川安县"模范父亲"王者成,主动送儿子王建堂请缨出征,临行前,王者成手执一面"死"字旗相送,在白布旗正中写着个大大的"死"字。旗的左方写道:"国难当头,日寇狰狞。国家兴亡,匹夫有责。本欲服役,奈过年龄。幸吾有子,自觉请缨。赐旗一面,时刻随身。伤时拭血,死后裹身。勇往直前,勿忘本分。"读之让人热血沸腾。[①]这面父亲送给儿子的"死"旗,表达了一个中国人保家卫国的情怀。正是由于中国有许许多多这样的父亲,中国人民勇敢地捍卫了自己的家园。他们的精神怎能不让人感动呢!

抗日战争时期在华北平原上活跃着一支少数民族抗日队伍——回民支队,这个队伍的领导者就是回族著名的抗日英雄马本斋。提到马本斋,就不得不提到他的伟大母亲。老一辈革命家程子华回忆:"记得那是一九四一年八月二十七日,驻河间的日军山本联队长,因日军多次受到回民支队的打击,恼羞成怒,出兵千余,包围了东辛庄,把马本斋同志的母亲马老太太抓到藏桥据点作人质,逼迫马本斋投降。后又将马母转移到河间城内,要马母给儿子写信,叫马本斋投降日本。马母断然拒绝。敌人严刑拷打,马母坚贞不屈,大义凛然,痛骂敌伪,并作绝食斗争,于九月七日为国捐躯,时年六十八岁。"[②]马本斋是英雄,马本斋的母亲马老太太是英雄,他们的事迹特别令人感佩。

下面我们再看一个普通人的故事:

30岁的他是安徽省长丰县土山乡的一个木匠。7年前的6月8日那天,日落时分,他正在做晚饭,忽然听到院外面有人扯着嗓子喊:"有人落水了,快去救命呀!"有人落水?他顿时心头一震。8岁的儿子小凯放了学就喜欢在池塘边玩耍。他不敢再想下去,拔腿就往池塘边跑。

他看到水面上有几个小脑袋沉沉浮浮,最远处那个竟是自己的儿子!他来不及脱衣,一头扎进三米多深的水里。突然,几只小手露出水面,

---

[①] 张永久:《民国四川第一家:刘湘家庭》,重庆出版社2008年版,第226页。
[②] 程子华:《程子华回忆录》,中央文献出版社2005年版,第137页。

拼命地划动，试图抓住他。那是本村的四个小孩。已经被浑水呛得惊恐万分的孩子，死死地揪住了他的脖颈和胳膊！

他朝儿子所在的方面望了一眼，儿子还在挣扎，只是动作越来越无力。他实在不忍心把揪住自己的几只小手拨开，一咬牙左手抱住三个，右手抓住一个，蹬动双腿扭头向岸边游去。

等把四个小孩送上岸，他已累得瘫倒在烂泥中。不能歇，儿子还没救上来！他拼尽最后力气再次扑进水里，但已没有了儿子的踪影。

悲剧发生后，妻子急火攻心，晕倒在地。等醒转后，妻子一连几天以泪洗面，不吃不喝，只是对着他不停地质问："你为啥不救儿子？你说啊，为啥？"

他无言以对，只能垂着头，默默流泪。很快，他的义举震动了当地。可是，他变得愈加惘然、困惑——一夜之间，他成了众矢之的。有人说他傻，有人说他是拿着儿子的性命换取名誉，就连被救孩子的父母也躲着他走，形同陌路。

他的身体渐渐垮下来，妻子的精神又时好时坏。好在2008年，妻子病情好转，又生下女儿明娜。小明娜的出生，给这个沉寂了多年的小家带来了久违的笑声。然而，两周后，他发现女儿经常咳嗽，嘴唇发乌。医生告知：小明娜患有严重先天性心脏病，随时都有生命危险！

看着襁褓中的小女儿，他已没有了眼泪。苦命的女儿怎么就像一阵匆匆而来又将匆匆而去的风？不，要留住女儿，让她的生命"延续"下去！经过再三劝说，妻子最终同意了他的想法——捐献眼角膜。三天后，病魔带走了小明娜。次日，省儿童医院为她做了眼角膜捐献手术，两名在黑暗中苦苦煎熬的患者重见光明。

不久前，在安徽电视台主办的2008十大新闻人物评选中，他高票当选，成为省内唯一一位以农民身份登台的获奖者。

他的名字叫胡文传，一名憨厚朴实的安徽青年。评委会给的颁奖辞是："6年间，他经历了人生的两次选择。在生与死、得与舍面前，我们触摸到一颗大爱之心。透过困顿与坚强，我们看到了一个质朴的灵魂。他是一个好人，好人也许会流泪，会伤心，会孤独无助，但好人却永远是这个世界的魂。"①

---

① 菊韵香：《好人是这个世界的魂》，《做人与处世》2009年第4期。

胡文传虽然是一个农民，但他的所作所为是崇高的。他的崇高就在于：在不得已的情况下，是先救自己的孩子还是先救本村其他孩子？他面临着一个十分痛苦而艰难的选择。如果先救自己的孩子，他自己的孩子一定会得救，可是本村其他四个孩子却要被淹死，如果先救本村其他四个孩子，自己的儿子却可能被淹死。无论做出哪一种选择，都是十分痛苦而艰难的。在这种情形下，胡文传先救了本村四个孩子，可是他自己的孩子却淹死了。他做出了一个高尚的义举，那就是救了四个孩子；同时，在他内心又有难以抹去的苦痛，他没有能救出自己的孩子。正是在这种痛苦的抉择中，显现了胡文传的伟大与崇高。在他小女儿离开这个世界的时刻，胡文传又做出了崇高的义举：按照一般大多数人的观念，让一个逝者保持一个完整的身体是对死者的最大尊重。可是，胡文传冲突了传统观念的束缚，决定把自己女儿的眼角膜捐献出来，从而让活着的在黑暗中苦苦煎熬着的患者重见了光明！这是多么伟大与高尚啊！其实，在生活中，有许多像胡文传这样崇高的普通人物。正是他们，使得这个社会光明起来，明亮起来，让人充满信心起来，让社会美好起来。

在社会生活中，还有与胡文传的事迹相比更细微的小事。"我们可以经常听到看到：一个小学生，在操场上捡起一角钱，快步走进学校值班室，认真地交到老师的手上；一对情侣牵手出行，看见路边不慎摔倒的陌生老人，赶紧跑过去轻轻地把老人扶起；一个乞讨者，闻知汶川发生特大地震灾害，面对全社会的救援行动，他不声不响地把沿街乞讨来的零钱投进了募捐箱……这些平凡得不能再平凡的小事、小人物，也许人们不会视其为崇高人物去敬仰，却一定会为这些充满真情和善意的崇高举动而拍手称道，甚至为之感慨而动容。这就是我们社会价值体系所倡导的崇高，或者说崇高境界。这种崇高境界是由社会普通民众的崇高举动展现出来的，它蕴含于平凡之中。"[①]在众多普通个人、平凡人物中，"最美司机""最美战士""最美妈妈""最美教师"毫无疑问是平凡人物崇高的典型，他们的善举是崇高的、感动人心的。对这些凡人善举的大力宣传，有助于弘扬正能量，有助于社会主义和谐社会的形成，有助于激发普通个人积极地做有益于社会、有益于他人的事。

作为对社会生活的反映，文学艺术应当反映、再现、歌颂这些普通个人、平凡人物的崇高。鲁迅先生的短篇小说《一件小事》就艺术地再现了一个普通的人力车夫的崇高。一个人力车夫，在北风的严寒下，拉着车飞快地跑，

---

① 郭大方：《平凡与崇高——从"双百"人物的崇高精神谈起》，北京走进崇高研究院编：《纵论走进崇高——首次崇高理论研讨会文集》，人民出版社 2011 年版，第 182 页。

忽然碰到了一位头发苍白、衣服都很破烂的女人，老人是慢慢地倒下的，肯定没有碰伤，可以拉着车一走了之。可是车夫却不然，他停住车，把伊扶起，问声"你怎么啦？""我摔坏了。"车夫便搀着伊的臂膊一步一步地向巡警分驻所走去。"我这时突然感觉到一种异样的感觉，觉得他满身灰尘的后影，霎时高大了，而且愈走愈大，须仰视才见。而且他对于我，渐渐地又几乎变成一种威压，甚而至于要榨出皮袍下面藏着的'小'来。"在此，鲁迅艺术地再现了人力车夫的高大和"我"的渺小。这件小事，"叫我惭愧，催我自新，并且增长我的勇气和希望。"①

　　文学艺术是这样，思想政治理论课教学又何尝不是这样？在思想政治理论课教学中，教师把这些"小人物"的崇高事迹呈现于课堂，既可以避免思想政治理论课教学内容给人枯燥乏味感、空洞感、说教感，又可以很好地感染学生的心灵，打动学生的内心世界。在思想政治理论课的教学内容中，体现和反映崇高精神的除了英雄人物之外，还有许许多多的普通群众、平凡人物。英雄人物的冲天壮举毫无疑问能给人以崇高感，但普通群众、平凡人物的善举同样可以打动人心，人们从这些普通平凡人物的善举中感受到生活的意义和生命的价值，感受到社会的温暖。

五、崇高的中国精神

　　习近平指出："实现中国梦必须弘扬中国精神。这就是以爱国主义为核心的民族精神，以改革创新为核心的时代精神。这种精神是凝心聚力的兴国之魂、强国之魂。爱国主义始终是把中华民族坚强团结在一起的精神力量，改革创新始终是鞭策我们在改革开放中与时俱进的精神力量。全国各族人民一定要弘扬伟大的民族精神和时代精神，不断增强团结的精神纽带、自强不息的精神动力，永远朝气蓬勃地迈向未来。"②

　　整个中国近现代历史的崇高，中国共产党的崇高，人民领袖的崇高，英雄人物的崇高，普通群众、平凡人物的崇高，归根结底，都体现和反映了一种精神的崇高，即以爱国主义为核心的民族精神和以改革创新为核心的时代

---

① 参见杨辛、甘霖等著：《美学原理》，北京大学出版社2010年版，第245页。
② 习近平：《在第十二届全国人民代表大会第一次会议上的讲话》（2013年3月17日），《人民日报》，2013年3月18日，第1—4版。

精神的崇高，也即中国精神的崇高，中国共产党、人民领袖、英雄人物及普通群众、平凡人物的崇高，都有共同的精神作为自己的支撑，即中国精神。在崇高的中国精神支持下，产生了崇高的中国力量。

中国共产党、人民军队、中国人民在革命、建设和改革开放的伟大实践中产生和形成了各种精神，这些精神都是伟大的民族精神，都是崇高的精神，弘扬这些精神，对于集中力量全面建成小康社会具有重大的意义。从哲学层面看，弘扬伟大崇高的民族精神是马克思主义关于物质与精神辩证关系的原理的具体要求，是发挥人的精神主观能动性的需要。"按照马克思主义的唯物辩证法观点，在一定条件下，精神可以变物质，精神的力量可以转化为物质的力量。强大的精神力量不仅可以促进物质力量的发展，而且可以使一定的物质技术力量发挥出更好更大的作用。"① 从国家建设的层面来说，伟大的民族精神是综合国力的重要组成部分，弘扬伟大崇高的民族精神就是增强国家软实力，增强国家综合国力。"一个民族、一个国家，如果没有自己的精神支柱，就等于没有灵魂，就会失去凝聚力和生命力。有没有高昂的民族精神，是衡量一个国家综合国力强弱的一个重要尺度。综合国力，主要是经济实力、技术实力，这种物质力量是基础，但也离不开民族精神、民族凝聚力，精神力量也是综合国力的重要组成部分。"② 从其产生来说，伟大的民族精神是由伟大的社会实践产生的，并且是由于伟大实践的需要而产生的。"伟大的事业需要并将产生崇高的精神，崇高的精神支撑和推动着伟大的事业。没有坚强精神的民族，是没有前途的。我们是唯物主义者，强调物质生产在社会发展中的决定性作用，但同时也充分肯定精神活动在人们改造客观世界的进程中的能动作用。在革命、建设和改革的各个历史时期，用革命精神武装起来的中国共产党人和中国人民克服了种种艰难险阻，创造了一个又一个人间奇迹。"③ 马克思主义在肯定物质的决定作用、物质生产在社会发展中的决定性作用的同时，也强调和重视精神的作用，强调和重视精神活动的重要作用。正是由于中国共产党和中国人民的巨大精神作用的发挥，中国共产党和中国人民才创造了伟大的人间奇迹。我们在进一步建设中国特色社会主义的过程中，还要重视和强调发挥精神的伟大作用，以克服前进道路上的各种困难，

---

① 中共中央文献研究室编：《江泽民论有中国特色社会主义（专题摘编）》，中央文献出版社 2002 年版，第 395 页。

② 中共中央文献研究室编：《江泽民论有中国特色社会主义（专题摘编）》，中央文献出版社 2002 年版，第 395 页。

③ 中共中央文献研究室编：《江泽民论有中国特色社会主义（专题摘编）》，中央文献出版社 2002 年版，第 397 页。

创造新的奇迹，从而实现中华民族伟大复兴的中国梦。

中国精神既体现在个体的言行和追求中，也体现在群体的伟大实践上。在中国共产党党员群体中，无数优秀共产党员的言行无不昭示了中国精神。李大钊说："人生的目的，在发展自己的生命，可是也有为发展生命必须牺牲生命的时候。因为平凡的发展，有时不如壮烈牺牲足以延长生命的音响和光华。""我个人为革命、为党而牺牲，是光荣而应当。"邓中夏说："人只有一生一死，要生得有意义，死得有价值。"向警予说："人都应该珍惜自己的生命，然而到了不能珍惜的时候，只有勇敢地牺牲自己。人总是要死的，但要死得慷慷慨慨！"萧楚女说："做人也要像蜡烛一样，在有限的一生中有一分热发一分光，给人以光明，给人以温暖。"瞿秋白说："生命只有一次，对于谁都是宝贵的。但是，假使他的生命溶化在大众的里面，假使他天天在为这世界干些什么，那么，他总是在生长，虽然衰老病死仍旧是逃避不了，然而他的事业——大众的事业是不死的，会领略到'永久的年青'。"叶挺说："我个人是渺小的，除了为人民，为广大的劳动人民服务，还能有什么？"江竹筠说："活人可以在活人的心里死去，死人可以在活人的心中活着。"李四光说："我是炎黄子孙，理所当然地要把学到的知识全部奉献给我亲爱的祖国。"钱学森说："各位讲我钱学森如何如何，那都是千千万万人劳动的成果呵。我本人只是沧海之一粟，渺小得很。真正伟大的是中国人民，是中国共产党，是中华人民共和国！"雷锋说："凡是脑子里只有人民、没有自己的人，就一定能得到崇高的荣誉和威信。反之，如果脑子里只有个人、没有人民的人，他们迟早会被人民唾弃。"孔繁森说："一个人的最高境界是爱别人；一个共产党员爱的最高境界是爱人民。"①

毛泽东曾高度评价鲁迅，概括了崇高的鲁迅精神。鲁迅精神就是中国精神。1937年10月19日，毛泽东在延安陕北公学纪念鲁迅逝世周年大会上讲话指出，当着伟大的民族自卫战争迅速地向前发展的时候，我们需要大批的积极分子来领导，需要大批的精练的先锋队来开辟道路。"这种先锋分子是胸怀坦白的，忠诚的，积极的与正直的；他们是不谋私利的，唯一地为着民族与社会的解放；他们不怕困难，在困难面前总是坚定的，勇往直前；他们不是狂妄分子，不是风头主义者，而是脚踏实地富于实际精神的人们。"②毛泽东还指出：鲁迅"是党外的布尔什维克。尤其是在他的晚年，表现了更年青的

---

① 钱奇等编：《中国共产党党员语录》，中央文献出版社2011年版。
② 毛泽东：《论鲁迅》，《毛泽东文集》第2卷，人民出版社1993年版，第42页。

力量。他一贯地不屈不挠地与封建势力和帝国主义作坚决的斗争，在敌人压迫他、摧残他的恶劣的环境里，他忍受着，反抗着，正如陕北公学的同志能够在这样坏的物质生活里勤谨地学习革命理论一样，是充满了艰苦斗争的精神的。"①鲁迅在同黑恶势力斗争的过程中表现了自己的特点：第一个特点是他的政治远见，第二个特点是他的斗争精神，第三个特点是他的牺牲精神。综合这几个特点，就形成了伟大的鲁迅精神。毛泽东号召："我们纪念鲁迅，就要学习鲁迅的精神，把它带到全国各地的抗战队伍中去，为中华民族的解放而斗争！"②鲁迅精神是鲁迅先生个人的精神，但对鲁迅精神的学习、发扬就是将鲁迅精神变成群体的精神，并成为革命的精神动力。

伟大的共产主义战士雷锋体现了为共产主义事业无私奉献的精神，大公无私、一心利人的精神，永不生锈的"螺丝钉"精神，为革命事业勇于牺牲的精神。

中国精神还表现为群体的精神。中国共产党在领导人民进行革命、建设和改革开放的过程中，形成和产生了一系列体现中国精神的具体精神。典型的精神如：

崇高的井冈山精神。井冈山精神是以毛泽东等老一辈无产阶级革命家为代表的中国共产党人，在20世纪20年代后期中国革命处于低潮时期在井冈山艰苦卓绝的革命斗争中培育和形成的闪烁着共产主义光芒的革命精神。2001年5月，江泽民同志在江西考察时指出："井冈山精神，最重要的方面就是坚定信念、艰苦奋斗，实事求是、敢闯新路，依靠群众、勇于胜利。"③大力弘扬井冈山精神，对于我们今天确立崇高的理想信念、实事求是、勇于创新、密切联系群众、努力为人民服务具有重要的现实意义。

崇高的长征精神。在第二次国内革命战争时期，中国共产党及中国工农红军为了最终实现革命的胜利，进行了伟大的二万五千里长征。伟大的长征孕育了伟大的长征精神，这种伟大的长征精神是我党我军宝贵的精神财富。崇高的长征精神是：坚定的共产主义理想和革命必胜的信念，艰苦奋斗的精神和一往无前、不怕牺牲的英雄气概。④伟大的长征精神是崇高的精神，这种精神具有重要的意义："长征精神是激励中国共产党人和中华民族百折不

---

① 毛泽东：《论鲁迅》，《毛泽东文集》第2卷，人民出版社1993年版，第43页。
② 毛泽东：《论鲁迅》，《毛泽东文集》第2卷，人民出版社1993年版，第44页。
③《人民日报》，2001年6月4日，第1版。
④ 中共中央文献研究室编：《江泽民论有中国特色社会主义（专题摘编）》，中央文献出版社2002年版，第394页。

挠、奋发图强的巨大精神动力。这种精神，无论岁月如何更替，条件如何变化，都要发扬光大。我们要把长征精神作为建设社会主义精神文明的一个重要精神源泉，不断推进全军和全社会的精神文明建设。"①

崇高的延安精神。延安精神是以毛泽东为核心的党中央领导集体，在延安这一特定的历史时期把马克思主义同中国革命相结合，在长期斗争中形成的革命精神。延安精神的主要内容是："坚定正确的政治方向，解放思想、实事求是的思想路线，全心全意为人民服务的根本宗旨，自力更生、艰苦奋斗的创业精神"。②延安精神中全心全意为人民服务的根本宗旨，体现了中国共产党马克思主义政党的性质；延安精神中解放思想、实事求是的思想路线，体现了中国共产党与时俱进的思想风范；延安精神中坚定正确的政治方向及自力更生、艰苦奋斗的创业精神，体现了中国共产党与人民同呼吸、共命运的优良作风和中国共产党人一往无前的奋斗精神。

崇高的红岩精神。红岩精神的主要内容是：崇高的思想境界、坚定的理想信念、巨大的人格力量和浩然的革命正气。③江泽民指出，红岩精神同井冈山精神、长征精神、延安精神一样，都是中国共产党人和中华民族宝贵的精神财富。在新的历史条件下，全党全社会要大力弘扬红岩精神，使之成为我们在新世纪继续推进建设中国特色社会主义事业的强大精神力量。

崇高的西柏坡精神。西柏坡精神是中国共产党在西柏坡时期领导中国革命为争取全国胜利，为实现工作重心由农村向城市转变，由新民主主义向社会主义转变的伟大转折的实践中形成的一种革命精神。西柏坡精神就是两个"敢于"（敢于斗争，敢于胜利）的进取精神，两个"坚持"（坚持依靠群众，坚持人民参政）的民主精神，两个"善于"（善于破坏旧世界，善于建设新世界）的科学精神，两个"务必"（务必保持谦虚、谨慎、不骄、不躁的作风，务必保持艰苦奋斗的作风）的创业精神。④"两个务必"是西柏坡精神的核心，依靠群众、立党为公是西柏坡精神的宗旨，敢打必胜、勇克时艰是西柏坡精神的品质，发扬民主、团结统一是西柏坡精神的表征，与时俱进、科学

---

① 中共中央文献研究室编：《江泽民论有中国特色社会主义（专题摘编）》，中央文献出版社 2002 年版，第 394 页。
② 中共中央文献研究室编：《江泽民论有中国特色社会主义（专题摘编）》，中央文献出版社 2002 年版，第 400 页。
③ 中共中央文献研究室编：《江泽民论有中国特色社会主义（专题摘编）》，中央文献出版社 2002 年版，第 401 页。
④ 雷莹等著：《不朽的丰碑——中国共产党革命精神历史嬗变研究》，光明日报出版社 2009 年版，第 109—113 页。

创新是西柏坡精神的特质。①

崇高的抗美援朝精神。2000年10月25日，江泽民在首都各界纪念中国人民志愿军抗美援朝出国作战50周年大会上的讲话中指出："志愿军指战员始终发扬祖国和人民利益高于一切、为了祖国和民族的尊严而奋不顾身的爱国主义精神，英勇顽强、舍生忘死的革命英雄主义精神，不畏艰难困苦、始终保持高昂士气的革命乐观主义精神，以及为了人类和平与正义事业而奋斗的国际主义精神，这也就是伟大的抗美援朝精神。"②

崇高的大庆精神。大庆在创造物质财富的同时，给我们党，给我们国家，给我们工人阶级创造了宝贵的精神财富，这种宝贵的精神财富就是"大庆精神"。"体现中国工人阶级风貌的大庆精神，就是为国争光、为民族争气的爱国主义精神，独立自主、自力更生的艰苦创业精神，讲求科学、'三老四严'的求实精神，胸怀全局、为国分忧的奉献精神。"③大庆精神是崇高的精神，有了这种精神，就有助于我们面对这样那样的困难，发扬昂扬斗志，迎难而上，最后战胜困难。

崇高的创业精神。江泽民论述了伟大的创业精神，指出："我们的社会主义现代化建设还处在艰巨的创业时期。伟大的创业实践，需要有伟大的创业精神来支持和鼓舞。解放思想、实事求是，积极探索、勇于创新，艰苦奋斗、知难而进，学习外国、自强不息，谦虚谨慎、不骄不躁，同心同德、顾全大局，勤俭节约、清正廉洁，励精图治、无私奉献，这些都应该成为新时期我们推进现代化建设，所要大加倡导和发扬的创业精神。这些精神的核心和精髓，就是邓小平同志所一再倡导和论述的解放思想，实事求是。"④

崇高的爱国主义精神。江泽民论述了崇高的爱国主义精神："我们的民族，有酷爱自由，追求进步，维护民族尊严和国家主权的光荣传统。对外来侵略者无比痛恨，对卖国求荣的民族败类无比鄙视，对爱国仁人志士无比崇敬，已经成为我们宝贵的民族性格。越是在困难的时候，越是在外敌入侵，民族的生存和发展受到威胁的危急关头，中国人民的爱国主义精神就越加显示出

---

① 田丽荣：《论西柏坡精神的五大内涵》，《河北学刊》2009年第3期。转引自孙秀民主编：《中国革命精神及其当代价值研究》，北京师范大学出版社2013年版，第44—45页。
② 《人民日报》，2000年10月26日。
③ 中共中央文献研究室编：《江泽民论有中国特色社会主义（专题摘编）》，中央文献出版社2002年版，第393—394页。
④ 中共中央文献研究室编：《江泽民论有中国特色社会主义（专题摘编）》，中央文献出版社2002年版，第394页。

强大的力量。"① 这种民族性格和伟大的爱国主义精神的意义在于："多少年来，这种伟大的爱国主义精神和民族团结精神，鼓舞着中国人民和一切爱国者万众一心、坚忍不拔地为民族解放和民族振兴而奋斗，为维护民族尊严和国家主权而奋斗。我们要永远发扬伟大的爱国主义精神，把爱国主义同社会主义有机地统一于建设有中国特色社会主义的实践中，使之成为全民族奋发前进的强大精神支柱。"② 在此，江泽民论述了我们中华民族的民族性格：酷爱自由，追求进步，维护民族尊严和国家主权，对外来侵略者无比痛恨，对卖国求荣的民族败类无比鄙视，对爱国仁人志士无比崇敬。这种民族性格就是我们中华民族的伟大的爱国主义精神。中国人民正是在爱国主义精神的感召下，在抗日战争时期英勇地抵抗了日本帝国主义的侵略，取得了抗日战争的伟大胜利。"正是在爱国主义精神感召下，为了'不当亡国奴'，'誓死挽救民族危亡'，举国上下，各阶级、各党派、各民族万众一心，一致对外；正是在爱国主义精神感召下，广大抗日军民不怕牺牲，前赴后继，用'血肉筑成新的长城'，粉碎了日本帝国主义者妄图灭亡中国的迷梦。"③ 可见，爱国主义精神是崇高的精神，伟大的精神。

崇高的"两弹一星"精神。江泽民论述了伟大的崇高的"两弹一星"精神。江泽民指出："伟大的事业，产生伟大的精神。在为'两弹一星'事业进行的奋斗中，广大研制工作者培育和发扬了一种崇高的精神，这就是热爱祖国、无私奉献，自力更生、艰苦奋斗，大力协同、勇于登攀的'两弹一星'精神。"④ 就是说，伟大的"两弹一星"精神具体体现在三个方面：热爱祖国、无私奉献，自力更生、艰苦奋斗，大力协同、勇于登攀。江泽民进一步从这三个方面论述了"两弹一星"精神。就"两弹一星"精神的"热爱祖国、无私奉献"方面来说，"两弹一星"的研制者们高举爱国主义的旗帜，怀着强烈的报国之志，自觉把个人的理想与祖国的命运紧紧联系在一起，把个人的志向与民族的振兴紧紧联系在一起。许多功成名就、才华横溢的科学家放弃国外的优厚条件，义无反顾地回到祖国。许多研制工作者甘当无名英雄，隐姓埋名，默默奉献，有的甚至献出了宝贵的生命。他们用自己的热血和生命，

---

① 中共中央文献研究室编：《江泽民论有中国特色社会主义（专题摘编）》，中央文献出版社 2002 年版，第 395 页。
② 中共中央文献研究室编：《江泽民论有中国特色社会主义（专题摘编）》，中央文献出版社 2002 年版，第 395 页。
③ 中共中央文献研究室编：《江泽民论有中国特色社会主义（专题摘编）》，中央文献出版社 2002 年版，第 404 页。
④ 中共中央文献研究室编：《江泽民论有中国特色社会主义（专题摘编）》，中央文献出版社 2002 年版，第 396 页。

写就了一部为祖国为人民鞠躬尽瘁、死而后已的壮丽史诗。就"两弹一星"精神的"自力更生、艰苦奋斗"方面来说,"两弹一星"的研制工作者们,是一支特别能吃苦、特别能战斗的队伍。他们在茫茫无际的戈壁荒原,在人烟稀少的深山峡谷,风餐露宿,不辞辛劳,克服了各种难以想象的艰难险阻,经受住了生命极限的考验。他们运用有限的科研和试验手段,依靠科学,顽强拼搏,发愤图强,锐意创新,突破了一个个技术难关。他们所具有的惊人毅力和勇气,显示了中华民族在自力更生的基础上自立于世界民族之林的坚强决心和能力。就"两弹一星"精神的"大力协同、勇于登攀"方面来说,在研制"两弹一星"的伟大历程中,全国各地区、各部门,成千上万的科学技术人员、工程技术人员、后勤保障人员,团结协作,群策群力,汇成了向现代科技高峰前进的浩浩荡荡的队伍。广大研制工作者求真务实,大胆创新,突破了一系列关键技术,使我国科研能力实现了质的飞跃。他们用自己的业绩,为中华民族几千年的文明创造史书写了新的光彩夺目的篇章。[①]"两弹一星"精神具有重要的现实意义:"两弹一星"精神,是爱国主义、集体主义、社会主义精神和科学精神的活生生的体现,是中国人民在 20 世纪为中华民族创造的新的宝贵精神财富。"两弹一星"精神将成为全国各族人民在现代化建设道路上奋勇开拓的巨大推进力量。

崇高的不懈奋斗精神。江泽民强调:

> 新中国成立后不久,毛泽东就号召全党同志要保持过去革命战争时期的那么一股劲,那么一股革命热情,那么一种拼命精神,把革命工作做到底。实行改革开放以后,邓小平同志也一再要求全党同志坚持发扬五种革命精神,即革命和拼命精神,严守纪律和自我牺牲精神,大公无私和先人后己精神,压倒一切敌人、压倒一切困难的精神,坚持革命乐观主义、排除万难去争取胜利的精神。伟大的抗美援朝精神、"两弹一星"精神、抗洪精神以及"六十四字创业精神"等等,都是中华民族不懈奋斗精神的具体体现,都要继续坚持和发扬。面对新世纪、新形势、新任务,特别需要在全党和全社会大力宣传和弘扬为实现社会主义现代化而不懈奋斗的精神。
>
> 一是要宣传和弘扬解放思想、实事求是的精神。这是马克思主义的

[①] 中共中央文献研究室编:《江泽民论有中国特色社会主义(专题摘编)》,中央文献出版社 2002 年版,第 396—397 页。

精髓，也是我们进行不懈奋斗的核心精神。解放思想与实事求是是统一的，不解放思想，不可能做到实事求是；离开实事求是，不是真正的解放思想。要坚持马克思主义历史的、实践的、发展的观点，坚持实践是检验真理的唯一标准，不断研究新情况，解决新问题，形成新认识，开辟新境界。

二是要宣传和弘扬紧跟时代、勇于创新的精神。我们必须始终站在时代发展前列，不断把事业推向前进。闭目塞听，坐井观天，因循守旧，墨守成规，无视世界发展潮流，必然会落伍。要运用马克思主义的宽广眼界观察世界，运用当代最新知识丰富自己，不唯本本，不守教条，与日俱进，不断推进理论创新、体制创新、科技创新。

三是要宣传和弘扬知难而进、一往无前的精神。前进的征途不会一帆风顺。奋斗就会有艰辛，艰辛孕育新的发展。要把现代化事业干成功，必须有一种不畏艰难、顽强拼搏的钢铁意志，一种坚忍不拔、敢于胜利的英雄气概。全党同志和全国人民都要自强不息，励精图治，致富思源，富而思进，不断攀登事业的新高峰。

四是要宣传和弘扬艰苦奋斗、务求实效的精神。艰苦奋斗，事业必成；贪图享受，自毁前程。要发扬党的优良传统，使勤俭建国、勤俭办一切事业在全党全社会蔚然成风。实干兴邦，空谈误国。要大力倡导讲实话，办实事，求实效，尽心尽责，坚决反对和抨击做官当老爷，搞花架子，搞形式主义的坏作风。

五是要宣传和弘扬淡泊名利、无私奉献的精神。先天下之忧而忧，后天下之乐而乐，心中装着人民，心中装着党的事业，是共产党人应有的品格。要有强烈的事业心和高度的责任感，清正廉洁，兢兢业业，对党极端负责，对人民极端负责。正确对待自己，正确对待同志，正确对待组织，正确对待群众。多学习、少应酬，多奉献、少计较，努力做一个高尚的人，一个纯粹的人，一个有道德的人，一个脱离了低级趣味的人，一个有益于人民的人。

总之，要通过我们宣传思想战线和其他各条战线的共同努力，日复一日、年复一年地不断用这些不懈奋斗的精神武装全党同志和全国各族人民，使之成为大家的自觉追求，成为抓住机遇、加快发展，实现社会主义现代化，实现中华民族伟大复兴的巨大精神动力。①

在此，江泽民既坚持了毛泽东、邓小平关于发扬崇高精神的论述，又发展了关于发扬崇高精神的思想。以崇高的不懈奋斗精神激励人们进行现代化建设事业具有重要的意义。

崇高的民族精神。江泽民在党的十六大报告中深入阐述了崇高的民族精神。江泽民指出："民族精神是一个民族赖以生存和发展的精神支撑。一个民族，没有振奋的精神和高尚的品格，不可能自立于世界民族之林。在五千多年的发展中，中华民族形成了以爱国主义为核心的团结统一、爱好和平、勤劳勇敢、自强不息的伟大民族精神。我们党领导人民在长期实践中不断结合时代和社会的发展要求，丰富着这个民族精神。"②

崇高的抗震救灾精神。2008年6月30日，中共中央召开了抗震救灾先进基层党组织和优秀共产党员代表座谈会，胡锦涛出席座谈会并发表重要讲话。胡锦涛科学地总结和论述了抗震救灾精神。胡锦涛指出，万众一心、众志成城，不畏艰险、百折不挠，以人为本、尊重科学的伟大抗震救灾精神，是爱国主义、集体主义、社会主义精神的集中体现和新的发展，是我们党和军队光荣传统和优良作风的集中体现和新的发展，是中华民族民族精神在当代中国的集中体现和新的发展。抗震救灾精神是党和人民极为宝贵的精神财富。③伟大的抗震救灾精神是崇高的民族精神。抗震救灾精神体现在全国人民、人民解放军、武警部队及全国各省、自治区、直辖市和全国各行业在党中央、国务院、中央军委的领导下齐心协力的抗震救灾活动中。在思想政治理论课教学中大力宣扬抗震救灾英雄模范事迹特别是优秀师生的高尚品德和感人事迹，可以使之潜移默化地转化为学生自力更生、艰苦奋斗的坚定意志，转化为建设祖国的实际行动，转化为为祖国的繁荣富强而努力学习的动力。

崇高的劳模精神。2013年习近平在同全国劳动模范代表座谈时指出："榜样的力量是无穷的。劳动模范是民族的精英、人民的楷模。长期以来，广大劳模以平凡的劳动创造了不平凡业绩，铸就了'爱岗敬业、争创一流，艰苦奋斗、勇于创新，淡泊名利、甘于奉献'的劳模精神，丰富了民族精神和时

---

① 中共中央文献研究室编：《江泽民论有中国特色社会主义（专题摘编）》，中央文献出版社2002年版，第397—399页。
② 江泽民：《全面建设小康社会，开创中国特色社会主义事业新局面》，《江泽民文选》第3卷，人民出版社2006年版，第559页。
③ 教育部思想政治工作司组编：《加强和改进大学生思想政治教育重要文献选编（1998—2008）》，中国人民大学出版社2008年版，第530—531页。

代精神的内涵，是我们极为宝贵的精神财富。"①崇高的劳模精神是所有社会主义劳动者都应当学习和发扬的精神。通过学习和发扬劳模精神，牢固树立劳动最光荣、劳动最崇高、劳动最伟大、劳动最美丽的观念，进一步焕发劳动热情、释放创造潜能，创造更加美好的生活。

崇高的抗战精神。习近平在纪念中国人民抗日战争暨世界反法西斯战争胜利69周年大会上讲话指出，在中国人民抗日战争的壮阔进程中，形成了伟大的抗战精神，中国人民向世界展示了天下兴亡、匹夫有责的爱国情怀，视死如归、宁死不屈的民族气节，不畏强暴、血战到底的英雄气概，百折不挠、坚忍不拔的必胜信念。伟大的抗战精神，是中国人民弥足珍贵的精神财富，永远是激励中国人民克服一切艰难险阻、为实现中华民族伟大复兴而奋斗的强大精神动力。

崇高的中国精神是中国人民在改造自然、改造社会的伟大实践中所体现出来的精神，是中国人民改造自然与社会的精神动力。大力弘扬中国精神具有重要的意义：弘扬中国精神，是实现民族复兴的精神引领，是凝聚中国力量的精神纽带，是提升综合国力的重要保证。

优秀的文学艺术作品以其巨大的艺术魅力再现、体现了中国精神，并给人以巨大的鼓舞，如《义勇军进行曲》《黄河大合唱》及电视剧《亮剑》等。

六、崇高的中国力量

马克思、恩格斯指出："思想本身根本不能实现什么东西。思想要得到实现，就要有使用实践力量的人。"②伟大的中国人民在崇高的中国精神的支撑下，产生了改造自然与社会的崇高的中国力量，这种力量是磅礴的巨大力量，是"敢上九天揽月，敢下五洋捉鳖"的力量，是"敢教日月换新天"的力量，是打败了日本帝国主义的力量，是打败了国民党反动派的力量，是建立了社会主义新中国的力量，是实现中华民族伟大复兴的力量。

习近平在第十二届全国人民代表大会第一次会议上讲话指出：

---

① 习近平：《实干才能梦想成真》，《习近平谈治国理政》，外文出版社2014年版，第46页。
② 马克思、恩格斯：《神圣家族（节选）》，《马克思恩格斯文集》第1卷，人民出版社2009年版，第320页。

实现中国梦必须凝聚中国力量。这就是中国各族人民大团结的力量。中国梦是民族的梦，也是每个中国人的梦。只要我们紧密团结，万众一心，为实现共同梦想而奋斗，实现梦想的力量就无比强大，我们每个人为实现自己梦想的努力就拥有广阔的空间。生活在我们伟大祖国和伟大时代的中国人民，共同享有人生出彩的机会，共同享有梦想成真的机会，共同享有同祖国和时代一起成长与进步的机会，有梦想，有机会，有奋斗，一切美好的东西都能够创造出来。

全国各族人民一定要牢记使命，心往一处想，劲往一处使，用13亿人的智慧和力量汇集起不可战胜的磅礴力量。

中国梦归根到底是人民的梦，必须紧紧依靠人民来实现，必须不断为人民造福。①

中国力量是"用13亿人的智慧和力量汇集起"的"不可战胜的磅礴力量"，要汇集起这样的力量，必须13亿人心往一处想，劲往一处使。为汇集起这样的磅礴力量，习近平向全国各族人民号召：

"功崇惟志，业广惟勤。"我国仍处于并将长期处于社会主义初级阶段，实现中国梦，创造全体人民更加美好的生活任重而道远，需要我们每一个人继续付出辛勤劳动和艰苦努力。

全国广大工人、农民、知识分子，要发挥聪明才智，勤奋工作，积极在经济社会发展中发挥主力军和生力军作用。一切国家机关工作人员，要克己奉公，廉政勤政，关心人民疾苦，为人民办实事。中国人民解放军全体指战员，中国人民武装警察部队全体官兵，要按照听党指挥、能打胜仗、作风优良的强军目标，提高履行使命能力，坚决捍卫国家主权、安全、发展利益，坚决保卫人民生命财产安全。一切非公有制经济人士和其他新的社会阶层人士，要发扬劳动创造精神和创业精神，回馈社会，造福人民，做合格的中国特色社会主义事业的建设者。全国广大青少年，要志存高远，增长知识，锤炼意志，让青春在时代进步中焕发出绚丽的光彩。

香港特别行政区同胞、澳门特别行政区同胞，要以国家和香港、澳

---

① 习近平：《在第十二届全国人民代表大会第一次会议上的讲话》（2013年3月17日），《人民日报》，2013年3月18日，第1—4版。

门整体利益为重，共同维护和促进香港、澳门长期繁荣稳定。广大台湾同胞和大陆同胞要携起手来，支持、维护、推动两岸关系和平发展，增进两岸同胞福祉，共同开创中华民族新的前程。广大海外侨胞，要弘扬中华民族勤劳善良的优良传统，努力为促进祖国发展、促进中国人民同当地人民的友谊作出贡献。①

为了汇集起这样的力量，作为13亿中国人的一员，我们应当自觉地响应习近平总书记的号召，一心一意搞建设、聚精会神谋发展。

中国力量就是"愚公移山"的力量。在中国共产党第七次全国代表大会闭幕式上，毛泽东做了《愚公移山》的演说。由这篇演说，我们可以体会到愚公的崇高、中国共产党的崇高、中国人民的崇高。

毛泽东指出：

> 我们宣传大会的路线，就是要使全党和全国人民建立起一个信心，即革命一定要胜利。首先要使先锋队觉悟，下定决心，不怕牺牲，排除万难，去争取胜利。但这还不够，还必须使全国广大人民群众觉悟，甘心情愿和我们一起奋斗，去争取胜利。要使全国人民有这样的信心：中国是中国人民的，不是反动派的。中国古代有个寓言，叫做"愚公移山"。说的是古代有一位老人，住在华北，名叫北山愚公。他的家门南面有两座大山挡住他家的出路，一座叫做太行山，一座叫做王屋山。愚公下决心率领他的儿子们要用锄头挖去这两座大山。有个老头子名叫智叟的看了发笑，说是你们这样干未免太愚蠢了，你们父子数人要挖掉这样两座大山是完全不可能的。愚公回答说：我死了以后有我的儿子，儿子死了，又有孙子，子子孙孙是没有穷尽的。这两座山虽然很高，却是不会再增高了，挖一点就会少一点，为什么挖不平呢？愚公批驳了智叟的错误思想，毫不动摇，每天挖山不止。这件事感动了上帝，他就派了两个神仙下凡，把两座山背走了。现在也有两座压在中国人民头上的大山，一座叫做帝国主义，一座叫做封建主义。中国共产党早就下了决心，要挖掉这两座山。我们一定要坚持下去，一定要不断地工作。我们也会感动上帝的。这个上帝不是别人，就是全中国的人民大众。全国人民大众一齐

---

① 习近平：《在第十二届全国人民代表大会第一次会议上的讲话》（2013年3月17日），《人民日报》2013年3月18日第4版。

起来和我们一道挖这两座山,有什么挖不平呢?①

毛泽东通俗易懂地讲述了"愚公移山"这个寓言,并借助这个寓言通俗易懂地阐述了中国共产党一定会推翻帝国主义和封建主义两座大山的道理。毛泽东在对"愚公移山"寓言及相关道理的讲述中,展现了愚公的崇高、中国共产党的崇高、中国人民的崇高。这种崇高,是巨大力量的崇高,是磅礴力量的崇高,是中国精神的崇高。

太行山和王屋山这两座大山,方七百里、高万仞。面对高大的山,愚公下定决心要将它们搬走,显示了愚公面对困难毫不畏惧、勇于克服的决心和意志。面对智叟的发笑,愚公阐述了一定能搬走大山的道理,增强了自信。山是高大的山,面对高大的山,愚公的勇气和智慧显现了愚公的崇高。因而"愚公"不"愚","智叟"不"智"。

愚公是崇高的,因为他要搬掉两座大山。同样地,中国共产党及其领导下的中国人民是崇高的,因为中国共产党和中国人民要搬掉帝国主义和封建主义两座大山。这种力量的大,正是康德所谓的力量的崇高。愚公的行动感动了上帝,上帝帮愚公搬掉了两座大山。要推翻帝国主义和封建主义两座大山的中国共产党,正是"愚公",中国共产党的行动感动中国人民这个"上帝",中国共产党及其领导下的中国人民共同努力,搬掉了帝国主义和封建主义两座大山,从而显示了中国共产党领导下中国人民力量的巨大,也即崇高。所以,毛泽东的上述讲话,不仅显示了愚公的崇高,上帝的崇高,而且显示了中国共产党的崇高,中国人民大众崇高。中国共产党和中国人民大众的崇高正好可以毛泽东的一句话来概括,那就是:下定决心,不怕牺牲,排除万难,去争取胜利。

要凝聚中国力量,用13亿人的智慧和力量汇集起不可战胜的磅礴力量,必须动员和团结最广大的人民群众。"我们共产党人的最高理想是实现共产主义,在不同历史阶段又有代表那个阶段最广大人民利益的奋斗纲领。因此我们才能够团结和动员最广大的人民群众,叫做万众一心。有了这样的团结,任何困难和挫折都能克服。过去我们打败国民党用美国装备武装起来的几百万现代化军队,就靠这一条。"②中国共产党是中国特色社会主义事业的领导

---

① 毛泽东:《愚公移山》,《毛泽东选集》第3卷,人民出版社1991年版,第1101—1102页。
② 邓小平:《用坚定的信念把人民团结起来》,《邓小平文选》第3卷,人民出版社1993年版,第190页。

核心，是凝聚中国力量的核心，中国共产党作为中国工人阶级的先锋队，同时作为中国人民和中华民族的先锋队，坚持人民群众是历史的创造者的唯物史观，坚信群众是力量的源泉，从群众中来，到群众中去，坚持一切为了群众，一切依靠群众，必将汇集起不可战胜的磅礴力量。每个人，作为中华民族的一分子，不管自己的力量有多大，都应当自觉地把自己的力量投入到建设中国特色社会主义的中国力量中，出自己的一份力。

七、崇高的中国梦

习近平在不同场合多次阐发了实现中华民族伟大复兴的中国梦。中华民族伟大复兴的时代含义是指："解决帝国主义和中华民族、封建主义和人民大众的矛盾，走出半殖民地半封建社会的困境，使中华民族重新以强大的地位和形象屹立于世界民族之林。"①新中国的成立，解决了帝国主义和中华民族、封建主义和人民大众的矛盾，使中国走出了半殖民地半封建社会的困境，现在的任务是，使中华民族重新以强大的地位和形象屹立于世界民族之林。

中国梦目标的伟大决定了中国梦的崇高性。1840年鸦片战争以来，由于国家的贫弱，中华民族蒙受了百年的外族入侵和内部战争，中国人民遭遇了极大的灾难和痛苦，真正是苦难深重、命运多舛，中华民族、中国人民发自内心地渴望国家富强、民族振兴、人民幸福。习近平多次指出，实现中华民族伟大复兴，是近代以来中国人民最伟大的梦想。"中国梦的本质是国家富强、民族振兴、人民幸福。"②这样一个梦想既是我们先人的不懈追求，也是当今13亿中国人民的共同梦想，因而这样一个梦是伟大的梦想，是崇高的梦想。

中华民族的伟大性决定了中国梦的崇高。崇高具有伟大的特性。中国梦之所以具有崇高性，是由于这个梦想的主体是伟大的、崇高的，正是由于中华民族是伟大的民族，决定了中国梦的伟大、崇高。我们的民族是伟大的民族。在五千多年的文明发展历程中，中华民族为人类文明进步做出了不可磨灭的贡献。这个梦想，凝聚了几代中国人的夙愿，体现了中华民族和中国人民的整体利益，是每一个中华儿女的共同期盼。

---

① 杨河：《谈谈文化传承创新》，《中国高校社会科学》2013年第1期。
② 习近平：《实现中国梦不仅造福中国人民，而且造福世界人民》，《习近平谈治国理政》，外文出版社2014年版，第56页。

中华民族为实现中国梦而进行的不屈不挠的奋斗历程昭示了中国梦的崇高。近代以来,我们的民族历经磨难,中华民族到了最危险的时候。从那时以来,为了实现中华民族伟大复兴,无数仁人志士奋起抗争,但一次又一次地失败了。中国共产党成立后,团结带领人民前仆后继、顽强奋斗,把贫穷落后的旧中国变成日益走向繁荣富强的新中国,中华民族伟大复兴展现出前所未有的光明前景。中华民族面对近代所经历的种种磨难,面对民族危险,一次又一次地抗争,抗争,失败,再抗争,再失败,最终在中国共产党的领导下赢得了民族独立、人民解放,国家日益繁荣富强。中华民族的这一充满艰难曲折的奋斗历程,正是中华民族为实现伟大的中国梦而奋斗的历程,正是这样一个奋斗的历程,昭示了中国梦的崇高。

中国梦实现的艰巨性、长久性决定了中国梦的崇高。中国梦是1840年鸦片战争以来中华民族、中国人民最伟大的梦想,从这个梦想的产生到这个梦想的实现["到本世纪(指21世纪)中叶,建成富强民主文明和谐的社会主义现代化国家,实现中华民族伟大复兴的中国梦"]约210年,这210年在人类历史的长河中不过是短暂的一瞬,但就中国近代以来艰难曲折的历史来说,就几代中国人为实现中国梦进行不屈不挠的奋斗历史来说,不能不说是非常长的历史时期,这当中,又有多少为实现中国梦而牺牲却不能看到中国梦实现的人啊,因而,实现中国梦的长久性决定了中国梦的崇高。

一代又一代仁人志士为理想奋斗的精神昭示了中国梦的崇高。中华民族有着不屈不挠、生生不息、顽强奋斗的精神。特别是近现代以来,一代又一代仁人志士为了改变中国半殖民地半封建社会的地位,为了追求民族独立和人民解放,不惜流血牺牲,靠的就是一种信仰,为的就是一个理想。尽管他们也知道,自己追求的理想并不会在自己手中实现,但他们坚信,一代又一代人持续努力,一代又一代人为此做出牺牲,崇高的理想就一定能实现。中华民族的仁人志士为了自己的理想而勇于牺牲、坚信理想一定会实现的精神决定了中国梦的崇高性。

中国精神的崇高性决定了中国梦的崇高性。中国精神体现为古人"先天下之忧而忧,后天下之乐而乐"的政治抱负,"位卑未敢忘忧国""苟利国家生死以,岂因祸福避趋之"的报国情怀,"富贵不能淫,贫贱不能移,威武不能屈"的浩然正气,"人生自古谁无死,留取丹心照汗青""鞠躬尽瘁,死而后已"的献身精神等。这种精神在今天体现为雷锋、郭明义、罗阳、孟泰、王进喜、邓稼先、蒋筑英、时传祥等人所具有的信念的能量、大爱的胸怀、忘我的精神、进取的锐气、自力更生的精神。因而，中国精神的崇高性决定了中国梦的崇高性。

中国力量的巨大性决定了中国梦的崇高性。中国力量是磅礴力量，强大力量，因而也是崇高的力量，中国力量的磅礴、强大，决定了中国梦的崇高性。

认识和把握中国梦的崇高性具有重要的现实意义。

坚定实现中国梦的信念。中华民族、中国人民已经为实现中国梦而不断奋斗，我们的祖国日益富强，人民日益幸福，因而，我们应当坚信，到中国共产党成立一百年时全面建成小康社会的目标一定能实现，到新中国成立一百年时建成富强民主文明和谐的社会主义现代化国家的目标一定能实现，中华民族伟大复兴的梦想一定能实现。

为实现中国梦而努力奋斗。正是因为中国梦是崇高的，几代中国人为了实现中国梦而进行了持续不断的努力奋斗，因而，作为当代中国人，作为中华民族的一员，每一个中国人都应当充分地认识到实现中华民族伟大复兴的中国梦历史地落在了自己的肩上，应当充分自觉地接过历史的接力棒，继续为实现中华民族伟大复兴而努力奋斗，使中华民族更加坚强有力地自立于世界民族之林，为人类做出新的更大的贡献。

为实现中国梦，把发展作为第一要务。中华民族伟大复兴的中国梦将要实现但还没有实现，因而，在今天为实现中国梦，必须坚持把发展作为第一要务，坚持以人为本，坚持改革开放，全面推进经济建设、政治建设、文化建设、社会建设、生态文明建设，促进现代化建设各个方面、各个环节相协调。

努力实现各个方面的中国梦。中国梦是一个概括的梦，全面的梦。在中国梦的观照中，我们各行各业的人应当结合自己的本职工作，努力实现强军梦、航天梦、教育梦等，通过不同方面梦想的实现助推中国梦的实现。

更加自觉地坚持党的领导。近代以来，中华民族和中国人民为实现中国梦付出了巨大努力，做出了巨大牺牲。六十多年前我们党领导人民经过长期艰苦卓绝的斗争建立了新中国，三十多年前我们党领导人民开始了改革开放，这两件大事大大加快了实现中华民族伟大复兴的历史进程。目前，我们距离实现中华民族伟大复兴的中国梦越来越近，因而，我们应当更加自觉地坚持党的领导，为早日实现中国梦而努力。

把自己的梦想融入人民实现中国梦的壮阔奋斗之中。国家富强、民族振兴、人民幸福的中国梦，是国家的、民族的，也是每一个中国人的。因而，每一个中国人都应当把自己的梦想融入实现中国梦的伟大奋斗之中。

本章小结

  中华民族的崇高体现在五千年多年的光辉历史中、体现在中国近现代英勇反抗外国侵略的历史中，体现在争取和实现民族独立、人民解放、国家富强的斗争中。马克思主义的崇高体现为：马克思主义的创始人马克思、恩格斯是崇高的；马克思主义的内容是崇高的，它要求人民的现实幸福，它面对强大敌人无所畏惧，它有宏大的历史视野，有宽广的世界眼光，有无比高尚的目的；马克思主义对世界的影响巨大，对世界的改变巨大，对世界的解释力巨大，对当代资本主义世界影响巨大。马克思主义与中国的实际相结合，产生了崇高的中国共产党。中国共产党在进行革命、建设和改革开放过程中，产生和形成了中国化的马克思主义理论成果，即毛泽东思想和中国特色社会主义理论体系。中国共产党的崇高体现在它以崇高的马克思主义为指导，以全心全意为人民服务作为自己的唯一宗旨，致力于中华民族的独立、中国人民的解放和国家富强，它既以实现共产主义为崇高理想，又有符合当前实际的具体策略、方针、措施。中国共产党的崇高还具体体现在广大党员的实际行动上，出现了张思德、刘胡兰、雷锋等许许多多忠诚于党、忠诚于人民的模范党员。中国共产党的崇高还体现在党要管党、从严治党。普通个人的崇高既体现在他们平常的善举中，也体现在关键时刻勇于奉献和付出中。中国精神的崇高，就是以爱国主义为核心的民族精神和以改革创新为核心的时代精神的崇高。崇高的中国精神是在伟大的实践中产生的，并将推动伟大的实践前进。中国精神既体现在中华民族的实践中，也体现在中国共产党领导的广大人民的伟大实践中，也体现在普通个人的实践中。中国力量的崇高体现在全国各族人民团结一致产生和形成磅礴的巨大力量上。中国梦的崇高体现在梦想的实现是一个长久、艰难、曲折的过程等方面。

  我们崇高的中华民族，有崇高的马克思主义作指导，有崇高的中国共产党的领导，有崇高的中国共产党党员和崇高的广大人民群众，共同拥有崇高的中国精神，产生和形成崇高的中国力量，一定会实现崇高的中华民族伟大复兴的中国梦。所有这些崇高，体现在思想政治理论课教学中，就是崇高的教学内容。我们把这些崇高的教学内容呈现给学生，必将让学生感受崇高、走向崇高、走进崇高，成为崇高的人。

第四章 崇高的价值追求

崇高的理论、崇高的精神、崇高的追求具体体现在崇高的人物身上，表现为他们崇高的人格、崇高的行为、崇高的境界、崇高的人生，其行为、精神具有积极的社会意义，对社会、他人产生了广泛的影响。具体的崇高的人物不可胜数，他们各以不同的表现给人崇高的感动，深深地影响人、感染人、打动人。在为数众多的崇高人物中，我们选择两个典型，借以从典型人物的精神世界中探寻他们追求崇高的精神动因，这样的两个典型，一个是革命烈士方志敏，一个是伟大的普通共产主义战士雷锋。之所以选择他们两个为典型，是因为方志敏和雷锋生前写下了他们的所思所感，留下了丰富的文字资料，从这些文字资料当中，我们可以探寻他们追求崇高的原因、动力、境界，给我们以人生的启迪。特别是方志敏的大量文字，是在身陷囹圄随时都可能牺牲的情形下写成的，反映了方志敏在生死关头是苟且偷生还是宁死不屈的人生选择、价值取向。崇高人物的具体表现各不相同，但追求崇高则是共同的，因而，从对方志敏、雷锋追求崇高的个别性表现中，我们可以看到那些崇高人物共同的精神追求。这对于我们塑造、培养学生真善美的崇高人格具有重要的启示意义。

一、方志敏的崇高追求

方志敏（1899—1935）是伟大的无产阶级革命家、军事家、杰出的农民运动领袖，土地革命战争时期赣东北和闽浙皖赣革命根据地以及中国工农红军第十军的主要创建者，中国工农红军第十军团（中国工农红军北上抗日先遣队）的主要领导人。方志敏生前写下了许多光辉篇章，特别是《可爱的中国》《清贫》等一批狱中文稿，深刻地反映了方志敏崇高的思想、境界和追求，为我们留下了宝贵的精神财富。这些文稿集中体现了以"爱国、清贫、创造、奉献"为主要内容的方志敏精神。①

（一）无限深情，热爱祖国、民族和人民

方志敏的狱中著作《可爱的中国》表达了方志敏对中国的深沉热爱，对中国人民的深沉热爱，表达了他对帝国主义的无比憎恨，表达了他反抗帝国主义的坚强决心，表达了实现国家富强、民族复兴的坚定信心。由这篇文章，我们可以深刻地感受到方志敏烈士的崇高。方志敏不是为个人的荣辱活着，而是为了民族的独立、人民的解放而工作、而奋斗。

方志敏深沉地爱着工农阶级，深沉地爱着中华民族。他说："他们都承认我是一个革命者；不过他们认为我只顾到工农阶级的利益，忽视了民族的利益，好像我并不是热心爱中国爱民族的人。朋友，这是真实的话吗？工农阶级的利益，会是与民族的利益冲突吗？不，绝不是的。真正为工农阶级谋解放的人，才真正是为民族谋解放的人。说我不爱中国不爱民族，那简直是对我一个天大的冤枉了。"②方志敏作为一位无产阶级革命家，不仅爱工农阶级，而且深深地爱中国、爱中华民族。方志敏青少年时期的经历让他明白，没有中国的富强，没有帝国主义的被打倒，中华民族就不能摆脱帝国主义的剥削压迫，中国人民也最终不能得到解放。

方志敏回忆在小学时期受到爱国青年教师教育时说："在会场中，我们几百个小学生，都怀着一肚子的愤恨，一方面痛恨日本帝国主义无餍的侵略，另一方面更痛恨曹、章等卖国贼的狗肺狼心！就是那些年青的教师们（年老的教师们，对于爱国运动，表示不甚关心的样子），也和学生一样，十分激愤。宣布开会之后，一个青年教师上讲堂，将日本帝国主义提出的灭亡中国的二十一条，一条一条地边念边讲。他的声音由低而高，渐渐地吼叫起来，脸色涨红，渐而发青，颈子胀大得像要爆炸的样子，满头的汗珠子，满嘴唇的白沫，拳头在讲桌上捶得砰砰响。听讲的我们，在这位教师如此激昂慷慨的鼓动之下，哪一个不是鼓起嘴巴，睁大眼睛——每对透亮的小眼睛，都是红红的像要冒出火来；有几个学生竟流泪哭起来了。"③在此，我们看到，方志敏的爱国情感受到了爱国青年教师的强烈感染。

---

① 《方志敏全集·后记》，《方志敏全集》，人民出版社 2012 年版。
② 方志敏：《可爱的中国》，《方志敏全集》，人民出版社 2012 年版，第 119 页。
③ 方志敏：《可爱的中国》，《方志敏全集》，人民出版社 2012 年版，第 119—120 页。

方志敏受到爱国情感的激励，与他的同学一起开展了抵制日货的活动。方志敏回忆道："我本是一个苦学生，从乡间跑到城市里来读书，所带的铺盖用品都是土里土气的，好不容易弄到几个钱，买了日本牙刷，金刚石牙粉，东洋脸盆，并也有一床东洋席子。我明知销毁这些东西，以后就难得钱再买，但我为爱国心所激动，也就毫无顾惜地销毁了。我并向同学宣言，以后生病，就是会病死了，也决不买日本的仁丹和清快丸。"①由这件事可知，少年方志敏和他的同伴一样，十分爱国，即使自己生活特别困难，也在所不惜。

后来，方志敏到南昌读书，他区分了不同的外国人，对那些欺压中国人的外国人，方志敏十分痛恨。方志敏说："只要你到街上走一转，你就可以碰到几个洋人。当然我们并不是排外主义者，洋人之中，有不少有学问有道德的人，他们同情于中国民族的解放运动，反对帝国主义对中国的压迫和侵略，他们是我们的朋友。只是那些到中国来赚钱，来享福，来散播精神的鸦片——传教的洋人，却是十分的可恶的。他们自认为文明人，认我们为野蛮人，他们是优种，我们却是劣种；他们昂头阔步，带着一种蔑视中国人、不屑与中国人为伍的神气，总引起我心里的愤愤不平。我常想：'中国人真是一个劣等民族吗？真该受他们的蔑视吗？我不服的，决不服的。'"②在此，方志敏区分了能够正确对待中国人的外国人和不能正确对待中国人的外国人，对于那些蔑视中国人的外国人，方志敏从内心充满了痛恨之情。

方志敏看到了、经历了很多洋人不能平等对待中国人的事例，对方志敏刺激最严重的一个事件是上海法国公园门口关于"华人与狗不准进园"的几个字。方志敏回忆说："最使我难堪的，是我在上海游法国公园的那一次。我去上海原是梦想着找个半工半读的事情做做，哪知上海人是人浮于事，找事难于登天，跑了几处，都毫无头绪，正在纳闷着，有几个穷朋友，邀我去游法国公园散散闷。一走到公园门口就看到一块刺目的牌子，牌子上写着'华人与狗不准进园'几个字，这几个字射入我的眼中时，全身突然一阵烧热，脸上都烧红了。这时我感觉着从来没有受过的耻辱！在中国的上海地方让他们造公园来，反而禁止华人入园，反而将华人与狗并列。这样无理地侮辱华人，岂是所谓'文明国'的人们所应该做出来的吗？我想至此也无心游园了，拔起脚就转回自己的寓所了。"③"华人与狗不准入园"这样的字是对华人的

---

① 方志敏：《可爱的中国》，《方志敏全集》，人民出版社2012年版，第120—121页。
② 方志敏：《可爱的中国》，《方志敏全集》，人民出版社2012年版，第121—122页。
③ 方志敏：《可爱的中国》，《方志敏全集》，人民出版社2012年版，第123页。

第四章 崇高的价值追求

极大的侮辱,这激起了方志敏的极大愤慨。

方志敏在《可爱的中国》中叙述了好几起洋人趾高气扬、耀武扬威、欺压侮辱中国人的事件,这些事件激起了方志敏强烈的爱国主义情感,立志一定要打倒帝国主义。

在《可爱的中国》中,方志敏深情地把中国比作生养自己的母亲。方志敏深情写道:

> 朋友!中国是生育我们的母亲。你们觉得这位母亲可爱吗?我想你们是和我一样的见解,都觉得这位母亲是蛮可爱蛮可爱的。以言气候,中国处于温带,不十分热,也不十分冷,好像我们母亲的体温,不高不低,最适宜于孩儿们的偎依。以言国土,中国土地广大,纵横万数千里,好像我们的母亲是一个身体魁大、胸宽背阔的妇人,不像日本姑娘那样苗条瘦小。中国许多有名的崇山大岭,长江巨河,以及大小湖泊,岂不象征着我们母亲丰满坚实的肌肤上之健美的肉纹和肉窝?中国土地的生产力是无限的;地底蕴藏着未开发的宝藏也是无限的;废置而未曾利用起来的天然力,更是无限的,这又岂不象征着我们的母亲,保有着无穷的乳汁,无穷的力量,以养育她四万万的孩儿?我想世界上再没有比她养得更多的孩子的母亲吧。至于说中国天然风景的美丽,我可以说,不但是雄巍的峨眉,妩媚的西湖,幽雅的雁荡,与夫"秀丽甲天下"的桂林山水,可以傲睨一世,令人称羡;其实中国是无地不美,到处皆景,自城市以至乡村,一山一水,一丘一壑,只要稍加修饰和培植,都可以成流连难舍的胜景;这好像我们的母亲,她是一个天姿玉质的美人,她的身体的每一部分,都有令人爱慕之美。中国海岸线之长而且弯曲,照现代艺术家说来,这象征着我们母亲富有曲线美吧。咳!母亲!美丽的母亲,可爱的母亲,只因你受着人家的压榨和剥削,弄成贫穷已极;不但不能买一件新的好看的衣服,把你自己装饰起来;甚至不能买块香皂将你全身洗擦洗擦,以致现出怪难看的一种憔悴褴褛和污秽不洁的形容来!啊!我们的母亲太可怜了,一个天生的丽人,现在却变成叫花的婆子!站在欧洲、美洲各位华贵的太太面前,固然是深愧不如,就是站在那日本小姑娘面前,也自惭形秽得很呢![1]

---

[1] 方志敏:《可爱的中国》,《方志敏全集》,人民出版社2012年版,第129—130页。

在此，方志敏把中国比作可爱的母亲，母亲是那么美丽可爱，中国是那么美丽可爱。从这段文字中，我们不仅可以感受到方志敏对母亲的热爱，而且感受到他对中国的热爱。方志敏投身革命，就是要让可爱的中国更可爱，美丽的中国更美丽，不让任何人侮辱她，欺侮她。

（二）无限忠诚，坚信革命必胜、共产主义必胜

被俘后，方志敏在狱中写道："我们是共产党员，为革命而死，毫无所怨，更无所惧，只有两件事，使我们不能释怀：作过某些错误，但经党指出，莫不立刻纠正，我们始终是党的正确路线的拥护者和执行者，是马克思列宁主义竭诚的信仰者，我们相信共产国际的伟大和它领导世界革命的正确，我们相信中国布尔什维克党中央的伟大和领导中国革命的正确，我们坚决相信在国际和中央列宁主义领导之下，中国革命和世界革命必能在不远的将来得到全部成功！"[①]由此可见，方志敏在狱中面对死亡毫无畏惧，对党无比相信。方志敏还说："苏维埃的制度将代替国民党的制度，而将中国从最后崩溃中挽救出来！""共产主义世界的系统，将代替资本主义世界的系统，而将全世界无产阶级和全人类，从痛苦死亡毁灭中拯救出来，全世界的光明，只有待共产主义的实现！"[②]这表达了方志敏对社会主义、共产主义必胜的信念。方志敏还说："我们临死前，对全党同志诚恳的希望，就是全党同志要一致团结在中央领导之下，发扬布尔什维克最高的积极性、坚决性、创造性，用尽自己的体力和智力，学习列宁同志'一天做十六点钟工作'的榜样，努力为党工作！"[③]这是方志敏牺牲前对同志们的嘱托。读到这里，我们每个活着的共产党员有什么理由不为党认真、积极地工作呢？方志敏还说："在此时，如有哪些同志不执行党的决议和指示，而消极怠工，那简直不是真正的革命同志，而是冒牌党员。这样的人，是忘记了国民党囚牢里有几万党的同志，正在受刑吃苦，忘记了国民党的刑场上党的同志流下的斑斑血迹，忘记了我们的主力红军正在川黔滇湘艰苦地战斗，更忘记了千千万万工农劳苦群众正在啼饥号寒无法生存！"[④]方志敏在狱中面临死亡的时刻，还思念着囚牢中的同志，思念着牺牲在刑场上的同志，思念着正在进行着艰苦斗争的同志，特别思念着广大受苦受难的工农劳苦大众，这是多么崇高的精神境界！我们活着的共

[①] 方志敏：《我们临死以前的话》，《方志敏全集》，人民出版社2012年版，第104页。
[②] 方志敏：《我们临死以前的话》，《方志敏全集》，人民出版社2012年版，第104页。
[③] 方志敏：《我们临死以前的话》，《方志敏全集》，人民出版社2012年版，第104页。
[④] 方志敏：《我们临死以前的话》，《方志敏全集》，人民出版社2012年版，第105页。

产党员,特别是幸福地生活、工作在今天的共产党员,怎么能有理由不积极地为党、为人民、为民族而工作呢?

(三) 无限坚决,宁死不屈、斗争到底

面对国民党的威逼利诱,面对随时可能到来的死亡,方志敏写道:"法西斯国民党在用种种威迫利诱的可耻手段,企图劝诱我们投降。投降?你国民党是什么东西!——一伙凶恶的强盗,一伙无耻的卖国汉奸!一伙屠杀工农的刽子手!我们与你们反革命国民党是势不两立的。你法西斯匪徒们只能砍下我们的头颅,决不能丝毫动摇我们的信仰!我们的信仰是铁一般地坚硬的。"[①]这表达了方志敏对国民党反动派的无比痛恨,表达了自己的坚定信仰!

方志敏说道:"同志们!亲爱的同志们!我是不能再与你们共同奋斗了,我是如何地惭愧着和难过啊!我上面所说的意见,都是我最近感触到,当然里面免不了有错误。说错了请你们批评,说对了,请你们执行。我们虽因在狱中,但我们的脑中,仍是不断地思念着同志们的奋斗精神,总祈祷着你们的胜利和成功!我直到现在,革命热诚仍和从前一样。我正在进行越狱的活动。我想,我若能越狱出来,我将用我最高的努力去创造新苏区和新红军,以恢复这次损失!同志们!越狱恐难可能(主要是无外援),那时只有慷慨地就死了!我不能完成的工作责任,只有加重到同志们的肩头上了!同志们!亲爱的同志们!永别了!请你们努力吧!我这次最感痛苦的,就是失却了为党努力的机会。你们要认识:你们能够为党工作,为党斗争,那是十分宝贵的。我与刘、王、曹同志等都是敌人刀口下的人了,是再也想不到为党拼命工作的机会了。这是无可奈何的!我能丢弃一切,惟革命事业,却耿耿于怀,不能丢却!同志们:十分亲爱的同志们!请你们经常记起你们多年在一起奋斗的战友们之惨死,提起奋勇的精神,将死敌的日本帝国主义赶快赶走吧,将万恶的国民党统治赶快推翻吧!谨向你们及你们领导下的红军和红军群众致热烈的革命敬礼!!"[②]由此可知,方志敏尽管在狱中时刻面临死亡,但在内心深处仍然想着如何更好地为党工作,为党贡献,想着如何打倒日本帝国主义,如何打倒国民党反动派!

[①] 方志敏:《我们临死以前的话》,《方志敏全集》,人民出版社 2012 年版,第 105 页。
[②] 方志敏:《在狱致全体同志书》,《方志敏全集》,人民出版社 2012 年版,第 114—115 页。

（四）无比清廉，一心为党为民

方志敏是共产党的"大官"，但他的财产又是怎样的呢？方志敏说："我从事革命斗争，已经十余年了。在这长期的奋斗中，我一向是过着朴素的生活，从没有奢侈过。经手的款项，总在数百万元；但为革命而筹集的金钱，是一点一滴地用于革命事业。这在国方①的伟人们看来，颇似奇迹，或认为夸张；而矜持不苟，舍己为公，却是每个共产党员具备的美德。"②方志敏作为共产党的"大官"，经手的款项十分巨大，但那是用于革命的款项，不是个人的款项，方志敏宁愿过着清贫的生活，也决不贪污一分一毫。方志敏说："清贫，洁白朴素的生活，正是我们革命者能够战胜许多困难的地方！"③方志敏的清贫，与那些拥有一定权力就贪污受贿的人相对照，是多么高大啊！

（五）无比坚定，宁愿为信仰而死，但决不无意义去死

1935年5月25日，方志敏在狱中写下《死！——共产主义的殉道者的记述》一文，表达了方志敏和同在狱中的同志对死的态度。方志敏在文章的开头部分首先写了一首诗：

敌人只能砍下我们的头颅，
决不能动摇我们的信仰！
因为我们信仰的主义，
乃是宇宙的真理！

为着共产主义牺牲，为着苏维埃流血，
那是我们十分情愿的啊！④

由这首诗我们可以看到，方志敏对死毫无畏惧，对自己的信仰——共产主义坚定不移，为着自己的信仰而死，死得其所！"敌人们明明告诉了他们，摆在他们前面的，只有两条路，一条是投降，而得暂时的苟生，一条就是死！

---

① 指国民党方面。
② 方志敏：《清贫》，《方志敏全集》，人民出版社2012年版，第162页。
③ 方志敏：《清贫》，《方志敏全集》，人民出版社2012年版，第164页。
④ 方志敏：《死！——共产主义的殉道者的记述》，《方志敏全集》，人民出版社2012年版，第141页。

他们不约而同地选定了后一条路。投降？不能够的，决不能够的。"①面对敌人的诱降，方志敏和他的狱中同志宁死不屈，宁愿死，也决不投降。方志敏认为，向敌人投降是决不能做的，因为那样做，就是狗、猪不如的东西。"抛弃自己原来的主义信仰，撕毁自己从前的斗争历史，礌的一声，跳入那暗沉沉的秽臭的污水潭里去，向他们入伙，与他们一块儿去抢，去掳，去刮，去榨，去出卖可爱的中国，去残杀无辜的工农；保住自己的头，让朋友的头，滚落下地；保住自己的血，让朋友的血，标射出来。这可都能作（做）下去？啊！啊！这若都能作（做）下去，那还算是人？！是狗！是猪！是畜生！不，还是猪狗畜生不食的东西！无论如何，不能作（做）那叛党叛阶级的事情，决不能作（做）的。"②在此，方志敏表达了自己宁愿死，也决不出卖同志、出卖朋友、叛党叛阶级的决心和意志，表现了一个共产党员的崇高气节！

方志敏的《死！》还生动地揭示了方志敏和狱中同志面对死亡的达观态度。方志敏宁愿为革命而死，而流血，而牺牲。"死，是无疑的了。什么时候死，不知道。生命捏在敌人的掌心里。是的，他要我们死，只要说个'杀'就得。一个革命者，牺牲生命，并不算什么希奇事。流血，是革命者常常遇着的，历史上没有不流血的革命，不流血，会得成功吗？为党为苏维埃流血，这是我十分情愿的。流血的一天，总是要来的。"③方志敏清醒地认识到革命与流血的关系，革命总是要流血、要牺牲，方志敏宁愿为革命、为党、为苏维埃而流血牺牲。方志敏甚至想到了死来临的那一天的具体情景。"朝三暮四，没有气节的人，我不是能做了。"④这是方志敏面对敌人的诱惑所做的铿锵有力的回答。方志敏就是一个有气节的人！是一个有气节的共产党人！从方志敏的《死！》这篇光辉著作，我们看到了方志敏面临死亡时的崇高精神境界！崇高就是坚守气节。

面对死亡，方志敏毫无畏惧。但一个清醒的共产党员决不能无意义地去死，而是应当尽可能活着，以便更好地为党、为人民、为民族、为国家多做贡献。方志敏写道：

> 不错，不屈而死，是一种积极的行动，这样的死，可以激起同志们对敌人的仇恨，提高同志们斗争的不折不挠性与赴死如归的牺牲决心。

---

① 方志敏：《死！——共产主义的殉道者的记述》，《方志敏全集》，人民出版社2012年版，第142页。
② 方志敏：《死！——共产主义的殉道者的记述》，《方志敏全集》，人民出版社2012年版，第142页。
③ 方志敏：《死！——共产主义的殉道者的记述》，《方志敏全集》，人民出版社2012年版，第145页。
④ 方志敏：《死！——共产主义的殉道者的记述》，《方志敏全集》，人民出版社2012年版，第156页。

但是，我们都是受了十余年党的教育，有了十余年斗争的经验，特别是这次失败的血的教训，与在狱中的忧思苦虑，这次若能越狱出去，当然要用比前加倍勤苦的精神去工作；一二年后，创造几十县的苏区，发动几百万的工农群众起来斗争，创立几千几万的红军，那都是完全可能做到的。失败，这次的失败——是我们十分悲痛的失败，然而我们若能出狱，今日的失败，安知不是明日更大成功之要素！我十分憎恨地主，憎恨资本家，憎恨一切卖国军阀；我真诚地爱我阶级兄弟，爱我们的党，爱我中华民族。为着阶级和民族的解放，为着党的事业的成功，我毫不希罕那华丽的大厦，却宁愿居住在卑陋潮湿的茅棚；不希罕美味的西餐大菜，宁愿吞嚼刺口的苞粟和菜根；不希罕舒服柔软的钢丝床，宁愿睡在猪栏狗窠似的住所！不希罕闲逸，宁愿一天做十六点钟工的劳苦！不希罕富裕，宁愿困穷！不怕饥饿，不怕寒冷，不怕危险，不怕困难。屈辱，痛苦，一切难于忍受的生活，我都能忍受下去！这些都不能丝毫动摇我的决心，相反的，是更加磨练我的意志！我能舍弃一切，但是不能舍弃党，舍弃阶级，舍弃革命事业。我有一天生命，我就应该为它们工作一天！我不应该利用目前的一切可能与时机，去图谋越狱吗？我不应该对敌人施行一些不损害革命利益的欺骗和敷衍，以延缓死刑之执行吗？应该的，应该如此做去，来达到越狱的目的。共产党员不是要清高孤傲，而是要以他的行动去击破敌人，消灭敌人。……我们应该活动，应该奋斗！奋斗不成而死，当然无话可说，这总算尽了我们最后的努力了。一个共产党员，应该努力到死！奋斗到死！是的，应该决定！就是这样决定吧——以必死的决心，图谋意外的获救！我应该告诉他们，要他们一致来行动吧！①

在此，方志敏想到了自己死的积极意义，又想到不能去无意义地死，而是要尽可能地活着，从而为党做更多的工作，于是方志敏想到了越狱，想到了越狱成功之后如何更好地为党工作。方志敏在此明确地表达了自己追求什么，为了什么，反映和体现了一个真正的共产党员的高尚追求。

---

① 方志敏：《死！——共产主义的殉道者的记述》，《方志敏全集》，人民出版社2012年版，第159—160页。

（六）无限严格，勇于剖析自己的错误

作为党和军队的高级领导人，方志敏严格地要求自己，在面对随时可能到来的死亡时，还在反思自己的错误，表达了由于自己的失误、错误而对党、军队造成重大损失的自责，他在文中说："千怪万怪，绝不能怪别人，全怪自己错误！咳！错误——一个无可补救的错误！过去虽也做过错误，但错误的危险性较小，影响较小，这次，这次是做了一个不可补救的错误，一个致命的错误啊！率领的军队受到损失，自己亦落于敌人之手。还有什么可说，还有什么可说呢？"①事实上，在当时的情形下，方志敏所率领的这支军队遭受损失以及他本人落入敌人之手，主要的原因在于敌人十分强大而我方十分弱小，但方志敏却主要地从自己的主观方面寻找原因，表现了方志敏对自己严格要求、勇于剖析自己的高尚情怀。

在纪念方志敏诞辰 100 周年座谈会上，胡锦涛发表了重要讲话，高度评价了方志敏烈士的丰功伟绩。胡锦涛指出："方志敏同志的一生是短暂的。但是，他的光辉业绩和崇高品格，将永垂青史，他对革命事业的耿耿忠心，党和人民永远也不会忘记。党中央对方志敏同志给予了高度评价。1937 年 1 月，党中央机关报《斗争》出刊'纪念民族英雄方志敏专号'。1964 年，毛泽东同志亲自为方志敏烈士题写了墓碑。1984 年，邓小平同志为《方志敏文集》题写了书名。方志敏同志是我们党的骄傲，人民的骄傲。在他身上体现的崇高品格和浩然正气，是我们党的宝贵精神财富，必将激励一代又一代人，为党和人民的事业不懈奋斗。"胡锦涛向全党同志号召："我们纪念和学习方志敏同志，就要像他那样，树立坚定正确的理想和信念，不论在什么样的情况下，都始终不渝、毫不动摇。""我们纪念和学习方志敏同志，就要像他那样，坚持理论联系实际，一切从实际出发，不断开创事业发展的新局面。""我们纪念和学习方志敏同志，就要像他那样，始终保持旺盛的革命斗志，为了党和人民的利益，不屈不挠，英勇奋斗。""我们纪念和学习方志敏同志，就要像他那样，一身正气，清正廉洁，始终保持共产党人的政治本色和革命气节。"②胡锦涛强调指出："在新的时代条件下，继承和发扬我们党的优良传统，大力弘扬革命前辈的崇高精神，这是实现中华民族的伟大复兴，把我国

---

① 方志敏：《死！——共产主义的殉道者的记述》，《方志敏全集》，人民出版社 2012 年版，第 142 页。
② 胡锦涛：《在纪念方志敏同志诞辰 100 周年座谈会上的讲话》（1999 年 8 月 20 日），《方志敏全集》，人民出版社 2012 年版。

建设成为为富强、民主、文明的社会主义现代化国家的强大精神力量和重要思想保证。"①革命前辈的崇高精神对于我们今天建设社会主义、实现中华民族伟大复兴具有重大意义。

方志敏是一个坚定的马克思主义者、共产主义者、无产阶级革命家。他是在被捕后写了许多光辉著作并留给后人的一个共产党员。这是与许多牺牲的共产党员、革命前辈不同的一个地方。在狱中，方志敏时刻面临着敌人的诱惑，时刻面临着拒绝敌人诱惑后被杀害的危险。在这种情形下，方志敏想了什么？他面对死亡的态度是什么？他对共产党的态度是什么？他对未来社会的看法是什么？他留给我们的著作充分展现了他内心崇高的精神境界：对受苦受难人民的深切同情，对地主官吏、豪强恶霸的无比痛恨，对革命必胜和共产主义必定实现的坚定信念，对自己工作的严格要求，对中国共产党的无限忠诚，面对死亡视死如归的英雄气概。在中国共产党的历史上，有许许多多的共产党员像方志敏一样英勇地牺牲了，由于各种原因，他们大多没有留下文字。但他们和方志敏有共同的理想信念与追求。所以，通过方志敏在狱中所写下的文字，我们可以大胆地判断：其他许许多多英勇牺牲的共产党员像方志敏一样对共产党的信念坚定不移，对未来共产主义社会充满了必胜信心。他们的事迹感天动地！面对他们的英灵，我们怎能不洒下悲痛的泪水，并在这种悲痛的激励下奋勇向前！

二、雷锋的崇高追求

雷锋是一个普通的共产主义战士，他做了许多平凡的小事。

1960年6月的一天，雷锋因公外出。在沈阳车站，雷锋看到一个老太太在汽车旁焦急地徘徊着，像是有什么困难。雷锋上前询问，通过与老太太的交流，雷锋知道，原来这位老太太是从山东来部队找她儿子的，路费用光了。雷锋了解清楚后，立即请这位老人家吃了饭，并给她买好到她儿子驻地的车票。老太太的儿子特别感激，特地给雷锋所在部队首长写了感谢信。②

雷锋自己特别节俭，他把自己省下来的钱捐给需要的人或组织。雷锋在

---

① 胡锦涛：《在纪念方志敏同志诞辰100周年座谈会上的讲话》（1999年8月20日），《方志敏全集》，人民出版社2012年版。
② 《雷锋全集》，华文出版社2012年版，第18—19页。

1960年8月20日的日记中记述了他两次捐款的事。望花区成立了一个人民公社,雷锋把平时节约下来的一百元钱支援了人民公社;辽阳市遭受了洪水的灾害,雷锋把省吃俭用积攒的一百元钱寄给了辽阳灾区。对此,有人说雷锋是"傻子"。雷锋自己认为,如果说这是"傻子",那我是甘心情愿做这样的"傻子"的。革命需要这样的"傻子",建设也需要这样的"傻子"。雷锋就是长着一个心眼,一心向着党,向着社会主义,向着共产主义。[①]

1960年10月的一天,雷锋与战友一起上山割草,在中午吃饭时,雷锋看到自己的一个战友坐在一旁看着大家吃饭,就问战友为什么不吃饭,当得知战友早上吃了两盒饭没有带饭来时,雷锋拿出了自己带的一盒饭给战友吃。雷锋虽然自己饿一点,但看到战友吃得饱饱的,感到特别快乐。[②]

1961年2月2日,雷锋从营口乘火车到兄弟部队做报告。下车时,北风刺骨,地上盖着一层雪,显得很冷。风雪中,雷锋看到一位老太太没戴手套,两手捂着嘴,口里吹一点热气温手。雷锋立即取下了自己的手套,送给了那位老太太。老人家望着雷锋,满眼含着热泪,半天说不出话来。把手套送给老太太后,雷锋自己的手冻得像针扎一样,但雷锋心中却有一种说不出的愉快。[③]在雷锋看来,幸福就是给人帮助,愉快就是帮助别人。

1961年2月16日,雷锋没有去看剧,在家学习毛泽东著作,他学习到毛泽东"关心党和群众比关心个人为重,关心他人比关心自己为重"的论述后,想到了医院里的伤病员同志,就把连部发给自己的一斤苹果送给了抚顺市望花区职工西部医院。[④]

1961年2月17日,是春节假期的第四天。这一天上午,连里的战士们多去看电影了,雷锋没有去。雷锋想多积点肥,支援人民公社。他认为这样做有两个好处:第一,以实际行动支援农业,对社员是一个鼓舞,同时也更密切了军民关系。第二,替居民搞了卫生。因为小孩在屋前屋后拉了很多大便,看起来很脏,去把大粪捡起来,给居民把地扫干净,这是一件一举两得的好事,既搞了卫生又积了肥。于是雷锋推着手推车,拿着铁锹和粪筐,走到了望花区北后屯,看见工人住宅的屋前屋后有很多一小堆一小堆的粪便,就立刻捡了起来,到了下午两点钟,雷锋捡了满满一车粪,送给了望花区工

[①] 《雷锋全集》,华文出版社2012年版,第19页。
[②] 《雷锋全集》,华文出版社2012年版,第20页。
[③] 《雷锋全集》,华文出版社2012年版,第33页。
[④] 《雷锋全集》,华文出版社2012年版,第34页。

农人民公社。①

  1961年4月23日,在从沈阳到旅顺的火车上,雷锋看到服务员忙不过来,就主动当了义务服务员,为旅客服务。雷锋把自己的座位让给了一位老大娘,在车上找到了一把扫帚,挨个扫完了整个列车,接着又擦玻璃和车厢。雷锋的举动赢得了车上许多人的称赞。因此,雷锋被选为旅客安全代表。②

  1961年4月27日,在从旅顺到沈阳的火车上,雷锋看到一位有病的老大爷,雷锋把座位让给了老人家。当雷锋得知老大爷买车票还差一元钱时,雷锋就帮助解决了困难。③

  雷锋做的这些好事,在今天看来,都是很平凡的小事,是我们每个人都可以做到的小事。雷锋的崇高就在于:他在平凡中见伟大,于平凡中见崇高。雷锋的崇高在于雷锋有崇高的思想境界,雷锋有这样的认识:"凡是脑子里只有人民、没有自己的人,就一定能得到崇高的荣誉和威信。反之,如果脑子里只有个人、没有人民的人,他们迟早会被人民唾弃。"④雷锋把短暂的一生献给了党、献给了人民、献给了国家,雷锋就是一位脑子里只有人民、没有自己的人。在雷锋牺牲后,毛泽东等老一辈无产阶级革命家纷纷为雷锋题词,号召全国人民向雷锋同志学习。雷锋得到了崇高的荣誉。雷锋何以成为雷锋呢?原因就在于他树立了全心全意为人民服务的人生观和价值观。

  雷锋经历了新旧两个社会,他从新旧两个社会的对比中感受到了新社会的美好,感受到了旧社会的丑恶,因而他发自内心地热爱新社会、热爱共产党、热爱毛主席。雷锋崇高的思想境界及人格的形成既与他自身的经历有关,也与他受到的教育和影响有关。雷锋所受的教育和影响来自于他对毛泽东著作的认真学习,对有关理论著作的阅读,对有关文艺作品的欣赏,来自于领导的教导和关怀,来自模范人物的感召,来自于重大事件的激励,以及在此基础上的自我反思,他总是能理论联系实际地分析、认识自己成长中的问题,改正缺点、发扬优点,不断地提高自己。

(一)毛泽东思想的影响

  在雷锋所读的众多书籍中,毛泽东著作读得最精,感想最多,笔记最多,影响最大。雷锋自己在一次讲话中说:"我学完了《毛泽东选集》一至四卷,

---

① 《雷锋全集》,华文出版社2012年版,第35页。
② 《雷锋全集》,华文出版社2012年版,第40—41页。
③ 《雷锋全集》,华文出版社2012年版,第42页。
④ 《雷锋全集》,华文出版社2012年版,第36页。

其他政治书籍 60 多本。"①雷锋重点学的毛泽东著作有：《反对自由主义》《将革命进行到底》《为人民服务》《纪念白求恩》《愚公移山》《矛盾论》《实践论》。对《毛泽东选集》及 60 多本政治理论书籍的学习为雷锋政治思想觉悟的提高打下了坚实的思想理论基础。善于学习、勤于学习，这是雷锋成为雷锋的重要主观条件。

雷锋不仅乐于学习毛泽东著作，而且善于学习毛泽东著作，探索了一套学习毛泽东著作的有效方法："一、学习毛主席的立场、观点、方法。二、学习毛主席著作要分析当时的历史背景。（一）分析每篇文章对当时革命运动起了什么作用。（二）主席为什么分析这个问题。（三）主席在文章中提出几个什么观点。（四）主席的方法论是什么。（五）联系个人写心得体会。"②"理论学习如果脱离实际，即使学得烂熟，但是表里不一，言行不一，仍然不能很好地改造思想，所以理论学习应该联系实际，改造思想。"③"以实际问题为中心，到毛主席著作中找答案，按主席指示办事，学习公式：问题——学习，实践——总结。""一、学习主席著作与改造自己思想相结合，树立全心全意为人民服务的思想和辩证唯物主义世界观。二、学习主席著作与改进自己的工作相结合。三、学习主席著作与搞好训练和提高技术相结合，指导自己学习技术。四、国内外形势和党的方针任务、政策相结合。"④

雷锋联系自己的思想实际学习毛泽东著作，从学习毛泽东著作当中找到了自己人生的精神支柱。1960 年 2 月 15 日，雷锋在日记里写道："敬爱的毛主席，我看到您写的《纪念白求恩》这篇文章，深受教育，被感动得流下了热泪。""过去有人讽刺我说：'你积极有什么用，那么点的小个子，给你 150 斤重的担子，你就担不起来。'我听了这话，还埋怨自己为啥长这么点小个子呢！""可是，您老人家说：'一个人能力有大小，但只要有这点精神，就是一个高尚的人，一个纯粹的人，一个脱离了低级趣味的人，一个有益于人民的人。'这话给我很大鼓舞。个子小，我也要尽我自己最大的力量，做到毫不利己，专门利人，向伟大的国际主义战士白求恩学习。"⑤雷锋善于在读书时联系自己的实际，以理论指导自己的行动，从而使自己的思想境界不断提高。在 1960 年 3 月的一篇日记里，雷锋写道："我学习了毛主席著作以后，懂得

---

① 《雷锋全集》，华文出版社 2012 年版，第 242 页。
② 《雷锋全集》，华文出版社 2012 年版，第 24 页。
③ 《雷锋全集》，华文出版社 2012 年版，第 27 页。
④ 《雷锋全集》，华文出版社 2012 年版，第 36 页。
⑤ 《雷锋全集》，华文出版社 2012 年版，第 17 页。

了不少道理，脑子里一豁亮，越干越有劲，总觉得这股劲儿永远也使不败。"①

雷锋在 1960 年 11 月的一篇日记里写道："我深切地认识到，要想成长进步，要为党做更多的工作，就必须认真读毛主席的书，听毛主席的话，照毛主席的指示办事，才能做毛主席的好战士。我一定要抓紧点滴时间进行学习，做到书不离身，有空就掏出来看一段，在明年读完《毛泽东选集》第四卷中的《抗日战争胜利后的时局和我们的方针》《关于重庆谈判》《关于目前国际形势的几点估计》《目前形势和我们的任务》《将革命进行到底》《论人民民主专政》《丢掉幻想，准备斗争》等重要文章，我要重读《毛泽东选集》一、二、三卷中的重要文章，坚决做到边学、边想、边改、边运用。"②

1961 年 3 月 3 日，雷锋在日记中写道："今天我学习了毛著。主席有一段话，对我教育最深刻，启发最大。""毛主席说：'紧紧地和中国人民站在一起，全心全意地为中国人民服务，就是这个军队的唯一宗旨。'我是人民的子弟兵，一定要永远牢记党和毛主席的教导，无论什么时候，都要关怀爱护人民群众的利益，为人民群众的利益而战斗不息。""我们的党、政府和全国人民对革命军人的关怀和照顾，是无微不至的。作为一个革命战士的我，是多么的自豪啊！但是我不能骄傲，一定要牢牢记住党和人民对我的嘱托，努力学习，积极工作，勇敢战斗，保持和发扬人民军队的优良传统。"③

1961 年 4 月 15 日，雷锋在日记中写道："毛主席教导我们说：'任何新生事物的成长都是要经过艰难曲折的。在社会主义社会中，要想不经过艰难曲折，不付出极大努力，总是一帆风顺，容易得到成功，这种想法，只是幻想。'""共产党所以能够领导人民群众，正因为，而且仅仅因为，它是人民群众的全心全意的服务者，它反映人民群众的利益和意志，并努力帮助人民群众组织起来，为自己的利益和意志而斗争。"④

从上可以看出，雷锋不仅善于学习毛泽东著作，善于领会毛泽东思想，而且更重要的是善于把毛泽东思想化为解决问题的钥匙，化为自己行动的思想指南，化为全心全意为人民服务的行动。

（二）书籍、报纸、电影的影响

如前所述，雷锋除读了《毛泽东选集》四卷之外，还读了 60 多本政治理

---

① 《雷锋全集》，华文出版社 2012 年版，第 17 页。
② 《雷锋全集》，华文出版社 2012 年版，第 25—26 页。
③ 《雷锋全集》，华文出版社 2012 年版，第 37 页。
④ 《雷锋全集》，华文出版社 2012 年版，第 38—39 页。

论书籍。雷锋除了读政治理论书籍之外，还读文艺作品及报纸上的理论文章。

1958年6月某日，雷锋在日记中写了读《沉浮》这本书的感想："读《沉浮》以后，这本书给了我深刻的印象，沈浩如和简素华的恋爱故事教育了我。我认为简素华的那种坚强不屈的意志，那种高尚的共产主义风格，那种克服困难的决心和信心，那种艰苦朴素的工作作风，对群众那样的关怀，这位女同志是值得我们学习的。沈浩如同志是一个有严重资产阶级意识的人，处处只为个人打算，怕吃苦，他那些可耻的行为，我坚决反对。"①从这则日记可以看到，雷锋坚决反对沈浩如的思想和行为，积极地学习简素华高尚的思想和行为。雷锋爱憎分明。

1960年1月12日，雷锋在日记中写道："今天，我看了一篇文章，那上面讲了许多向困难做斗争的道理。"接着，雷锋摘录了文章的若干内容："斗争最艰苦的时候，也就是胜利即将来到的时候，可也是最容易动摇的时候。因此，对每个人来说，这是个考验的关口。经得起考验，顺利地通过这一关，那就成了光荣的革命战士；经不起考验，通不过这一关，那就要成为可耻的逃兵。是光荣的战士，还是可耻的逃兵，那就要看你在困难前面有没有坚定不移的信念了。""困难里包含着胜利，失败里孕育着成功，革命战士之所以伟大，就是他们能透过困难看到胜利，透过失败看到成功。因此他们即使遇到天大的困难，也不会畏怯逃避；碰到严重的失败，也不至气馁灰心，而永远是干劲十足，勇往直前，终于成为时代的闯将。""虽然是细小的螺丝钉，是个微细的小齿轮，然而如果缺了它，那整个的机器就无法运转了，慢说是缺了它，即便是一枚小螺丝钉没拧紧，一个小齿轮略有破损，也要使机器的运转发生故障的。""尽管如此，但是再好的螺丝钉，再精密的齿轮，它若离开了机器这个整体，也不免要当做废料扔到废料仓库里去的。"②由雷锋对这段话的摘录可以看出，雷锋从这篇文章中认识到了螺丝钉与机器整体的关系，整体与部分的关系。这是雷锋愿意做一个螺丝钉的理论来源。

1960年11月14日，雷锋在日记里写道："晚上7点钟，放了一场电影，影片中的主角聂耳给我的印象最深。他是一个坚强的无产阶级革命战士，是党的好儿女。他那种勇敢、坚强、机智、虚心、敢于斗争的精神，是值得我永远学习的。"③

---

① 《雷锋全集》，华文出版社2012年版，第3页。
② 《雷锋全集》，华文出版社2012年版，第15—16页。
③ 《雷锋全集》，华文出版社2012年版，第22页。

（三）积极分子、劳动模范、英雄人物的感召和集体的感染

雷锋在日记中记述了一位积极分子受到毛泽东的接见对他的具体影响。1958年10月某日，雷锋在日记中写道："昨天我听一位从北京开积极分子代表大会回来的同志作报告。他说，毛主席在北京接见了他们，毛主席的身体很健康，对我们青年一代无比的关怀和爱护……当时我的心高兴得要蹦出来。我想，有一天我能和他一样，见到我日夜想念的毛主席该有多好，多幸福啊！可巧，我在昨天晚上做梦就梦见了毛主席。他老人家像慈父般地抚摸着我的头，微笑地对我说：'好好学习，永远忠于党，忠于人民！'我高兴得说不出话来了，只是流着感激的热泪。早上醒来，我真像见到了毛主席一样，浑身是劲，总觉得这股劲，用也用不完。""我决心听党的话，听毛主席的话，永远忠于党，忠于毛主席，好好地学习，顽强地工作，为党和人民的事业贡献自己的一切，做一个毫无利己之心的人。我一定争取实现自己最美好的愿望，真正见到我们最伟大的领袖毛主席。"①从这则日记中，我们可以看到，雷锋发自内心地热爱毛主席，成为积极分子从而受到毛主席的接见是他渴望进步的一个重大动力。

雷锋下定决心向劳动模范学习。在1958年11月2日的日记中，雷锋写道："向市劳动模范张秀云学习。首先学习她高度的主人翁责任感，对党对社会主义建设事业的赤胆忠心；学习张秀云同志积极主动、帮助别人、大公无私、舍己为人的共产主义思想和团结群众的优良作风；学习她坚持向群众学习、不断充实自己、谦逊好学的精神。"②

1960年3月10日，雷锋在日记里写道："在今天的电影里，我看到英勇的革命战士黄继光。他为了党和人民的事业，为了人类的解放而献出了自己最宝贵的生命。……他这种为了党和人民的事业而牺牲了自己的崇高精神是值得我永远学习的。"③雷锋在此既高度评价了黄继光的思想和行为，又决心永远学习黄继光。

1963年2月3日，雷锋听了董存瑞的战友、老英雄郅顺义讲述的董存瑞舍身炸碉堡的故事，很受感动，决心向董存瑞、郅顺义学习，做他们那样的革命战士。雷锋说："董存瑞和郅顺义两英雄的事迹，深深地教育了我，给了

---

① 《雷锋全集》，华文出版社2012年版，第6—7页。
② 《雷锋全集》，华文出版社2012年版，第8页。
③ 《雷锋全集》，华文出版社2012年版，第18页。

我莫大的鼓舞和无穷的力量,我一定要时刻用这些英雄的事迹来鞭策自己,永远忠于党,忠于人民。"①

雷锋在参与集体的劳动中感受到群众力量的伟大。1961年4月16日,星期天,有的同志叫雷锋上街看电影,雷锋没有去。雷锋拿着铁锹跑到了抚顺李石寨人民公社万众生产大队,和社员们一起翻地。在与群众一起劳动的过程中,雷锋体会到,群众的力量能移山填海,群众的力量无穷无尽,而一个人的力量总是沧海一粟。因而雷锋决心永远和群众牢牢地站在一起,为人类最美好的生活而斗争。②

(四)党的教育

雷锋在1958年10月的一则日记中写道:"1958年入厂的时候,我只是一个抱着感恩的思想埋头苦干的工人,在生产上只能做到完成自己的任务和达到每天的定额。""后来,在党的教育下,特别是受到党的社会主义建设总路线和全国人民冲天干劲的鼓舞,才使我的思想和眼界更加开朗和远大,才使我的干劲越来越高涨。""由于党的教育,我懂得了这个道理:一朵鲜花打扮不出美丽的春天,一个人先进总是单枪匹马,众人先进才能移山填海。"③在这则日记中,雷锋告诉我们,他从最初单纯的感恩到接受党的教育,在思想境界上产生了一个飞跃,他认识到,进步不能是单独一个人的进步,而应当是许多人的共同进步,个人的力量是微小的,而众人的力量是巨大的。

1960年11月21日,雷锋在日记里写道:"今天是我永远不能忘记的日子。下午一点半,我在沈阳军区工程兵部见到了上级首长。首长们像慈父般的关怀和关爱我,在这最幸福的时刻,我高兴得连话也说不出来,只是流出了激动的热泪。政委对我说:'受了阶级的压迫,受了民族的压迫,你没有忘本,很好啊!在旧社会受阶级压迫、剥削……穷人没出路,你听了毛主席的话,做了很多工作,做得很对。今天我们革命,不能忘本,忘本就很糟糕。以前做得很好,今后要继续这样做。要读毛主席的书,听毛主席的话,忠实于党,忠实于人民,忠实于毛主席。做出成绩,什么时候都是应该的,我们革命者不能满足。要更加虚心,对领导要尊敬,对同志要团结,要努力做毛泽东时代的好战士,要做一个好的共产党员。'首长的教导,我深深地印在脑

---

① 《雷锋全集》,华文出版社2012年版,第34页。
② 《雷锋全集》,华文出版社2012年版,第39页。
③ 《雷锋全集》,华文出版社2012年版,第7页。

海里。我一定要好好学习和工作，永远听党的话，听毛主席的话，跟党走，做毛主席的好战士。"①这里既有领导对雷锋的教导，也有雷锋同志自己听了教导之后的决心和努力。

（五）重大事件的激励

对于雷锋来说，参军和入学这两件大事对他的影响特别重大，在参军入伍及入党的当天，雷锋都写下了日记，记录了当时自己的感受，树立了新志向。

1. 参军

1960年1月8日，雷锋光荣地参加了中国人民解放军。在这天的日记中，雷锋写道：

这天是我永远不能忘记的日子，这天是我最大的荣幸和光荣的日子。我走进了新的战斗岗位，今天我穿上了黄军装，光荣地参加了中国人民解放军。我好几年来的愿望在今天实现了，我真感到万分的高兴和喜悦。这是我一生最大的幸福。

在党的正确领导下，在革命的大家庭里，我一定要好好地锻炼自己。在入伍的这一天，我提出如下保证：

一、听党的话，服从命令听指挥，党指向哪里，我就冲向哪里。

二、加强政治学习，多看报纸和政治书籍，按时参加部队各种会议和学习，积极宣传党的政策，密切靠近组织，及时向组织反映各种情况，不断提高自己的政治思想觉悟。

三、尊敬领导，团结同志，互帮互爱互学习。

四、严格遵守部队一切纪律，做到虚心向老战士学习，刻苦钻研，加强军事学习，随时准备打击敌人。

五、克服一切困难，发扬先辈优良的革命传统。我要坚决做到头可断，血可流，在敌人前面决不屈服、投降。我一定要向董存瑞、黄继光、安业民等英雄学习。

六、我要努力学习政治、军事、文化，我要好好地锻炼身体。我一定要在部队争取立功当英雄，我一定要做一个毛泽东时代的好战士，我

---

① 《雷锋全集》，华文出版社2012年版，第23—24页。

要把我可爱的青春献给祖国最壮丽的事业。

以上六条是我努力的方向和奋斗目标。今天我太高兴太激动，千言万语一下要写完是办不到的，因此写到这里告一段落。

我渴望已久的参加中国人民解放军的理想实现了，怎么叫我不高兴呢！我恨不得把我的心掏出来献给党才好。晚上我怎么也睡不着，我的心就像大海的浪涛一样，好久不能平静。

我，一个在旧社会受苦受罪的穷苦孤儿，现在成为一个国防军战士，得到党和首长的信任，受到战友们的热爱，我真不知说什么好！……

在这个革命的大家庭里，首长胜过父母，战友亲过兄弟。这一切只有在党的领导下的人民军队里才能得到……

我一定不辜负党对我的教育和期望，我决心保持和发扬我们弓长岭矿全体职工的光荣，军政学习争优秀，全心全意保卫国防，成为一个优秀的国防军战士。[①]

雷锋把参加中国人民解放军的这一天看作是"最大的荣幸和光荣的日子"，在这一天"感到万分的高兴和喜悦"，"太高兴太激动"，"心就像大海的浪涛一样，好久不能平静"。

2. 入党

1960年11月8日，雷锋光荣地加入了中国共产党。雷锋在这天的日记中写道：

1960年11月8日，是我永远不能忘记的日子。今天，我光荣地加入了伟大的中国共产党，实现了自己最崇高的理想。

我激动的心啊！一时一刻都没有平静。伟大的党啊！英明的毛主席，有了您，才有了我的新生命。我在九死一生的火坑中挣扎和盼望光明的时刻，是您把我拯救出来，给我吃的，穿的，还送我上学念书。我念完了高小，戴上了红领巾，加入了光荣的共青团，参加到了祖国的工业建设，又走上了保卫祖国的战斗岗位。在您的不断培养和教育下，我从一个孤苦伶仃的穷孩子，成长为一个有一定知识和觉悟的共产党员。

伟大的党啊，您是我慈祥的母亲，我所有的一切都是属于您的，我

[①]《雷锋全集》，华文出版社2012年版，第14—15页。

要永远听您的话,在您的身下尽忠效力,永做您忠实的儿子。

今天我入了党,我变得更加坚强,思想和眼界变得更加开朗和远大。我是一个共产党员,人民的勤务员,为了全人类的自由、解放、幸福,哪怕高山、大海、巨川,为了党和人民的事业,就是入火海进刀山,我甘心情愿,头断骨粉,身红心赤,永远不变。①

由雷锋的入党日记可知,加入伟大的中国共产党是雷锋"最崇高的理想"。这个"最崇高的理想"的实现,是雷锋进一步前进的动力。

参军和入党是雷锋提升思想境界的两个重大事件。每一重大事件的发生,都更加激励着雷锋投身于为人民服务的行动中去。

本章小结

方志敏的崇高体现在他对祖国、民族和人民的无限深情,体现在他对革命和共产主义必胜的坚定信念和对党的无限忠诚,体现在他的无比清廉,体现在他宁死不屈对信仰的无比坚定,体现在他对自己要求的无限严格。方志敏的崇高形象地说明:理想信念是共产党人精神上的"钙","坚定理想信念,坚守共产党人精神追求,始终是共产党人安身立命的根本。对马克思主义的信仰,对社会主义和共产主义的信念,是共产党人的政治灵魂,是共产党人经受住任何考验的精神支柱。"②方志敏以马克思主义为自己的精神支撑,将信仰建立在科学的理论之上,投身于争取民族独立、人民解放、国家富强的斗争中,对党忠诚,严格要求自己,体现了一个真正的共产党人的高风亮节。方志敏的崇高说明,要把理想信念教育作为党员思想政治教育的核心内容。

雷锋的崇高体现在他全心全意地为人民服务,做了许许多多平凡的好事。他通过新旧社会的对比,强烈地感到共产党好、毛主席好、社会主义好。雷锋有强烈的成为一名合格的共产主义战士、共产党员的愿望,正是在内心强烈愿望的支配下,雷锋发奋学习,积极追求进步。这是雷锋崇高的内因。同时,雷锋在其成长过程中,受到了毛泽东思想的熏陶,受到了书籍、报纸、

---

① 《雷锋全集》,华文出版社 2012 年版,第 21—22 页。
② 习近平:《紧紧围绕坚持和发展中国特色社会主义学习宣传贯彻党的十八大精神》,《习近平谈治国理政》,外文出版社 2014 年版,第 15 页。

电影的影响，受到了积极分子、劳动模范、英雄人物的感召和集体的感染，受到了党的教育，受到了参军、入党等重大事件的激励，这是雷锋崇高的外因。雷锋成长的内外因的结合，造就了雷锋的崇高。

在中国共产党的队伍中，在广大人民群众中，有无数像方志敏、雷锋那样的崇高人物。他们向往崇高、追求崇高，走向崇高，实践崇高。他们的崇高就在于他们有高尚的人格，他们有坚定的理想信念，他们希望通过自己的努力使民族解放、国家独立富强、人民幸福安康。他们向往崇高、追求崇高、实践崇高的心路历程表明，一个人的崇高，除了他自己心中对崇高的追求外，还需要外在的教育、熏陶、培养。一个人对崇高的向往和追求是个人崇高的内因，而外在的教育、熏陶、培养是一个人崇高的外因。要善于发现、激发受教育者、学生内心对崇高的追求和向往，通过适时适当的教育教学把受教育者、学生内心的崇高培植起来，从而帮助他们真正地走进崇高，实践崇高。我们的思想政治理论教师正担负着这一任务。当然，同时担负这一任务的还有学校的辅导员、党组织、团组织以及各种文化宣传教育机构，等等。

方志敏、雷锋的崇高美，也就是他们的人格美。他们高尚的品德和情操，通过他们的行为表现出来。进步的、积极的人生观，是人格美的核心。方志敏、雷锋进步的、积极的人生观就是全心全意为人民服务的人生观。方志敏、雷锋的人格美告诉我们：严格的自我要求和刻苦的思想锻炼，是人格美形成所不可缺少的条件。而雷锋的成长历程说明，先进的社会制度、美好的社会风尚，对人格美的成长有着重大影响。[①]思想政治教育工作者和思想政治理论课老师要通过自己的工作，努力塑造大学生高尚的人格美。

---

① 刘叔成、夏之放、楼昔勇等著：《美学基本原理》，上海人民出版社2010年版，第99页。

第五章 崇高的教育教学

培养什么样的人、如何培养人以及为谁培养人是思想政治教育的根本问题。从伦理学和美学的角度看，我们要培养的人必须是崇高的人，这里的崇高既是指伦理学上的崇高，也是指美学上的崇高，伦理学上的崇高即人格高尚，美学上的崇高即给人感奋、促人奋发。思想政治理论课教学应当围绕立德树人的任务，围绕培养人的高尚人格这一目标，充分发挥自身的优势，不仅以思想政治理论教育人，同时还要以思想政治课教学中的美、特别是崇高美熏陶学生，健全学生的人格。思想政治理论课教学无疑要向学生传授科学的理论，但同时，还应当使教学充满崇高的风格，具有崇高美的特征，并用这种崇高美去打动学生，感染学生。而这种充满崇高风格的教学是在崇高教学内容的基础上产生的。思想政治理论课教师要使具有崇高特征的教学内容以崇高的教学风格呈现给学生，毫无疑问应当是具有崇高品格的人。

一、崇高的思政教师

教师是人类灵魂的工程师，承担着神圣的使命。

邓小平指出："二十多年来，我们已经建立了一支人民教师队伍。全国有教师九百多万人。绝大多数教职员工热爱党热爱社会主义，勤勤恳恳地为社会主义教育事业服务，为民族、为国家、为无产阶级立了很大功劳。为人民服务的教育工作者是崇高的革命的劳动者。我们对广大的教育工作者的辛勤努力表示慰问和敬意。"[①]邓小平的这一论断指出了一切为人民服务的教育工作者都是崇高的。思想政治理论课教师作为为人民服务的教育工作者，毫无

---

① 邓小平：《在全国教育工作会议上的讲话》，《邓小平文选》第2卷，人民出版社1994年版，第109页。

疑问是崇高的。但比较来说，思想政治理论课教师的崇高有其特殊之处，那就是思想政治理论课教师的角色不同于其他教师的角色，这个特殊的教师角色决定了思想政治理论课教师崇高的特别内涵。"作为一个思想政治理论课教师，我很光荣，但责任也很重大。今天听我课的学生，是 21 世纪党和国家事业的接班人。如果能用我的思想影响了他们的思想，也就影响了 21 世纪中国社会的发展方向。这是我的最大志向所在。反之，如果我的思想不能引起他们的共鸣，失败的将不只是我的一堂课，而很可能是马克思主义在他们心目中的形象。"①这是北京科技大学马克思主义学院左鹏教授对思想政治理论课教师的认识，也应当是所有思想政治理论课教师的认识。认识到这一点，对思想政治理论课教师来说，特别重要。充分地认识思想政治理论课教师崇高的特别内涵，有助于思想政治理论课教师更加自觉地认识到自己教学的重要性、必要性，从而更加自觉、积极地投入更多时间和精力搞好思想政治理论课教学。

（一）思想政治理论课教师的崇高在于思想政治理论课教学是一项崇高的事业

思想政治理论课教师要认识自身的崇高，要培养学生的崇高，首先必须"把思想政治理论课教学当成一项崇高的事业"②。

《中共中央宣传部教育部关于进一步加强高等学校思想政治理论课教师队伍建设的意见》指出："思想政治理论课教师是高等学校教师队伍的一支重要力量，是党的理论、路线、方针、政策的宣讲者，是大学生健康成长的指导者和引路人。进一步加强思想政治理论课教师队伍，提高教学水平，用中国特色社会主义理论体系武装大学生，用社会主义核心价值体系引领社会思潮，把他们培养成德智体美全面发展的社会主义建设者和接班人，对于全面实施科教兴国战略和人才强国战略，确保实现全面建设小康社会、加快推进社会主义现代化的宏伟目标，确保中国特色社会主义事业兴旺发达、后继有人，具有十分重大而深远的意义。"③这一段话指明了思想政治理论课教师的重要角色、重要地位、重要作用。

---

① 教育部高校思想政治理论课教学指导委员会、《思想理论教育导刊》编辑部组编：《春风化雨、立德树人——高校思想政治理论课教师 2013 年度影响力人物事迹》，高等教育出版社 2014 年版，第 193 页。
② 张卫良、周湘莲：《提高思想政治理论课教学实效性需要美的创造》，《思想理论教育导刊》2013 年第 2 期。
③ 教育部思想政治工作司组编：《加强和改进大学生思想政治教育重要文献选编（1978—2008）》，中国人民大学出版社 2008 年版，第 532 页。

"思想政治理论课教师是高等学校教师队伍的一支重要力量",这说明思想政治理论课教师属于高等学校教师队伍的范畴,是整个高校教师队伍中的一支重要力量,而不是一般的力量。"是党的理论、路线、方针、政策的宣讲者,是大学生健康成长的指导者和引路人。"这是对高校思想政治理论课教师的角色定位,即思想政治理论课教师的角色虽然属于高等学校教师队伍的范畴,但高校思想政治理论课教师不同于一般教师的特殊之处在于:一方面,思想政治理论课教师是党的理论、路线、方针、政策的宣讲者,这意味着思想政治理论课教师所讲解、讲授的内容不是一般的课程内容,而是特殊的内容,即党的理论、路线、方针、政策。另一方面,思想政治理论课教师是大学生健康成长的指导者和引路人,这意味着思想政治理论课教师要指导和引导大学生健康成长。虽然高等学校其他教师也承担着大学生健康成长的指导者和引路人的职责,但相对说来,思想政治理论课教师承担的职责更重,任务更艰巨。思想政治理论课教师这两个方面的角色是合二为一的,即在向大学生宣讲党的理论、路线、方针、政策的过程中,引导大学生健康成长,实现党的理论、路线、方针、政策教育与大学生健康成长的有机结合。具体来说,就是"用中国特色社会主义理论体系武装大学生,用社会主义核心价值体系引领各种社会思潮,把他们培养成德智体美全面发展的社会主义建设者和接班人"。

在更深远的意义上,思想政治理论课教师通过思想政治理论课教学,确保"全面实施科教兴国战略和人才强国战略,确保实现全面建设小康社会、加快推进社会主义现代化的宏伟目标,确保中国特色社会主义事业兴旺发达、后继有人"。就此来说,每一个思想政治理论课教师尽管都是平凡的、普通的,力量是微小的,能力是有限的,但所有思想政治理论课教师,再加上其他社会主义劳动者、社会主义建设者、拥护社会主义的爱国者、拥护祖国统一的爱国者,就会产生建设中国特色社会主义事业的非常强大的力量,因此,每个思想政治理论课教师应当认识到自己所从事的思想政治理论课教学是崇高的、自己作为一名思想政治理论课教师是崇高的,每个思想政治理论课教师都应当感到自己的职业及教学活动是崇高的、高尚的,从而尽心尽力地搞好自己的思想政治理论课教学,为建设中国特色社会主义尽自己的一份力。

从个人生存生活的角度看,思想政治理论课教师和其他各种各样的职业一样,都是一种职业,是个人通过职业活动赖以生存生活的手段,但是,对思想政治理论课教师来说,对自身思想政治理论课教师岗位的认识如果仅仅停留于教师职业的层面,那么,就不能充分地认识到思想政治理论教师的崇高性,只有当每一位教师同党的事业、同大学生的健康成长联系起来时,才会进一步认识到,尽管我们每一位教师都是普通的、平凡的,但却同时是崇高的。这种崇高性体现在:

作为党的理论、路线、方针、政策的宣讲者是崇高的。我们党在领导人民进行中国特色社会主义建设过程中所形成的理论、路线、方针、政策,是中国共产党及广大人民群众实践活动的结晶,是广大人民群众意志、意愿的表达,理论、路线、方针、政策要进一步发挥改造世界、改造中国的作用,一个重要的环节就是理论、路线、方针、政策必须回到群众中去,为广大群众所掌握,并化为群众的具体实践。这当中,思想政治理论课教师就具体承担了使从群众中来的理论、路线、方针、政策再回到群众中的重任,思想政治理论课教师的这一工作具体地表现为对党的理论、路线、方针、政策的宣讲。因此,从这个意义上说,思想政治理论课教师的职业是崇高的。

作为大学生健康成长的指导者和引路人是崇高的。思想政治理论课教师承担着宣讲党的理论、路线、方针、政策的重任。思想政治理论课教师宣讲的对象,主要是大学生,但不限于大学生。由于思想政治理论课教师的宣讲对象主要是大学生,而大学生绝大多数是青年,是国家的希望、民族的未来,因而,大学生的健康成长不仅仅是大学生个人的事情,同时也是国家、民族的事情,因而,毫无疑问,思想政治理论课教师必须引导大学生健康成长。对大学生健康成长的指导和引领,既关乎大学生个人,也关乎我们国家和民族的未来。因而,从这个意义上说,思想政治理论课教师的职业是崇高的。

作为中国特色社会主义事业建设者和接班人的培养者是崇高的。我们培养的大学生能否成为德智体美全面发展的社会主义建设者和接班人,关乎着我们能否全面实施科教兴国战略,关乎着能否全面实施人才强国战略,关乎着能否全面建成小康社会,关乎着中国特色社会主义事业能否兴旺发达、后继有人。因此,这个意义上说,思想政治理论课教师的职业是崇高的。

从小处说,从个人的角度说,思想政治理论课教师作为一个职业是教师个人谋生的手段,是一个个体的职业、岗位,但从大处说,从党、国家、民族的角度说,从大学生的未来发展来说,思想政治理论课教师职业是崇高的、伟大的。因而,思想政治理论课教师必须具有职业的崇高感、责任感、神圣感,从而积极地投入到思想政治理论课教学中去。

对思想政治理论课教师崇高性的认识,我们还可以从中国人民大学一级教授陈先达先生多年的教学体会中加以把握。陈先达在谈到自己从事近 60 年的马克思主义教学时充满自豪地说:"我们从事马克思主义理论研究和教学的人,应该自尊、自信、自强。不要屈服于市场的诱惑和某种错误思潮的压力,更不要害怕某些无知者的狂言,在这个领域中如果能取得某些成就,它的价值决不次于其他领域;作为高校教员,一个优秀的马克思主义理论教员的责任和贡献,决不逊于任何专业学科的教员。我们的教学不限于某一个学科而是全体学生,我们在讲台上宣传什么,可以影响学生的一生。我们承担的是在世界观、人生观和价值观方面为中国特色社会主义建设培养合格人才的重要责任和工作。这个工作不重要吗?请回答我:对培养合格的德才兼备的学生而言,它比哪门课程不更重要?!"①由陈先达先生的这一段话语,我们可以看到,陈先达作为马克思主义理论教员的自尊、自信、自强和自豪,以及作为马克思主义理论教员的崇高感。

(二)思想政治理论课教师的崇高在于其工作是一项极端重要的工作

习近平指出:"经济建设是党的中心工作,意识形态工作是党的一项极端重要的工作。"②"宣传思想工作就是要巩固马克思主义在意识形态领域的指导地位,巩固全党全国人民团结奋斗的共同思想基础。"③高校思想政治理论课教师承担着对学生进行马克思主义理论教育的重任,承担的是一项具体针对大学生进行的宣传思想工作,是意识形态工作,因而是极端重要的工作。

思想政治理论课教师的教学总体上属于宣传思想工作,属于意识形态工作,因而思想政治理论课教学必须坚持党性。"坚持党性,核心就是坚持正确政治方向,站稳政治立场,坚定宣传党的理论和路线方针政策,坚定宣传中央重大政治部署,坚定宣传中央关于形势的重大分析判断,坚决同党中央保持高度一致,坚决维护中央权威。"④

思想政治理论课教学必须坚持人民性。习近平指出:"坚持人民性,就是要把实现好、维护好、发展好最广大人民根本利益作为出发点和落脚点,坚持以民为本、以人为本。要树立以人民为中心的工作导向,把服务群众同教

---

① 陈先达:《论马克思主义理论教员的专业与信仰》,《中国高校社会科学》2013 年第 1 期,第 12—18 页。
② 习近平:《把宣传思想工作做得更好》,《习近平谈治国理政》,外文出版社 2014 年版,第 153 页。
③ 习近平:《把宣传思想工作做得更好》,《习近平谈治国理政》,外文出版社 2014 年版,第 153 页。
④ 习近平:《把宣传思想工作做得更好》,《习近平谈治国理政》,外文出版社 2014 年版,第 154 页。

育群众结合起来,把满足需求同提高素养结合起来,多宣传报道人民群众的伟大奋斗和火热生活,多宣传报道人民群众中涌现出来的先进人物和感人事迹,丰富人民精神世界,增强人民精神力量,满足人民精神需求。"[1]思想政治理论课教学作为一项具体的宣传思想工作,也必须坚持人民性。在思想政治理论课教学中坚持人民性,就是要具体地把实现好、维护好、发展好学生的根本利益作为教学的出发点和落脚点,坚持以学生为本,树立以学生为中心的教学导向,把服务学生同教育学生结合起来,把满足学生需求同提高学生素养结合起来,多发现表扬学生中涌现出来的先进人物和先进事迹,丰富学生的精神世界,增强学生的精神力量,满足学生的需求,促进学生健康全面成长。习近平指出,党性和人民性从来都是一致的、统一的。在思想政治理论课教学中,要坚持党性和人民性的统一。

习近平指出:"坚持团结稳定鼓劲、正面宣传为主,是宣传思想工作必须遵循的重要方针。"[2]思想政治理论课教学也要遵循这一重要方针,在思想政治理论课教学中,必须弘扬主旋律,传播正能量,努力提高教学质量和水平,把握好时、度、效,增强教学的吸引力和感染力,让学生爱听,产生共鸣,充分发挥思想政治理论课教学正面宣传鼓舞学生、激励学生的作用。在关系大是大非和政治原则问题上,必须增强主动性、掌握主动权、打好主动仗,帮助学生划清是非界限、澄清模糊认识。

在全面对外开放的条件下,许多人走出国门,通过中外对比,有些人产生了"中国不如资本主义国家""社会主义在西方国家"等等的偏颇认识。针对人们的这一实际情况,思想政治理论课教学的一项重要任务就是引导学生更加客观地认识当代中国、看待外部世界。思想政治理论课教师承担着重要的职责,必须切实做到守土有责、守土负责、守土尽责。

(三)思想政治理论课教师的崇高在于其要对思想政治理论形成发自内心的信仰

唐代著名文学家韩愈曾经说过:"师者,所以传道、授业、解惑也。"思想政治理论课教师也是这样,"传道、授业、解惑也应该是马克思主义理论教员的使命。要传道,必须信仰坚定,要授业,必须导向正确,要解惑,必须

---

[1] 习近平:《把宣传思想工作做得更好》,《习近平谈治国理政》,外文出版社 2014 年版,第 154 页。
[2] 习近平:《把宣传思想工作做得更好》,《习近平谈治国理政》,外文出版社 2014 年版,第 155 页。

自己清醒。以己之昏昏，想使人之昭昭，根本不可能。"①"对于马克思主义理论教员来说，最惬意的人生是专业、职业、信仰的结合。我们的专业是马克思主义，我们的职业是马克思主义理论教员，我们的信仰是马克思主义。我们应该热爱我们的专业、享受我们的职业。我们应该信我们讲的、我们写的，它应该出自我们的内心，应该是从心底里流淌出来的。相反是最痛苦的人生。台上讲马克思主义，台下埋汰甚至胡批马克思主义。口是心非，永远的'假面人'。"②思想政治理论课教师只有做到对马克思主义的真诚信仰，才能发自内心地进行马克思主义的教学，才能认识到思想政治理论课的崇高，认识到自身的崇高，从而真心实意、充满激情地从事教学。

  为此，思想政治理论课教师必须把系统掌握马克思主义基本理论作为看家本领。习近平指出："党员、干部要坚定马克思主义、共产主义信仰，脚踏实地为实现党在现阶段的基本纲领而不懈努力，扎扎实实做好每一项工作，取得'接力赛'中我们这一棒的优异成绩。领导干部特别是高级领导干部要把系统掌握马克思主义基本理论作为看家本领，老老实实、原原本本学习马克思列宁主义、毛泽东思想特别是邓小平理论、'三个代表'重要思想、科学发展观。党校、干部学院、社会科学院、高校、理论学习中心组等都要把马克思主义作为必修课，成为马克思主义学习、研究、宣传的重要阵地。新干部、年轻干部尤其要抓好理论学习，通过坚持不懈学习，学会运用马克思主义立场、观点、方法观察和解决问题，坚定理想信念。"③这里，习近平的重要论述同样适用于思想政治理论课教师，即：思想政治理论课教师要坚定马克思主义、共产主义信仰，要把系统掌握马克思主义基本理论作为看家本领，老老实实、原原本本学习马克思列宁主义、毛泽东思想特别是邓小平理论、"三个代表"重要思想、科学发展观，要把课堂教学作为马克思主义宣传的重要阵地。思想政治理论课教师只有达到这些要求，才能引导学生信仰马克思主义、共产主义，真正地把马克思主义作为真理让学生去掌握、去信仰。

  在古希腊，有一个专门的行业叫"诵诗人"。作为"诵诗人"，要穿漂亮衣服，尽量打扮得漂亮，时常接触到许多伟大诗人，尤其是荷马。"因为诵诗人要把诗人的意思说出来，让听众了解，要让人家了解，自己就得先了解；

---

① 陈先达：《论马克思主义理论教员的专业与信仰》，《中国高校社会科学》2013 年第 1 期，第 12—18 页。
② 陈先达：《论马克思主义理论教员的专业与信仰》，《中国高校社会科学》2013 年第 1 期，第 12—18 页。
③ 习近平：《把宣传思想工作做得更好》，《习近平谈治国理政》，外文出版社 2014 年版，第 153—154 页。

所以一个人若是不了解诗人的意思，就不能做一个诵诗人。"①诵诗人不仅要"熟读"荷马的词句，还要"彻底了解"荷马的思想。这是古希腊"诵诗人"的基本素质要求。与古希腊的"诵诗人"相似，今天我们国家有一个专门的教师行业——思想政治理论课教师，思想政治理论课教师的职责就是在教学中讲解讲授马克思主义理论，及党的路线、方针、政策和创新理论。因而，作为思想政治理论课教师，一个基本的素质要求就是：不仅要"熟读"马克思主义的词句，还要"彻底了解"马克思主义的思想。这样，思想政治理论课教师才能够向学生透彻地讲解、讲授、说明他们的思想。

思想政治理论课教师的主要任务是进行教学，要认识到自己的第一要务是抓好教学，要把主要精力放在推进教学改革、提高教学质量上。思想政治理论课教师能对马克思主义理论和党的创新理论做到真懂、真信、真教、真爱，就一定能把思想政治理论课教学搞好。为了增强思想政治理论课教学的吸引力、感染力、说服力，教师必须进行教学改革创新。对每次教学都要十分珍惜，把课堂教学像艺术一样对待。广大思想政治理论课教师应当充分地认识到自己的职责和使命，"充分发挥课堂教育教学的主导作用和思想政治理论课的主渠道作用，理直气壮地讲授马克思主义。"②

二、崇高的思想境界

东北师范大学马克思主义学部郭凤志教授深情地说："思想政治理论课教师要教化大学生崇高，自身首先必须师德高尚、教学水平精湛、对学生高度负责；思想政治理论课教师要向学生传播正能量，自身首先必须是正能量的载体和化身。"③郭凤志教授的这一心声指明了思想政治理论课教师必须具有崇高的思想境界。华侨大学马克思主义学院林怀艺教授在谈到其对思想政治理论课教学的体会时说："如果有需要，我将终生担任思想政治理论课教师。我景仰先哲点燃的那盏明灯，它照亮了社会进步和人类解放事业的航程。上课铃一响，一踏上讲台，我就强烈地感受到我是这盏明灯的守护者和添油者，

---

① 伍蠡甫、胡经之主编：《西方文艺理论名著选编》（上卷），北京大学出版社1985年版，第2页。
② 胡锦涛：《切实加强和改进大学生思想政治教育工作》，《十六大以来重要文献选编》（中），中央文献出版社2006年版，第641页。
③ 教育部高校思想政治理论课教学指导委员会、《思想理论教育导刊》编辑部组编：《春风化雨、立德树人——高校思想政治理论课教师2013年度影响力人物事迹》，高等教育出版社2014年版，第48页。

我的内心充满了激情、正义和崇高。"①林怀艺教授的这一心声说明了一个优秀的思想政治理论课教师教学时的内心状态：充满激情、正义和崇高。湖南大学马克思主义学院柳礼泉教授认为，从事教学有三种境界：一是谋生境界，仅把教学当作谋生的手段；二是责任境界，以教学为己任；三是乐业境界，达到爱业与敬业的统一。这第三种境界便是他为自己定下的人生目标。②这第三种境界也就是崇高的境界。三位教授的心声表明：优秀的思想政治理论课教师不仅应当是而且确实是知识渊博、教学水平精湛的人，不仅应当是而且确实是师德高尚、境界崇高的人。

《中共中央宣传部教育部关于进一步加强高等学校思想政治理论课教师队伍建设的意见》规定了思想政治理论课教师的任职条件，包括思想政治理论课教师的一般条件，思想政治理论课教师的教学能力条件，思想政治理论课教师的科研能力条件。

思想政治理论课教师的一般条件。《中共中央宣传部教育部关于进一步加强高等学校思想政治理论课教师队伍建设的意见》指出："实行教师任职资格准入制度。思想政治理论课教师必须坚持正确的政治方向，热爱马克思主义理论教育事业，具有良好的思想品德，有扎实的马克思主义理论基础和相应的教学水平、科研能力。新任教师原则上应是中国共产党党员，具备相关专业硕士以上学位，工作期间应兼职从事班主任或辅导员工作。在事关政治原则、政治立场和政治方向问题上不能与党中央保持一致的，不得从事思想政治理论课教学。"③这个规定从以下几个方面对思想政治理论课教师提出了要求：在思想政治品德方面，必须坚持正确的政治方向，热爱马克思主义理论教育事业，具有良好的思想品德。在学术与教学方面，必须具有扎实的马克思主义理论基础和相应的教学水平、科研能力。政治面貌方面，新任教师原则应是中国共产党党员。在专业学历方面，具备相关专业硕士以上学位。在工作要求方面，工作期间应兼职从事班主任或辅导员工作。在禁止性方面，在事关政治原则、政治立场和政治方向问题上不能与党中央保持一致的，不得从事思想政治理论课教学。

思想政治理论课教师的教学能力条件。《中共中央宣传部教育部关于进一

---

① 教育部高校思想政治理论课教学指导委员会、《思想理论教育导刊》编辑部组编：《春风化雨、立德树人——高校思想政治理论课教师 2013 年度影响力人物事迹》，高等教育出版社 2014 年版，第 129 页。
② 教育部高校思想政治理论课教学指导委员会、《思想理论教育导刊》编辑部组编：《春风化雨、立德树人——高校思想政治理论课教师 2013 年度影响力人物事迹》，高等教育出版社 2014 年版，第 131 页。
③ 教育部思想政治工作司编：《加强和改进大学生思想政治教育重要文献选编（1978—2008）》，中国人民大学出版社 2008 年版，第 533 页。

步加强高等学校思想政治理论课教师队伍建设的意见》指出："切实提高教学水平。思想政治理论课教师要以教材为教学基本遵循，在教材体系向教学体系转化上下功夫，真正做到融会贯通、熟练驾驭、精辟讲解。要紧密联系改革开放和社会主义现代化建设的伟大实践，了解和掌握大学生思想政治状况，探索符合教育教学规律和大学生特点的教学方法，提倡启发式、参与式、互动式、案例式、研究式教学。多用喜闻乐见的语言、生动鲜活的事例、新颖活泼的形式，活跃课堂气氛、启发学生思考，把科学理论讲清楚、说明白。定期评选思想政治理论课'精品一课'和'精品课程'，定期组织教学观摩活动，推广先进教学方法，促进优质教学资源建设和共享。重视发挥多媒体和网络等信息技术的重要作用，倡导在教学中使用新技术手段，逐步实现教学手段现代化，开发网络教育资源，形成网上网下互动、校内校外资源共享。积极探索科学的考试考核方法，重点考查学生的思想政治素质和品德素质。"[1]这些规定从教学内容、教学对象、教学方法、教学规律、教学语言、教学效果、教学资源等方面对思想政治理论课教师提出了具体明确的要求。在教学中应当遵循教材而不能脱离教材，进行教材体系向教学体系的转化而不能照本宣科，深入了解学生的状况而不能一知半解，应了解中国的实际而不能若明若暗，教学方法应多样化而不能单一化，教学语言应当生动活泼、富有趣味而不能枯燥乏味，教学效果良好而不能效果较差。

　　思想政治理论课教师的科研能力条件。《中共中央宣传部教育部关于进一步加强高等学校思想政治理论课教师队伍建设的意见》指出："加强科研能力的培养。将思想政治理论课的课程建设、教材建设、教学方法改革、教师队伍建设、学科建设以及教学中重要理论和实际问题的研究等作为重要选题，列入国家教育科学研究和人文社会科学研究规划中，项目单列，单独评审，单独检查，推出一批高水平的思想政治理论教育教学研究成果。各地各高等学校要设立专门项目，开展科学研究，不断提高思想政治理论课教师的科研能力。"[2]这是对教师教育教学研究能力提出的要求。研究的范围包括课程建设的研究、教材建设的研究、教学方法改革的研究、教师队伍建设的研究、学科建设的研究、教学中重要理论问题的研究及教学中实际问题的研究等。

　　我们认为，一个合格的思想政治理论课教师除了具备前述条件外，从思

---

[1] 教育部思想政治工作司组编：《加强和改进大学生思想政治教育重要文献选编（1978—2008）》，中国人民大学出版社 2008 年版，第 534 页。
[2] 教育部思想政治工作司组编：《加强和改进大学生思想政治教育重要文献选编（1978—2008）》，中国人民大学出版社 2008 年版，第 535 页。

想观念方面说，还应当具有崇高的思想境界。思想政治理论课教师地位特殊，职责重要，是崇高的职业，一个合格的教师必须具有崇高的思想境界。

（一）思想政治理论课教师具有崇高的思想境界是呈现崇高教学内容的需要

诗人光未然（本名张光年）在谈到诗的创作时指出："壮美的时代需要壮美的情操。诗人的感情要宏大，声音要响亮，要压倒一切。"[1]光未然所说的"壮美的情操"就是人所应有的崇高的思想境界。有壮美的情操，有崇高的思想境界，才能创作出具有壮美情操和崇高思想境界的作品。光未然生活于伟大的壮美的抗日战争时代，在这个壮美的时代，光未然以其壮美的情操，创作出了具有壮美、崇高风格的作品《黄河大合唱》，《黄河大合唱》经由作曲家冼星海谱曲，很快成为风靡全国、激励人们奋勇抗战的歌曲。我们来看光未然《黄河大合唱》中《黄河颂》的内容吧：

> 啊，朋友！
> 黄河以它英雄的气魄，
> 出现在亚洲的原野；
> 它表现出我们民族的精神：
> 伟大而又坚强！
> 这里，
> 我们向着黄河，
> 唱出我们的赞歌.
> （歌词）
> 我站在高山之巅，
> 望黄河滚滚，
> 奔向东南。
> 惊涛澎湃，
> 掀起万丈狂澜；
> 浊流宛转，
> 结成九曲连环；

---

[1] 张光年：《诗的美学尺度》，《张光年文论选》，人民文学出版社 2009 年版，第 59 页。

从昆仑山下
　　　奔向黄海之边；
　　　把中原大地
　　　劈成南北两面。
　　　啊！黄河！
　　　你是中华民族的摇篮！
　　　五千年的古国文化，
　　　从你这儿发源；
　　　多少英雄的故事，
　　　在你的身边扮演！
　　　啊！黄河！
　　　你伟大坚强，
　　　像一个巨人
　　　出现在亚洲平原之上，
　　　用你那英雄的体魄，
　　　筑成我们民族的屏障。
　　　啊！黄河！
　　　你一泻万丈，
　　　浩浩荡荡，
　　　向南北两岸
　　　伸出千万条铁的臂膀。
　　　我们民族的伟大精神，
　　　将要在你的哺育下
　　　发扬滋长！
　　　我们祖国的英雄儿女，
　　　将要学习你的榜样，
　　　像你一样的伟大坚强！
　　　像你一样的伟大坚强！

　　光未然关于"壮美的时代需要壮美的情操"的论述对思想政治理论课教师具有重要的启示意义，我们正处在建设中国特色社会主义、努力实现中华民族伟大复兴的壮美时代，在这样一个壮美的时代，思想政治理论课教师要像诗人一样有壮丽的情操、崇高的思想境界，通过自己的教学，创作出鼓舞学生、激励学生、提升学生思想境界的教学内容。

"崇高的对立物不是优美，而是卑琐、卑鄙。那些庸俗、低级、下流，那些否定革命理想、嘲弄革命正气的东西，才是崇高的对立物。"①是高尚、崇高，还是卑鄙、庸俗、下流，是摆在每个思想政治理论课教师面前的选择。思想政治理论课教学目标的崇高性、教学内容的崇高性、教师职业的崇高性要求教师选择高尚、崇高。古希腊美学家朗基努斯认为，"崇高是高尚心灵的回声"。所以，一个简单的想法会因为其中所表达的伟大思想而激发读者的欣赏。"真正雄辩的人一定是有着高尚的胸襟和思想。那些终其一生都只有薄弱、狭隘、奴性想法和目的的人绝对不会说出令人称道、永垂不朽的非凡言词。没错，只有思想深邃者才能说出高尚的言词，庄严的表达自然来自思想境界最崇高的人。"②文学翻译家和文艺评论家傅雷指出："生活中崇高的事物，一旦出自庸人之口，也可变得伧俗不堪的。"③朗基努斯、傅雷的论述告诉我们，在思想政治理论课教学中，教师应当具有高尚的心灵、崇高的思想境界，这样，社会生活中的崇高、思想政治理论课中的崇高才能通过教师的讲解讲述呈现出来，才可以避免因教师的庸俗化而变得"伧俗不堪"。

邓小平在谈到文艺与人民的关系时指出："我们的文艺属于人民。我们的人民勤劳勇敢，坚韧不拔，有智慧，有理想，热爱祖国，热爱社会主义，顾大局，守纪律。几千年，特别是五四运动以后的半个多世纪以来，他们满怀信心，艰苦奋斗，排除一切阻力，一次又一次地写下了我国历史上光辉灿烂的篇章。任何强大的敌人都没有把他们压倒。任何严重的困难都没有把他们挡住。文艺创作必须充分表现我们人民的优秀品质，赞美人民在革命和建设中、在同各种敌人和各种困难斗争中所取得的伟大胜利。"④邓小平在此向我们指出：我们的人民是崇高的，文艺应当再现和表现人民的崇高。邓小平又指出："我们的文艺，应当在描写和培养社会主义新人方面付出更大的努力，取得更丰硕的成果。要塑造四个现代化建设的创业者，表现他们那种有革命理想和科学态度、有高尚情操和创造能力、有宽阔眼界和求实精神的崭新面貌。要通过这些新人的形象，来激发广大群众的社会主义积极性，推动他们

---

① 郑伯农：《一个需要重新审视的理论问题——也谈文化艺术中的"崇高"》，北京走进崇高研究院编：《纵论走进崇高——首次崇高理论研讨会文集》，人民出版社2011年版，第195页。
② [古希腊]朗基努斯著，马文婷译：《论崇高》，《美学三论》，光明日报出版社2009年版，第16页。
③ 傅敏编：《傅雷书信选》，生活·读书·新知三联书店2010年版，第86页。
④ 邓小平：《在中国文学艺术工作者第四次代表大会上的祝词》，《邓小平文选》第2卷，人民出版社1994年版，第209页。

从事四个现代化建设的历史性创造活动。"①邓小平在此向我们指出，文艺应当为推动社会主义建设发挥积极性作用，这种积极性作用是通过激发广大群众的社会主义积极性来实现的。因此，对文学艺术家来说，"为创造具有崇高内容的文艺作品，一、作家首先要有崇高的灵魂。他可以写美，也可以写丑；可以歌颂新生事物，也可以鞭挞腐朽事物，批评落后保守；可以写社会生活中的光明面，也可以写社会生活中的阴暗面。无论写什么，都要用先进的思想去照亮客观现实，在艺术形象上灌注进崇高的审美理想。二、作家应当努力发现和表现社会生活中美好、崇高的东西。虽然文艺的题材是无比广阔的，但社会主义新人形象应当在我们的文艺中占突出的位置。"②当思想政治理论课教师把教学上升为教学艺术时，思想政治理论课教学就是一种艺术活动，思想政治理论课教师也就是艺术家。因而，思想政治理论课教师也同其他艺术家一样，要有高尚的灵魂，在教学中努力发现和表现社会中美好的、崇高的东西。这就要求思想政治理论课教师自身思想境界的崇高，教师自己面对崇高的事物，要有崇高感，并且要在思想政治理论课教学中把社会生活中崇高的事物呈现给学生，以社会生活中的崇高、思想政治理论课中教学内容的崇高打动学生的心灵，从而，也使学生因受崇高事物、崇高理想、崇高思想的感染而崇高起来。所以，教师必须是一个具有崇高感的人，是一个具有崇高思想境界的人，在教学中要以崇高感表达和呈现崇高的理想、思想、人物、事物，以自身的崇高感、社会事物的崇高感培养和陶冶学生的崇高。在思想政治理论课教学中，对那些崇高的教学内容，教师如果毫无生气地教学，就会使学生认识不到、体会不到崇高，学生从教师那里也体会不到崇高感。要使学生感受到自然的崇高、社会生活中的崇高、马克思主义的崇高、共产主义理想的崇高，教师自身必须有崇高感，并有把这种崇高呈现、再现出来的能力、技巧和热情。

中国近现代史上有许多仁人志士为国牺牲的事例，他们是崇高的化身，是崇高的典型。在教学中，讲述他们的英勇事迹，可以给学生以强烈的震撼和崇高感。在马克思主义原理课教学中，讲述马克思和恩格斯为了人类的美好生活而献身于科学和工人运动事业，可以给学生以强烈的震撼和崇高感。在毛泽东思想和中国特色社会主义理论体系概论课教学中，讲述毛泽东等老

---

① 邓小平：《在中国文学艺术工作者第四次代表大会上的祝词》，《邓小平文选》第 2 卷，人民出版社 1994 年版，第 209—210 页。
② 郑伯农：《一个需要重新审视的理论问题——也谈文化艺术中的"崇高"》，北京走进崇高研究院编：《纵论走进崇高——首次崇高理论研讨会文集》，人民出版社 2011 年版，第 194 页。

一辈革命家的生平及业绩,可以给学生以震撼和崇高感。在思想道德修养与法律基础课教学中,引导、帮助学生认识自己肩负的建设中国特色社会主义、实现中华民族伟大复兴的历史使命,可以帮助学生在内心树立起一种责任感、使命感及崇高感。进行这些内容的教学都需要教师有崇高的思想境界。

当教师讲述这些内容的时候,教师自己要充满激情和感情,在对故事的讲述中,一方面要以故事本身、英雄本身打动学生的心灵,另一方面,教师又要以自己的激情和感情感染学生,即教师还要以充满激情和感情的讲述,让学生明白某种道理。这就是所谓以理服人,以情感人,以美动人。让真理的力量、逻辑的力量、情感的力量综合地发挥作用。就教学内容来说,马克思主义是崇高的,即教学内容的主题是崇高的,这为思想政治理论课教学中培养学生的崇高感奠定了主题基础。马克思主义本身是崇高的东西,思想政治理论课中的许多内容也都是崇高的。通过各种教学手段与方式的运用,应达到如下效果:一是让学生感觉到思想政治理论课的崇高。二是在让学生感觉到思想政治理论课崇高的同时,内心受到思想政治理论崇高的感染,从而,自己内心也崇高起来。三是学生既感觉到了思想政治理论的崇高,同时自己也因而崇高起来,这样,在无形中学生就既掌握了思想政治理论,又提升了自己的思想境界。四是这样一种教育,既是一种理论的教育、理性的教育,同时又是一种感性的教育,审美的教育,是理性教育与感性教育、理论教育与审美教育的统一,既是以理服人,又是以情感人,是以理感人与以情感人的统一。五是就学生内心的完善来说,学生在理智上得以完善,在情感上得以丰富。学生就可以做一个既很有理智又富有情感的人。六是在这种情形下,真正做到了"真理占有我,而不是我占有真理"。

(二)思想政治理论课教师具有崇高的思想境界是应对"躲避崇高"、亵渎崇高、调侃崇高的需要

我们关注崇高,研究崇高,研究思想政治理论课教学的崇高,一个不能回避的现实是:现实社会生活中存在着一种所谓"躲避崇高"的思潮,"躲避崇高"的思潮"始于对王朔小说个案的讨论,但却以思潮形态流布深远。应该承认有些对王朔创作的描述和判断,是客观而准确的,确有一定的合理性,但令人不解的是,明明是反思王朔作品不足的提法,却又在流传中转换为不无暧昧地对王朔作品某种情绪和倾向的激赏和推广。如果说,王朔的'躲避崇高'在嘲讽和调侃的层面有一定意义的话,那么这种意义也多局限于消极

层面。现在看来，躲避崇高这一思潮并未给中国文学带来多少积极意义，相反，却留下了相当多的消极影响，应该好好予以反思。"（李国平）[①]其实，"躲避崇高"思潮的影响并不限于文学创作与批评领域，可以说在社会生活的其他领域也有一定的影响。因而，在思想政治理论课教学中，有必要对所谓"躲避崇高"的思潮做出相应的回应。

必须指出的是，与现实社会生活中存在着所谓"躲避崇高"的现象相比，更有甚者，有的人还亵渎崇高，并不以为耻，反以为荣。这种情形，国外有，国内也有。

卓娅是中国人民最熟悉的苏联英雄人物之一。这位年仅18岁的女共青团员前往彼得利谢沃村执行任务，烧毁了德军的马厩，被捕后经历了多次严刑拷打也没有出卖组织，最后被处死。几十年来，这位宁死不屈的少女都是勇气与爱国精神的象征。20世纪90年代初期，卓娅的事迹突然受到了质疑，连人格也受到了攻击。一些作者"考证"说，卓娅患有精神分裂症，自作主张到并没有驻扎德军的彼得利谢沃村烧毁民房。另有版本说，英雄事迹应该属于失踪女游击队员莉莉亚·阿佐琳娜。质疑文章虽然似乎写得有鼻子有眼，但立即遭到严正驳斥。如今，卓娅的雕像仍然屹立在街头和校园，其位于新圣女公墓的墓碑前也总有人献花。[②]

在我们国内，有人散布说烈士刘胡兰不是为国民党反动派所杀害，而是死于乡亲们的铡刀之下。有人散布说狼牙山五壮士那个班，不只五个人，还有一人某某向敌人投降了，给这个英雄群体加进一个叛徒。又有人散布说董存瑞炸碉堡，并无"实证"，而是"分析"出来的。[③]面对社会生活中"躲避崇高"、亵渎崇高的现象，思想政治理论课教师不能无动于衷，而应当坚守意识形态主阵地，走近崇高、走进崇高、捍卫崇高，对于各种无耻谰言，应当有理有据地加以驳斥。比如，对于董存瑞牺牲的事实，老一辈无产阶级革命家程子华在其回忆录中有详细的记载："隆化守敌是四师十团一个营和保安队一部共一千多人。这时，东总发给了我们炮和炸药，前指就命令十一纵再次攻打隆化。隆化战斗是十一纵司令员贺晋年同志指挥的。战斗开始后，我炮兵摧毁了敌军在苔山、龙头制高点的工事，消灭了部分敌军，攻占了制高点。

[①] 张江、高建平、李国平、王杰、王家新：《文学呼唤崇高》，《人民日报》，2014年8月29日，第24版。
[②] 曲颂、邢雪、万宇、王骁波：《尊重英雄，方能传承历史》，《人民日报》，2015年10月9日，第22版。
[③] 魏艾民：《守卫英雄》，北京走进崇高研究院编：《中外崇高论》，人民出版社2010年版，第178—179页。

但是，制高点下是陡坡，陡坡下有敌军据点用火力封锁，我军下不去。敌据点周围是群山，这些山地的西面和南面也都是陡坡，不能攀登。据点东面隔一条小河是隆化县城，我军只有攻占了东面的县城，才能爬上山去消灭敌人。当时我军已攻占了县城的大部，可是仍有一部分敌军坚守城内的隆化中学，且在这学校的周围挖了外壕，学校的四个墙角和校门两侧都修筑有碉堡，其中有一个在东北角的碉堡是像一座桥似的横跨在壕沟上的，不炸掉这个碉堡，我军就攻不进去。这碉堡有一人多高，有敌军交叉火力封锁，我军爆破手两次上去，都因被交叉火力打死或打伤而没有炸成。可是不炸掉这个碉堡，我军发起冲锋时就会遭受很大伤亡。这时班长董存瑞同志亲自挟着炸药包，飞身接近碉堡，但带着支撑炸药包架的战士被敌打伤没有跟上，董存瑞同志发现没有安放炸药包的位置，他毅然用一手托起炸药包顶在敌碉堡的底部，一手拉引爆线，敌碉堡被炸掉了，但董存瑞同志却为隆化战斗的胜利献出了宝贵的生命。"①董存瑞同志就这样为了解放隆化战斗的胜利，为了避免冲锋时战友们的牺牲，而勇敢地牺牲了自己。雷锋在其日记中记述了董存瑞的亲密战友郅顺义向其讲述的董存瑞牺牲的细节。②这是任何无耻谰言抹杀不了的事实。

习近平指出："改革开放以来，我国文艺创作迎来了新的春天，产生了大量脍炙人口的优秀作品。同时，也不可否认，在文艺创作方面，也存在着有数量缺质量、有'高原'缺'高峰'的现象，存在着抄袭模仿、千篇一律的问题，存在着机械化生产、快餐式消费的问题。在有些作品中，有的调侃崇高、扭曲经典、颠覆历史，丑化人民群众和英雄人物；有的是非不分、善恶不辨、以丑为美，过度渲染社会阴暗面；有的搜奇猎艳、一味媚俗、低级趣味，把作品当作追逐利益的'摇钱树'，当作感官刺激的'摇头丸'；有的胡编乱写、粗制滥造、牵强附会，制造了一些文化'垃圾'；有的追求奢华、过度包装、炫富摆阔，形式大于内容；还有的热衷于所谓'为艺术而艺术'，只写一己悲欢、杯水风波，脱离大众、脱离现实。"③习近平所指出的文艺创作中存在的问题，特别是"调侃崇高"的问题应当引起思想政治理论课教师的高度注意，在思想政治理论课的讲台上，思想政治理论课教师绝不能调侃崇高、扭曲经典、颠覆历史，不能丑化人民群众和英雄人物，不能是非不分、

---

① 程子华：《程子华回忆录》，中央文献出版社 2005 年版，第 222—223 页。
② 《雷锋全集》，华文出版社 2012 年版，第 34—35 页。
③ 习近平：《在文艺工作座谈会上的讲话》（2014 年 10 月 15 日），《人民日报》，2015 年 10 月 15 日。

善恶不辨、以丑为美,不能渲染社会阴暗面,不能搜奇猎艳、媚俗、低级趣味,而是要利用思想政治理论课的讲台对上述现象进行批驳、抵制,理直气壮、光明正大地维护崇高、宣传崇高、弘扬崇高,积极传播崇高的正能量。

(三)思想政治理论课教师具有崇高的思想境界是应对西方反华攻势的需要

在建设和发展中国特色社会主义事业的过程中,我们必须清醒地认识到西方反华势力对中国的围攻。

李肇星在美国工作期间,曾受邀参加时任美国总统克林顿主持的一次座谈会,克林顿毫不掩饰地说:"苏联已经垮台,我要告诉大家的是:我们美国不是用导弹、原子弹、核武器摧垮世界上第一个社会主义帝国苏联的,我们靠的是意识形态、价值观、文学艺术,这些使世界上第一个、也是最大的社会主义帝国自行解体。今后,美国还会继续用这样的方式推进自己全球的战略目标。"[①]

美国中央情报局为了摧垮中国,针对中国人民尤其是青少年制定了十条对策,被称为"十条诫令",内容如下:

> 1. 尽量用物质来引诱和败坏他们的青年,鼓励他们蔑视、鄙视、进一步公开反对他们原来怕受的思想教育,特别是共产主义教条。替他们制造对色情奔放的兴趣和机会,进而鼓励他们进行性的滥交。让他们不以肤浅、虚荣为羞耻。一定要毁掉他们强调过的刻苦耐劳精神。
>
> 2. 一定要尽一切可能,做好传播工作,包括电影、书籍、电视、无线电波……和新式的宗教传布。只要他们向往我们的衣、食、住、行、娱乐和教育的方式,就是成功的一半。
>
> 3. 一定要把他们青年的注意力,从以政府为中心的传统引开来。让他们的头脑集中于:体育表演、色情书籍、享乐、游戏、犯罪性的电影,以及宗教迷信。
>
> 4. 时常制造一些无风三尺浪的无事之事,让他们的人民公开讨论。这样就在他们的潜意识中种下了分裂的种子。特别要在他们的少数民族里找好机会,分裂他们的地区,分裂他们的民族,分裂他们的感情,在

---

① 李肇星:《思想要健康 精神需高尚》,北京走进崇高研究院编:《纵论走进崇高——首次崇高理论研讨会文集》,人民出版社 2011 年版,第 16 页。

他们之间制造新仇旧恨，这是完全不能忽视的策略。

5. 要不断制造"新闻"，丑化他们的领导。我们的记者应该找机会采访他们，然后组织他们自己的言辞来攻击他们自己。

6. 在任何情况下都要宣扬"民主"。一有机会，不管是大型小型，有形无形，都要抓紧发动"民主运动"。无论在什么场合，什么情况下，我们都要不断对他们（政府）要求民主和人权。只要我们每一个人都不断地说同样的话，他们的人民就一定会相信我们说的是真理。我们抓住一个人是一个人，我们占住一个地盘是一个地盘，一定要不择手段。

7. 要尽量鼓励他们（政府）花费，鼓励他们向我们借贷。这样我们就有十足的把握来摧毁他们的信用，使他们的货币贬值，通货膨胀。只要他们对物价失去了控制，他们在人民心目中就会完全垮台。

8. 要以我们的经济和技术优势，有形无形地打击他们的工业。只要他们的工业在不知不觉中瘫痪下去，我们就可以鼓励社会动乱。不过我们必须表面上非常慈爱地去帮助和援助他们，这样他们（政府）就显得疲软。一个疲软的政府，就会带来更大的动乱。

9. 要利用所有的资源，甚至举手投足，一言一笑，都足以破坏他们的传统价值。我们要利用一切来毁灭他们的道德人心。摧毁他们的自尊自信的钥匙：就是尽量打击他们刻苦耐劳的精神。

10. 暗地运送各种武器，装备他们的一切敌人，以及可能成为他们敌人的人们。[1]

由上可以看出美国等西方国家的反华意图和反华策略。思想政治理论课教师在教学中必须从国家、民族大义出发，从维护国家利益、民族利益出发，从培养青少年成为德智体美全面发展的社会主义建设者和接班人的高度出发，以崇高的思想境界，搞好思想政治理论课教学，在自己的职责范围内有效应对西方反华势力对中国的图谋。邓小平在谈到教育问题时曾指出：教师"要敢于教，还要善于教"，"只有老师教得好，学生才能学得好。当然教与学有相互作用。现在学生中出现的某些问题，有多种原因，有社会原因、家庭原因，其中也与老师善于不善于教学生、带学生有关。要提高教师的水平，

---

[1] 转引自北京走进崇高研究院编：《纵论走进崇高——首次崇高理论研讨会文集》，人民出版社 2011 年版，第 12—13 页。

包括政治思想水平、业务工作能力以及改进作风等。"①联系美国中央情报局出台的"十条诫令",结合邓小平关于教师的论述,思想政治理论课教师应当自觉地认识到教师职业的崇高性,增强从事职业活动的崇高感,提高自己的思想境界,要清醒地认识到:思想政治理论课教师是马克思主义理论和党的路线、方针、政策的宣讲者,是社会主义意识形态的传播者,思想政治理论课教师所从事的教育教学活动不是一般的教育教学活动,而是思想政治教育活动,对于确保学生把坚定正确的政治方向放在第一位具有非常重要的意义,思想政治理论课教师的工作重大而光荣。所以,思想政治理论课教师应当以高度的崇高感、崇高的思想境界从事思想政治理论课教育教学工作。

(四)思想政治理论课教师具有崇高的思想境界是养浩然之气的结果

思想政治理论课教师崇高的思想境界除了包括思想政治理论课教师职业的崇高感之外,还应当有对马克思主义的崇高感,即对马克思主义崇高的切身感受;有对中国化马克思主义的崇高感,即对中国化马克思主义崇高的切身感受;对共产主义理想信念的崇高感,即对社会主义理想信念崇高的切身感受;对中国近现代史的崇高感,即对中国近现代历史崇高的切身感受;对中国精神的崇高感,即对以爱国主义为核心的民族精神和以改革创新为核心的时代精神崇高的切身感受;对社会主义社会的崇高感,即对社会主义社会崇高的切身感受;对中国共产党及广大人民群众的崇高感,即对中国共产党和广大人民群众崇高的切身感受,等等。思想政治理论课教师具有了崇高的思想境界,具有了以上几个方面的崇高感,就可以在教学中以自己的崇高感强烈地感染学生,培养学生的崇高,在教学时就会充满激情,满腔热情地从事思想政治理论课教学。

中国古代思想家孟子开养气理论之先河,之后,许多思想家、文学家、艺术家都发展了孟子的养气之说,孟子所说的养浩然之气,主要的目的是培育崇高人格,而后来的思想家、文学家、艺术家也谈浩然之气,主要说的是除了养浩然之气外,如何把这种浩然之气体现到文学艺术作品中去。我们阅读那些伟大人物的作品,常常感觉有一种浩然之气贯穿其中。我们在无形中就受到一种浩然之气的熏陶。这些伟大人物的作品之所以会给我们这样的感

---

① 邓小平:《关于科学和教育工作的几点意见》,《邓小平文选》第 2 卷,人民出版社 1994 年版,第 55 页。

受，就是由于这些伟大人物特别注意养浩然之气并且把这种浩然之气体现到其作品中。中国共产党继承了中华民族注重养浩然之气的优良传统，给以马克思主义的改造，将养浩然之气的理论发扬光大，使之成为加强党的思想建设和党员个人修养的理论。我们中华民族特别注意浩然之气的养成，共产党人继承和发扬中华民族的优良传统，特别注意养浩然之气，特别注意讲正气。思想政治理论课教学就是思想政治理论课教师的作品，思想政治理论课教师要像古人所说的那样，善养浩然之气，要像江泽民同志强调的那样，要讲正气，把浩然之气、正气灌注到教学中，并让学生感受到这种浩然之气、正气，也就是崇高之气。对于思想政治理论课教师来说，在教学过程前，在教学过程中，就要注意这种浩然之气、正气的养育和培育。思想政治理论课教师崇高的思想境界是教师养浩然之气、讲正气的结果。

三、崇高的教学风格

思想政治理论课教师认识到自己所从事职业的崇高，并产生发自内心的崇高感，在思想政治理论课教学中，应当有意识地把思想政治理论课教学中的崇高内容以崇高的风格呈现出来，从而感染学生，培养学生的崇高感。

（一）领会朗基努斯对崇高风格的论述

朗基努斯的《论崇高》一书最早地系统论述了"崇高"这一概念，该书的重点集中于修辞学上的崇高，即文章和演说风格的崇高。

朗基努斯认为崇高的风格具有五个源泉："首先，同时也是最重要的源泉就是能够形成伟大概念的能力……其次是要具备慷慨激昂的感情。这两点基本上是天赋的，而其余三点则是技巧的产物。第三种是修辞，又分为两类，包括思想的修辞和言语的修辞；第四是高尚措辞的使用，具体来说有词语的选择意象的使用和风格的精巧，最后一个来源包括我前面提到的所有四点，是尊严和高雅产生的总体效果。"①朗基努斯还指出："崇高风格的另一个源泉就是我们准确无误地找到最适当的本质成分，把它们连接起来成为一个有机的整体。有的作者是以题材的选择而吸引读者，有的则是通过题材的组织

---

① [古希腊]朗基努斯著，马文婷译：《论崇高》《美学三论》，光明日报出版社 2009 年版，第 14 页。

效果来征服读者。"①我们要充分地表达和再现崇高,应当借助于必要的修辞手段,如"铺张"修辞手段。"铺张"是这样一种修辞手段:"每一段的主题或论点都有许多波澜起伏,以及新的开始。崇高的词句一个个滚滚而来,气势随之不断增加。"铺张效果可以通过以下方法达到:"或是将老生常谈的东西重新加以修辞,或是故意夸大要论述的事实或论点,或是铺陈事实,或是激发感情。"②通过铺张的修辞手段,可以达到增强崇高的效果。恰当地运用设问可以增强崇高的风格。朗基努斯在论述狄摩西尼的演讲时指出:"当感情的流露不是讲话者刻意为之,而是出于情景的感召,这样的感情就会显得更加有效。这种自己提问、自己回答的方式给人以感情爆发的印象。"③

呈现崇高的风格可以因人而异。"狄摩西尼的特点是粗犷的崇高,而西塞罗则展示了充沛的感情。鉴于狄摩西尼的力量、速度和强度,他就好比雷电,或是闪电,在一瞬间全部燃尽。但西塞罗则宛如蔓延的大火,滚滚而来,吞噬了一切;他体内有着稳定持久的火焰,只要他愿意,可以随时释放出来,而这火焰又不断从各处接受养料。"④要达到崇高的境界,一个有效的办法是向古人学习,向那些具有崇高风格的古人学习。"模仿和效法过去伟大的历史学家和诗人。""通过模仿,从而在别人的作品中找到灵感。"⑤从而达到崇高、雄浑的境界。

运用意象有助于达到崇高。朗基努斯指出:"说服的庄严、雄浑的力量在某种程度上源于意象。因为有些人说,意象就是精神画面的表现。通常'意象'是指一种精神概念,来源各异,体现于语言表达之中。但现在'意象'却有了这样的概念:即在感情的作用下,你仿佛亲眼看到了所描述的事物,同时也将它呈现于你的听众眼前。由此你应该可以看出,尽管都是力求激发情感,意象对于演讲者和诗人来说却有不同的意义:诗歌中,意象旨在撩拨感情;而演讲中的意象则是要使描述更加生动。"⑥根据朗基努斯在这里的阐述,我们可以知道,意象就是诗人、演讲者在进行创作时头脑中栩栩如生的形象,这个形象开始存在于诗人、演讲者的头脑中,尔后,展现于诗人的诗歌中,展现于演讲者的演讲中。意象可以给受众以深刻的形象感,并深深地打动人的心灵,这样,就可以增强崇高的表达效果。意象的作用在于:"意象

---

① [古希腊]朗基努斯著,马文婷译:《论崇高》,《美学三论》,光明日报出版社2009年版,第21页。
② [古希腊]朗基努斯著,马文婷译:《论崇高》,《美学三论》,光明日报出版社2009年版,第24页。
③ [古希腊]朗基努斯著,马文婷译:《论崇高》,《美学三论》,光明日报出版社2009年版,第38页。
④ [古希腊]朗基努斯著,马文婷译:《论崇高》,《美学三论》,光明日报出版社2009年版,第26页。
⑤ [古希腊]朗基努斯著,马文婷译:《论崇高》,《美学三论》,光明日报出版社2009年版,第27页。
⑥ [古希腊]朗基努斯著,马文婷译:《论崇高》,《美学三论》,光明日报出版社2009年版,第30页。

能为演讲者注入激情和能量,尤其是将其与论证相结合时,不但能说服听众,还能支配他们。"①

(二)体会毛泽东语言的崇高风格

"壮美的诗篇需要壮美的语言"。②在思想政治理论课教学中,要表达出崇高感并为学生所感受,深厚的情感和浑厚的语言文字是必不可少的。思想政治理论课教师有必要领会毛泽东语言的崇高风格。学者梁衡通过对毛泽东文章的研究,认为毛泽东文章具有以下几个特点:第一个特点是磅礴凌厉的气势;第二个特点是知识渊博,用典丰富;第三个特点是充满辛辣的讽刺和轻松的幽默;第四个特点是通俗与典雅的完满结合。③这几点从某些方面揭示了毛泽东文章及其语言的特点,但我们说,毛泽东文章及其语言总体上说具有崇高的风格,崇高的风格除了体现在有磅礴凌厉的气势之外,还体现在他观察和处理问题的深刻智慧,他对中华民族和中国人民的深厚感情,他对民族敌人与阶级敌人的无比痛恨,他将革命进行到底的英勇气概,他对前途美好的无限信心,他对国家富强、人民幸福的执着追求。因为毛泽东具有这样的胸襟、气度、情操、追求,所以化为语言文字才具有了崇高的风格。思想政治理论课教师要使教学具有崇高的风格,首先思想境界上要高远。

毛泽东在《星星之火,可以燎原》中预见中国革命高潮即将到来时有下述一段文字:

> 它是站在海岸遥望海中已经看得见桅杆尖头了的一只航船,它是立于高山之巅远看东方已见光芒四射喷薄欲出的一轮朝日,它是躁动于母腹中的快要成熟了的一个婴儿。④

这段文字以三个形象的比喻,以排比的修辞手法,预告了中国革命处于低潮时革命高潮的即将到来,给人以信心,给人以希望,给人以豪迈。

毛泽东在《中国革命和中国共产党》一文中论述中国的幅员辽阔、物产丰富时有这样一段文字:

---

① [古希腊]朗基努斯著,马文婷译:《论崇高》,《美学三论》,光明日报出版社 2009 年版,第 33 页。
② 张光年:《诗的美学尺度》,《张光年文论选》,人民文学出版社 2009 年版,第 60 页。
③ 梁衡:《文章大家毛泽东》,《人民日报》,2013 年 2 月 28 日,第 7 版。
④ 毛泽东:《星星之火,可以燎原》,《毛泽东选集》第 1 卷,人民出版社 1991 年版,第 106 页。

> 我们中国是世界上最大国家之一，它的领土和整个欧洲的面积差不多相等。在这个广大的领土之上，有广大的肥田沃地，给我们以衣食之源；有纵横全国的大小山脉，给我们生长了广大的森林，贮藏了丰富的矿产；有很多的江河湖泽，给我们以舟楫和灌溉之利；有很长的海岸线，给我们以交通海外各民族的方便。从很早的古代起，我们中华民族的祖先就劳动、生息、繁殖在这块广大的土地之上。①

在这段文字中，毛泽东用"我们中国"一语，把所有中国人包括在一起，"世界上最大国家之一"说明我们国家在世界上的大，这种大，就特别能让人产生崇高感。中国有多大呢？"它的领土和整个欧洲的面积差不多"，一个中国的面积和整个欧洲的面积差不多，而欧洲是由许多国家组成的，这就进一步说明了中国之大。在这个广大的领土之上，有广大的肥田沃地，有纵横全国的大小山脉，有很多的江河湖泽，有很长的海岸线。"广大"及"纵横""很多""很长"词语的运用说明了中国的广大。这广大的土地，给我们提供了各种各样的生产、生活、交通的资源，因而，很能让人产生崇高感。"从很早的古代起"一句，让人感受到我们中华民族的历史悠久。当我们阅读这段文字时，会对祖国、对民族产生一种由衷的热爱。我们这样的国家，我们这样的民族是不容外敌入侵的。

我们再看毛泽东对中华民族悠久历史及其所创造的光辉灿烂文明的概述：

> 中华民族的发展（这里说的主要是汉族的发展），和世界上别的许多民族同样，曾经经过了若干万年的无阶级的原始社会的生活。而从原始公社崩溃，社会生活转入阶级生活那个时代开始，经过奴隶社会、封建社会，直到现在，已有了大约四千年之久。在中华民族的开化史上，有素称发达的农业和手工业，有许多伟大的思想家、科学家、发明家、政治家、军事家、文学家和艺术家，有丰富的文化典籍。在很早的时候，中国就有了指南针的发明。还在一千八百年前，已经发明了造纸法。在一千三百年前，已经发明了刻版印刷。在八百年前，更发明了活字印刷。火药的应用，也在欧洲人之前。所以，中国是世界文明发达最早的国家

---

① 毛泽东：《中国革命和中国共产党》，《毛泽东选集》第 2 卷，人民出版社 1991 年版，第 621 页。

之一，中国已有了将近四千年的有文字可考的历史。①

　　毛泽东的这段文字纵贯千年，大气磅礴，气势雄浑，让我们对我们中华民族的自豪感油然而生。我们再看毛泽东对中华民族性格的揭示：

> 中华民族不但以刻苦耐劳著称于世，同时又是酷爱自由、富于革命传统的民族。以汉族的历史为例，可以证明中国人民是不能忍受黑暗势力的统治的，他们每次都用革命的手段达到推翻和改造这种统治的目的。在汉族的数千年的历史上，有过大小几百次的农民起义，反抗地主和贵族的黑暗统治。而多数朝代的更换，都是由于农民起义的力量才能得到成功的。中华民族的各族人民都反对外来民族的压迫，都要用反抗的手段解除这种压迫。他们赞成平等的联合，而不赞成互相压迫。在中华民族的几千年的历史中，产生了很多的民族英雄和革命领袖。所以，中华民族又是一个有光荣的革命传统和优秀的历史遗产的民族。②

　　毛泽东这一段文字气象宏大，力量千钧，气贯长虹，读到这一段文字，我们会感觉浑身增添了无穷力量，民族自尊心和民族自信心极大增强。

（三）在多样化教学形式中展现崇高

　　在思想政治理论课理论联系学生思想实际、生活实际的教学中，崇高教学内容的呈现和崇高感的表达也可以是轻松、诙谐、幽默的，并且可以收到很好的教学效果。在马克思主义学院硕士生、博士生的课堂上，山东大学马克思主义学院徐艳玲教授经常列举马克思本人的例子来鼓励学生追求人生的高远境界。她说，马克思治学从大处着眼，从小处着手，他考察问题从最基本、最原始的事物出发却解释了人类几千年以来历史发展的普遍规律和特殊规律。她语重心长地对同学们说："无论哪个学院的学生为失业、失恋等鸡毛蒜皮的小事所困扰，我们马克思主义学院的学生最不应该想不开，要知道我们学科的奠基人就是一个一眼看穿几千年的历史伟人。"在幽默和平易的讲解中，学生潜移默化间感受了健康人格品质的熏陶。③徐艳玲教授的讲解、讲

---

① 毛泽东：《中国革命和中国共产党》，《毛泽东选集》第 2 卷，人民出版社 1991 年版，第 622—623 页。
② 毛泽东：《中国革命和中国共产党》，《毛泽东选集》第 2 卷，人民出版社 1991 年版，第 623 页。
③ 教育部高校思想政治理论课教学指导委员会、《思想理论教育导刊》编辑部组编：《春风化雨、立德树人——高校思想政治理论课教师 2013 年度影响力人物事迹》，高等教育出版社 2014 年版，第 147 页。

述是幽默的、轻松的，但在这幽默、轻松的讲解、讲述中，展现了马克思主义的崇高："马克思、恩格斯是一眼看穿几千年的历史伟人！"又培养了学生的崇高感：与马克思、恩格斯的宏大视野和宽广胸怀相比，自己的失业、失恋等鸡毛蒜皮的小事算什么呢？！这在无形中培养了学生勇于面对挫折的能力。"在文学艺术中，崇高是一种审美理想、一种境界、一种意蕴，它的表现形式是多样的。悲剧可以体现崇高，喜剧也可以体现崇高。壮美可以体现崇高，秀美、诙谐也可以体现崇高。气势磅礴的《义勇军进行曲》是崇高的，清丽舒朗的《小草》也是崇高的。充满悲剧色彩的《林则徐》《甲午海战》是崇高的，洋溢着轻松幽默气氛的电影《今天我休息》《五朵金花》，难道不也是崇高的么！场面的壮阔、声势的浩大、笔墨的浓重、音浪的激越，固然有时候能够与崇高联系起来，但这些并不是表现崇高的必然条件，更不是决定性条件。崇高是内在的，不是外在的。它可以表现为浓墨重彩，也可以表现为含蓄淡雅；可以表现为激烈的矛盾冲突，也可以表现为和谐宁静。只要作者的思想感情是崇高的，各种风格都可以体现出崇高来。"①在思想政治理论课教学中，教师把教学上升为艺术，在教学中呈现崇高的内容、表现崇高的主题，可以而且应当通过多样化的形式、风格表现崇高、再现崇高。

本章小结

　　思想政治理论课教学具体是由思想政治理论课教师来承担的，由于思想政治理论课教学是一项崇高的事业，是一项极端重要的工作，需要教师对思想政治理论形成发自内心的信仰，这决定了思想政治理论课教师的崇高。思想政治理论课教师的崇高要求教师具有崇高的思想境界，崇高的思想境界是呈现崇高教学内容的需要，是应对"躲避崇高"、亵渎崇高的需要，是应对西方反华攻势的需要。思想政治理论课教师崇高的思想境界是教师长期学习、养浩然之气的结果。在崇高思想境界的支配下，思想政治理论课教师要把崇高的教学内容以崇高的形式呈现给学生，因而教学要有崇高的风格。

---

① 郑伯农：《一个需要重新审视的理论问题——也谈文化艺术中的"崇高"》，北京走进崇高研究院编：《纵论走进崇高——首次崇高理论研讨会文集》，人民出版社 2011 年版，第 194－195 页。

第六章　崇高的人格塑造

在具体的教学中，把思想政治理论课的崇高内容传达给学生需要适当的方法，对于每一位教师来说，需要在教学实践中找到适合自己的教学方法，从而使教学产生和形成一种崇高的风格。但无论应用什么方法，就思想政治理论课崇高内容及崇高感的表达来说，首先，教师要在平时的学习、工作、生活中细心体察，感受各种各样的崇高，切实在内心引起心灵的激动，因而激发起自己的崇高感，使自身在潜移默化中成为一个有崇高感的人。其次，教师要善于将自己的崇高感传达出来，并让学生感受到。

教学中可以运用的教学方法有很多，在此，我们根据一些思想家、教育家、教师的实践，探讨培养学生崇高感的若干教学方法。

一、真情关爱学生法

教育家苏霍姆林斯基说过："教育技巧的全部奥秘就在于如何爱护学生。"我们要培养学生的崇高感，让学生成为崇高的人，当然需要我们进行理论上的教育，但首要的在于，教师要以自己的真情关心、关爱、关怀学生，让学生在教师的真情关心、关爱、关怀中感受到来自教师的爱，在此基础上，学生把这种爱传递出去，去爱他人、爱社会、爱人民、爱民族、爱国家、爱人类。许多教育家和优秀的教师都认为，教师要做学生的"经师"，更要做学生的"人师"。学为人师，行为世范。教师以自己的高尚人格关心、关爱、关怀学生，就给学生树立了一个可以信赖、模仿、学习的榜样。在此基础上，教师进行理论的教育教学，学生才会易于理解、接受。

在各级各类学校中，有许多真情关心、关爱、关怀学生的好教师，他们是值得我们学习的。在此，我们看看一些优秀的思想政治理论课教师是如何关心、关爱、关怀学生的,并产生了什么样的效果。

关心、关爱、关怀学生,帮助学生治疗疾病,恢复身体健康。一位研究生患重病危及生命安全,急需10万元的手术费(自费),可学生家庭拮据,浙江大学思想政治理论教研部马建青教授一方面赴上海医院设法为学生减免医药费,一方面又带头为学生捐款。因为急需进行手术,他为学生垫付了3万元手术费、医药费,使手术得以顺利进行。①马建青教授帮助学生治疗了疾病,恢复了健康,这样学生未来才有更好的发展。对学生的爱,不仅仅是针对学生本人,还包括对学生家庭成员的关爱。在一年夏天的一个中午,开封大学马列德育教研部李明教授刚走到学校教工食堂,突然接到曾经的学生——旅游学院2006级学生田云龙的求助电话。通过电话里田云龙焦急的声音,李明大致了解了情况:田云龙的母亲在兰考老家打工时发生意外,不慎被电击伤,从二楼摔了下来,腿骨、颈椎和头部发生骨折,生命垂危。兰考当地医院医疗水平有限,建议转到开封市医院抢救。身在苏州工作的田云龙暂时赶不到开封,在家人把母亲护送到救护车上的同时,他想起了李明老师。于是,他打来电话,希望李明能帮忙联系一家医疗水平高的医院。人命关天,得知消息的李明顾不上吃午饭,顶着似火骄阳赶到了开封市中心医院骨科,为田妈妈联系好主治大夫和急诊室。此时已将近下午三点,救护车也正好赶到,为抢救赢得了宝贵的时间。看到李明的悉心安排和照顾,田云龙家人感动得热泪盈眶。晚上从苏州赶到开封的田云龙拉着李明的手说:"我都毕业五年了,您还能记得我这个曾经的学生,并在危难之际给予我家人无微不至的帮助。我们全家感谢您,感谢我的恩师。"后来,李明又两次带着营养品去看望田妈妈,并祝愿田妈妈早日康复。②在家庭突然遇到困难的时刻,学生田云龙首先想到李明老师,足见李明老师在学生心中是值得信赖的好老师。李明老师的做法既是对学生的关心、关爱、关怀,也是对学生家庭成员的关心、关爱、关怀。李明感动的不仅是学生本人,还有学生的家人。

关心、关爱、关怀学生,帮助学生走出心理困境,确保身心健康。某学院曾有一名女学生小张,因与恋爱多年的男友分手患上严重自闭症,万念俱灰之际,正好上山东大学马克思主义学院徐艳玲老师的"毛泽东思想和中国特色社会主义理论体系概论"课,被徐艳玲课堂上关于人生境界的启发所感

---

① 教育部高校思想政治理论课教学指导委员会、《思想理论教育导刊》编辑部组编:《春风化雨、立德树人——高校思想政治理论课教师2013年度影响力人物事迹》,高等教育出版社2014年版,第5页。
② 教育部高校思想政治理论课教学指导委员会、《思想理论教育导刊》编辑部组编:《春风化雨、立德树人——高校思想政治理论课教师2013年度影响力人物事迹》,高等教育出版社2014年版,第245页。

染。她给徐艳玲写信表达困惑。徐艳玲体察到小张的思想动态，与她倾心交谈，往来邮件几十封，重新点燃了小张对生活的勇气和信念。如今已过而立之年的小张不仅顺利完成学业，还组建了幸福家庭。每当忆起徐艳玲对她的开导和帮助时，小张都不无感激地说："徐老师曾说，人生的意义是我们后天赋予的。马克思主义对于我们个人的意义就在于通过个人努力创造新的生活。我很感激徐老师昔日对我的温暖关怀与耐心劝导，将我从痛苦的黑暗中解救出来，帮助我拥有今天崭新、幸福的生活。"①徐艳玲教授帮助学生解开心结，使学生有了一个健康心理，得以幸福地生活。天津交通职业学院张泽玲教授同样深入地走进学生的内心世界，帮助学生健康成长。有一位学生房晓龙，自幼身有残疾，一条腿是假肢。进入大学以前，他从未向别人透露过自己的缺陷，进入大学后，自卑、悲观的情绪一直伴随着他。张泽玲发现后，高度关注他的身心健康，以母亲般的慈爱、师长般的严格对其进行培养教育。过节了，张泽玲代表学院前往房晓龙家里，为他送去领导、老师的关怀问候；该考试了，张泽玲为房晓龙辅导功课，鼓励他战胜困难，坚持学习；房晓龙生病了，张泽玲为他垫付医疗费，帮助他渡过难关。在张泽玲的关心培养下，房晓龙似脱胎换骨，由悲观到乐观，由自卑到自信，健康成长的他获得了2010年全国大学生自强之星、天津市感动校园人物称号。房晓龙的成长凝结着张泽玲的爱心和付出。她用师者的智慧践行着国家的教育使命，教会学生在苦难中砥砺品格，升华人生的价值追求。②房晓龙由自卑、悲观到自信、乐观，优化了心理品质，提升了人生质量，这其中张泽玲教授的关爱功不可没。

  关心、关爱、关怀学生，帮助学生克服生活困难，增强生活自信。大连海事大学马克思主义学院教师曲建武了解到他授课的年级里有28名家庭生活困难的学生，主动拿出2800元钱分给每个学生100元，他告诉这些学生们："你们并不孤单，社会在关心着你们，你们一定要自立自强，不要被眼前的困难所吓倒，只要好好地发展自己，就一定会得到属于你们的人生幸福。"有个学生在短信中说："曲老师，谢谢您！这一次是真的震撼到我了，就如您所说，或许这100元并不能在我的物质生活上有什么较大的改善，但是来源于心灵的那种浓浓的关心，让我对于生活与学习有了更加坚定的动力。"③冬天来了，

---

① 教育部高校思想政治理论课教学指导委员会、《思想理论教育导刊》编辑部组编：《春风化雨、立德树人——高校思想政治理论课教师2013年度影响力人物事迹》，高等教育出版社2014年版，第147页。
② 教育部高校思想政治理论课教学指导委员会、《思想理论教育导刊》编辑部组编：《春风化雨、立德树人——高校思想政治理论课教师2013年度影响力人物事迹》，高等教育出版社2014年版，第282页。
③ 教育部高校思想政治理论课教学指导委员会、《思想理论教育导刊》编辑部组编：《春风化雨、立德树人——高校思想政治理论课教师2013年度影响力人物事迹》，高等教育出版社2014年版，第18页。

他"化缘"了 20000 多元钱交给这些经济困难学生购买过冬的衣物;寒假的时候,考虑到这些经济困难学生回家路途较远,他又"化缘"了 20000 元钱给这些经济困难学生作交通补贴,他还给经济困难学生每人购买了一大包烤鱼片,让学生带回家;考虑到经济困难学生舍不得买水果,影响身体健康,他购买了几十箱苹果分发给年级里每一个经济困难学生;他所教的年级里有一名学生病了,他送学生到医院看病,并给学生 500 元钱用于营养补贴。他还特别关心少数民族学生的学习和生活。在他所带的年级里,共有两名来自新疆和西藏的少数民族学生。他经常关心他们的学习和生活状况,与他们探讨人生发展问题,特别是帮助他们解决生活中的困难。他还积极倡导建立年级爱心基金,自己筹集 10000 元作为基金启动经费。他把学校教育与家庭教育结合起来,利用外出开会的机会,先后顺访了十几个学生的家庭,和家长一起帮助孩子更好地成长。他的辛勤工作滋润了学生们的心田。曲建武经常收到学生们发来的感激的信息,其中有这样一条信息代表了学生们的心声:"曲老师,很感谢您对我的关心与照顾,很荣幸在这里能够遇到您,真的很感谢您像父亲一样照顾我们、关心我们,身为一名您的学生,我感到万分荣幸。我不会让您失望,我一定会努力学习,以后将把这种爱心继续传递下去,给需要帮助的人给予帮助,让世界充满爱。曲老师,您永远是我的恩师。"①曲建武教授就这样以爱传递了爱,以崇高传递了崇高。这是任何单纯的说教都不能带来的效果。

关心、关爱、关怀学生,激发自身积极讲好思想政治理论课。湖南大学马克思主义学院柳礼泉教授深有体会地说:"每每站在讲台,看到一张张充满活力的面孔,我就像看到了自己的孩子和亲人一样,一种想上好课的冲动就油然而生。"②只有对学生充满爱,才能看到学生像看到自己的孩子和亲人一样,才能自觉地探索各种有效的教学方法,让学生通过思想政治理论课教学健康成长成才。

从作为大学生健康成长的引导者来说,思想政治理论课教师应当关心、关爱、关怀学生。从作为马克思主义理论和党的路线、方针、政策的宣讲者来说,思想政治理论课教师应当关心、关爱、关怀学生。这种关心、关爱和关怀,是马克思主义理论的要求,是党的宗旨的要求——无论是马克思主义

---

① 教育部高校思想政治理论课教学指导委员会、《思想理论教育导刊》编辑部组编:《春风化雨、立德树人——高校思想政治理论课教师 2013 年度影响力人物事迹》,高等教育出版社 2014 年版,第 19 页。
② 教育部高校思想政治理论课教学指导委员会、《思想理论教育导刊》编辑部组编:《春风化雨、立德树人——高校思想政治理论课教师 2013 年度影响力人物事迹》,高等教育出版社 2014 年版,第 131 页。

还是党的路线、方针、政策,都主张要全心全意为人民服务,要关心群众生活,注意工作方法。与思想政治理论课教师相联系的"人民""群众",不是抽象的,而是具体的,是具体的学生。因而,按照马克思主义理论的要求和党的路线、方针、政策的要求,思想政治理论课教师不仅仅应当是马克思主义理论和党的路线、方针、政策的宣讲者,还应当是马克思主义理论和党的路线、方针、政策的践行者,把马克思主义理论和党的路线、方针、政策中关于全心全意为人民服务、关心群众生活的要求化为具体的关心、关爱、关怀学生的行动。这样,思想政治理论课教师就不仅仅是马克思主义理论和党的路线、方针、政策的宣讲者,还是具体的实践者和体现者。思想政治理论课教师也借此告诉学生,马克思主义和党的路线、方针、政策,不仅仅是观念、思想层面的精神存在,而且是具体的实践性活动存在。教师通过具体关心、关爱、关怀学生的行动,让学生不仅仅感受到教师对学生的体贴、温暖,而且还要在更高层面上体会到马克思主义理论和党的路线、方针、政策中全心全意为人民服务和关心群众生活的内在意蕴。

从以上几位思想政治理论课教师的事迹来看,教师真情关心、关爱、关怀学生,帮助学生克服物质生活中或精神生活中的困难,就是把爱传递给学生,让学生体验到社会的温暖,人间的大爱,做人的美好,并把从教师这里得到的爱再传播出去,去温暖他人、社会。教师以真情关心、关爱、关怀学生,就是教师以崇高的师德美、人格美吸引学生、感染学生,以崇高的师德美、人格美在学生心目中树立美的形象、美的榜样,学生由亲其师到信其道,对教师在教育教学中所讲述的道理自然而然地易于接受。"当学生被马克思主义的真理美、马克思主义者的人格美和教师的师德美所吸引时,就会情不自禁地进入美的境界中去,不知不觉地受到高尚的、健康的思想理论的熏陶和感染,使感情得到升华、心灵得到净化、人格得以健全、境界得以提升,从而实现马克思主义理论课的教书育人功能。"[①]所以,我们把真情关爱学生法作为培养学生崇高感的第一法则。

[①] 赖亦明:《构建〈马克思主义基本原理〉教学模式的几点思考》,汪荣有、周利生主编:《思想政治理论课新课程教学研究》,安徽大学出版社 2007 年版,第 83 页。

二、倾注满腔情感法

朗基努斯认为，人们有不同的情感，有的情感与崇高毫不沾边，譬如怜悯、悲痛和恐惧，但慷慨激昂的情感是与崇高联系在一起的，"没有什么能像高尚的情感一般，施与伟大的作品以如此重要的作用。高尚的情感澎湃而来，给予作者息息神圣的灵感，从而感染他的语言。"[①] 就是说，高尚的情感、慷慨激昂的情感可以产生崇高的风格。

方志敏曾描述过他的一位小学老师进行爱国教育教学时的情景："他的声音由低而高，渐渐地吼叫起来，脸色涨红，渐而发青，颈子胀大得像要爆炸的样子，满头的汗珠子，满嘴唇的白沫，拳头在讲桌上捶得砰砰响。听讲的我们，在这位教师如此激昂慷慨的鼓动之下，哪一个不是鼓起嘴巴，睁大眼睛——每对透亮的小眼睛，都是红红的像要冒出火来；有几个学生竟流泪哭起来了。"[②] 方志敏的小学老师在教学中倾注了满腔情感，激发了方志敏等学生强烈的爱国心。青年时期，徐特立在给学生讲述自己亲身经历的惨痛历史时，"为表示对帝国主义的愤恨和雪耻的决心，遂走进厨房拿出一把刀，断下自己左手的一个指头，顿时流了一盏碗的血。"[③] 徐特立老人对帝国主义的愤恨情感就体现在他拿刀断指这一壮举上。

理想的教学应当既以理服人，又以情感人。"用情感来激发人，好像磁力吸铁一般，有多大分量的磁，便引多大分量的铁，丝毫容不得躲闪，所以情感这东西，可以说是一种催眠术，是人类一切动作的原动力。"[④] 饱满的情感对人具有重要的激励、鼓舞作用。因而，思想政治理论课教师要发挥教学的应有作用，就必须既发挥以理服人的作用又发挥以情感人的作用，把以理服人与以情感人有机结合起来，以情感表达对有关理论的理解，以情感表达对理论的信仰，以情感表现理论的真理性，以情感表达对事物的态度倾向。倾注情感法，是指教师在教学中把自己的情感倾注在所讲授的内容中，借以表达教师的爱恨情仇，使得学生既接受了教师所讲授、讲述的内容，又感受到

---

① [古希腊]朗基努斯著，马文婷译：《论崇高》，《美学三论》，光明日报出版社2009年版，第15页。
② 方志敏：《可爱的中国》，《方志敏全集》，人民出版社2012年版，第119—120页。
③ 中央教育科学研究所编：《徐特立教育文集》，人民教育出版社1986年版，第292页。
④ 梁启超：《中国韵文里头所表现的情感》，金雅选编：《中国现代美学名家文丛·梁启超卷》，浙江大学出版社2009年版，第102页。

教师的情感态度。作为思想政治理论课教师，在教学中要像马克思主义经典作家那样鲜明地表达情感，并以适当的艺术化方法充分地表达自己的情感。

（一）像马克思主义经典作家那样鲜明地表达情感

奥地利学者马克斯·比尔曾指出："马克思的学说充满斗争的意志和革命的激情。"① 马克思主义经典作家的著作反映了他们对世界的认知，是理性认识成果，同时，他们的著作也反映了他们的情感。马克思、恩格斯在写作过程中，总是针对不同对象、根据不同形势，体现和表达不同的情感。"为了理论宣传的需要，马克思和恩格斯通常要考虑直接受众的情况而采取写作技巧上的策略。他们对广大工人群众进行宣传教育时，其写作风格往往是心平气和、循循善诱；在反击论敌的恶意歪曲、污蔑和攻击时，则笔锋犀利、义正词严，同时又不失幽默性的讽刺；有时他们在揭批工人运动中的错误观点时，出于某种气愤，言辞也会较为激烈，目的是要施以重锤敲击以便使犯错误者幡然醒悟。"② 我们在阅读他们的著作时，会感觉到他们的著作是知、情、意相统一的。马克思和恩格斯二人都是革命家，从他们的著作当中，我们可以深刻地体会到他们对无产阶级、广大劳动人民的深厚情感和无限热爱，体会到他们对反动政府及黑暗社会的无情的批判，他们的文章著作灌注了他们的深厚情感。

马克思的《青年在选择职业时的考虑》一文，反映了马克思对青年选择职业时的认识，马克思在文章中写道："在选择职业时，我们应该遵循的主要指针是人类的幸福和我们自身的完美。不应认为，这两种利益是对立的，相互冲突的，一种利益必须消灭另一种的；人类的天性本来就是这样的：人们只有为同时代人的完美、为他们的幸福而工作，才能使自己也达到完美。"他还说："如果一个人只为自己劳动，他也许能够成为著名学者、大哲人、卓越诗人，然而他永远不能成为完美无疵的伟大人物"；"历史承认那些为共同目标劳动因而自己变得高尚的人是伟大人物；经验赞美那些为大多数人带来幸福的人是最幸福的人；宗教本身也教诲我们，人人敬仰的理想人物，就曾为人类牺牲了自己"。马克思还说："如果我们选择了最能为人类福利而劳动的职业，那么，重担就不能把我们压倒，因为这是为大家而献身；那时我们所

---

① ［奥地利］马克斯·比尔著，王铮译：《马克思传：替时代背书的人》，黑龙江教育出版社 2011 年版，第 5—6 页。
② 李爱华：《以科学的态度对待马克思主义：马克思恩格斯的思想与实践》，学习出版社 2012 年版，第 140 页。

感到的就不是可怜的、有限的、自私的乐趣，我们的幸福将属于千百万人，我们的事业将默默地、但是永恒发挥作用地存在下去，面对我们的骨灰，高尚的人们将洒下热泪。"①马克思的这篇文章是多么充满感情啊，这种感情不是一般的感情，而是与崇高的职业相伴随的崇高的感情。通过阅读马克思的这篇文章，我们不但知道什么样的职业是我们应当选择的职业，什么样的职业是崇高的，而且我们也为马克思充满其中的高尚情感所感动。正是由于马克思所选择的职业是崇高的职业，是为人类的幸福而工作的职业，所以，他工作时就有一种顽强的意志："重担就不能把我们压倒"。

马克思1842年2月所写的《评普鲁士最近的书报检查令》一文不仅揭露了书报检查令的虚伪性和反动本质，而且整篇充满了马克思主义的情感：对普鲁士政府强烈的愤慨情感。马克思质问："你们赞美大自然悦人心目千变万化和无穷无尽的丰富宝藏，你们并不要求玫瑰花和紫罗兰散发出同样的芳香，但你们为什么却要求世界上最丰富的东西——精神只能有一种存在形式呢？"接着，马克思谴责说："每一滴露水在太阳的照耀下都闪耀着无穷无尽的色彩。但是精神的太阳，无论它照耀着多少个体，无论它照耀着什么事物，都只准产生一种色彩，就是官方色彩！"②由此可见，马克思对普鲁士政府的书报检查令的憎恨是多么强烈。

"在科学上没有平坦的大道，只有不畏劳苦沿着陡峭山路攀登的人，才有希望到达光辉的顶点。"③马克思这一名言，充分展现了马克思的文采，展现了马克思献身于科学的精神，展现了他面对科学研究中的困难而勇于克服的顽强意志。

1892年，恩格斯为《社会主义从空想到科学的发展》英文版写了一篇长长的序言，他说："我在里头倾注了对英国资产者的满腔仇恨。"④由此可知，恩格斯即使是在纯理论性的文章著作中，也是灌注了情感的。

马克思和恩格斯的著作既是理性的认识成果，是理论；同时又是充满了情意的著作。列宁在阅读马克思和恩格斯著作的过程中经常为马克思和恩格斯的情意所打动，并对他们的情意给予高度的评价。列宁在《卡·马克思致

---

① 马克思：《青年在选择职业时的考虑》，《马克思恩格斯全集》第40卷，人民出版社1982年版，第7页。
② 马克思：《评普鲁士最近的书报检查令》，《马克思恩格斯全集》第1卷，人民出版社1956年版，第7页。
③ 马克思：《〈资本论〉第一卷法文版序言》，《马克思恩格斯全集》第23卷，人民出版社1972年版，第26页。
④ 恩格斯：《致卡·考茨基》，《马克思恩格斯全集》第38卷，人民出版社1972年版，第327页。

路·库格曼书信集俄译本序言》一文中高度评价马克思书信集的意义时指出："《新时代》杂志编辑部说得完全对：'认识那些在大变革时代形成其思想和意志的人物的面貌，就能提高我们自己。'"①列宁评价马克思的书信充满热情："书信中另外一些在理论上特别有意思的地方，就是马克思对于各个作家的评论。马克思的这些评论写得非常生动，充满热情，可以看到他对一切重大思潮全神贯注地进行考察分析。"②列宁在论述马克思对1848年革命的情感态度时指出："他对这个资产阶级革命具有多么大的信心啊！这位了解资产阶级革命对社会主义运动的发展有巨大作用的无产阶级战士充满着多么强烈的革命热情啊！"③到了1851年，面对法国发生的"非常有趣的"社会运动，马克思"非常高兴"。④马克思1871年4月12日给库格曼写的信是"热情洋溢的"。⑤

无论是马克思、恩格斯的著作自身，还是列宁对马克思、恩格斯著作的评价，都显示出马克思主义是真理、事理、情理的统一，既反映了马克思和恩格斯对现实世界的认识成果，又反映了他们内心丰富深厚的情感。思想政治理论课教师不仅应当把握马克思主义所揭示的真理，而且应当体会、体验马克思主义经典作家的情意，并在教学中充分展示、展现、传达马克思主义经典作家的情感，这样，思想政治理论课教学就不仅是传播真理的科学活动，而且也是传情达意的活动，既是以理服人的活动，也是以情感人的活动，是传达科学真理与传情达意相统一的活动。

（二）经过艺术化处理充分表达教师自己的情感

思想政治理论课教学中教师情感的表达需要恰当的方式方法，需要做文学化和艺术化的处理，这样，教师的情感表达才能产生积极的效果，才能激发学生的情感，以情感情。

河北师范大学"中国近现代史纲要"课教师朱月龙教授在总结自己的教学经验时说："教师在教学中应对授课内容做文学化和艺术化的处理。作为系统讲授中国近现代史课的教师，其基本素养之一，就是要有练达的史才和较深的文学功底，具备善于表述问题、剖析问题，引导和启发他人思维的能

---

① 《列宁专题文集·论马克思主义》，人民出版社2009年版，第103页。
② 《列宁专题文集·论马克思主义》，人民出版社2009年版，第104页。
③ 《列宁专题文集·论马克思主义》，人民出版社2009年版，第106页。
④ 《列宁专题文集·论马克思主义》，人民出版社2009年版，第107页。
⑤ 《列宁专题文集·论马克思主义》，人民出版社2009年版，第109页。

力。……如日本侵略军制造了南京大屠杀是人人熟知的事实，若一般化地重复一遍，似乎很难产生初为人知时的震撼力。笔者曾经在讲课时做过这样的尝试，指出日寇杀害我国同胞的数字是在 3 后面加五个 0，整整 30 万，30 万冤魂的躯体排列起来，约有 600 公里之长，30 万生灵的鲜血合在一起，约有 1200 吨之重，这正是尸骨成山、血流成河的悲惨记录，这正是罪恶滔天、罄竹难书的真实写照！我清楚地记得，在讲到这里时，课堂鸦雀无声，确实产生了理想的效果，学生们对日寇暴行无比激愤的表情顷刻之间显现出来。"[1]

在此，朱月龙教授谈了他处理教学内容的艺术化方法，通过这种方法，朱月龙教授的个人情感倾注于所讲授的内容之中。朱月龙教授的情感，是对日寇暴行的强烈的愤怒之情，是对中华民族遭受苦难的悲愤之情，是要发奋图强努力振兴中华的发奋之情。朱月龙教授还指出，为了启发学生学习老一辈革命家的奋斗精神，教师应当精心编排能够产生强烈震撼效果的语句："他们有的为了拯救祖国和人民，在黑暗中苦苦探索和奋斗；有的在炮火连天的战场舍生忘死，甘洒满腔热血；有的为了崇高的事业，不怕敌人的酷刑和屠刀，迎着死神昂然走去；有的为了免除后来人的苦难，甘愿把牢底坐穿；有的半世戎马生涯，年过古稀仍跋涉在革命的征途上……"这样的编排再辅之以情感的表达，使得学生对老一辈革命家肃然起敬。[2]

"违背了自己真实的情感，故意矫揉造作出来的'大气魄'，要比叹息更是无聊的东西。这和违背了个人真实的情感，假造出来的冒牌的'群众情感'，同样是无聊的。"[3]在运用倾注情感法进行教学时，情感必须结合具体的教学内容来表达，如具体的事件、人物、理论等，情感的表达必须贯穿于艺术化处理的教学语言中，倾注的情感必须是教师自己的真情实感，而不能是矫揉造作的情感，矫揉造作的情感只能引起学生的厌恶。

思想政治理论课教师教学有激情，再加上教师渊博的学识、精湛的教学艺术，就会产生紧紧吸引学生的效果。思想政治理论课"05 方案"首轮授课的一天，南开大学马克思主义教育学院丁军教授上课的教室的设备突然坏了，她想调换一下上课时间，学生们却说，好不容易盼到您的课怎么能不上了呢？不肯散去。可当时没有教室可换，无奈，她到大礼堂授课。学生们听从安排，

---

[1] 朱月龙：《讲好"中国近现代史纲要"课的体会》，王炳林主编：《思想政治理论课教学方法创新研究》，北京师范大学出版社 2011 年版，第 185—186 页。

[2] 朱月龙：《讲好"中国近现代史纲要"课的体会》，王炳林主编：《思想政治理论课教学方法创新研究》，北京师范大学出版社 2011 年版，第 186 页。

[3] 张光年：《诗的美学尺度》，《张光年文论选》，人民文学出版社 2009 年版，第 59 页。

集中就座于礼堂中间，认真听讲。"大学生盼望上政治课"的一幕被暗访的记者遇到，事后记者采访丁军说："您的课讲得很有激情呀！" 丁军回答："教师有激情学生才有激情。激情燃烧的思想政治理论课还是有可能的。"记者以"教师有激情学生才有激情"为标题在 2007 年 4 月 23 日《中国青年报》上进行了报道。文章在网上引起热议，国内多所高校学生参与了讨论，主管教育的天津市委常委批示，像丁军这样优秀的教师及其教学效果要大力宣传和推广。①在丁军教授的思想政治理论课课堂上，学生不仅学习到了理论，而且感受到了教师的激情，这样，学生感受到的理论是蕴含激情的理论，激情是渗透于理论中的激情，情理真正地交融在一起。这样的教学真正收到了既以理服人又以情感人的效果。

三、典范人物事例法

"崇高不仅仅限于艺术作品中，人的现实的活动过程也常常显现出崇高之美。"②而人的现实的活动过程是客观存在的，因而，在现实生活中，人的活动、事迹，都是崇高的现实载体。对人的崇高感的培养，可以通过对现实的人物、事迹、活动的宣传、传播来进行。

郭明义是一个受雷锋精神的感召而成为当代雷锋的人。郭明义，辽宁鞍山人，1958 年出生。郭明义小时候，正值"雷锋热"，全国上下都在学雷锋。因为雷锋当兵前在鞍钢工作过，所以鞍钢的学雷锋活动尤为热烈。少年的郭明义就一直浸润在"学雷锋"的环境中。郭明义觉得自己作为一名土生土长的鞍钢人，一定要将雷锋精神发扬光大。在部队时，郭明义除了发狠劲学习汽车技术外，就是集中精力学习《毛泽东选集》和《雷锋日记》。郭明义一边学习一边写心得体会，不断提高自己的思想觉悟，还多次向党组织递交了入党申请书。③郭明义是当代学雷锋的典型，是当代雷锋。自 1999 年起，郭明义开始无偿献血，20 年来没有间断，目前已经累计献血 6 万毫升，相当于自身总血量的 10 倍，献出的血足以装满 6 个纯净水桶。从 1994 年起，郭明义开始资助贫困学生，至今共有 180 多名特困生因郭明义的资助而能继续自己

---

① 教育部高校思想政治理论课教学指导委员会、《思想理论教育导刊》编辑部组编：《春风化雨、立德树人——高校思想政治理论课教师 2013 年度影响力人物事迹》，高等教育出版社 2014 年版，第 58 页。
② 王旭晓：《美学原理》，上海人民出版社 2000 年版，第 73 页。
③ 郭明义：《幸福就这么简单》，中国工人出版社 2011 年版，第 10 页。

的学业。对于灾区群众，郭明义不仅多次进行捐款，还积极组织募捐。而对于身边有困难的工友，郭明义更是不遗余力地帮助他们，十几年来，郭明义一共捐出了 12 万元，相当于自己收入的 1/3，仅汇款单就有 140 多张，收到感谢信 200 多封，而自己的家庭却一贫如洗。除此之外，郭明义多次发起无偿献血和无偿捐献造血干细胞的倡议。郭明义组织了一个无偿献血队，同时他还号召了 1700 多名工友及社区居民加入捐献造血干细胞的行列。后来，他还组建了一个爱心联队，力求最大限度地帮助那些需要帮助的人。2007 年以来，郭明义的献血队已累计献血 15 万毫升，他的爱心联队已经募捐了近 40 万元，资助了 1000 多名贫困学生。[①]鉴于郭明义同志的突出事迹，2010 年 8 月，时任中共中央总书记的胡锦涛同志做出重要指示："郭明义同志是助人为乐的道德模范，是新时期学习实践雷锋精神的优秀代表。要大力宣传和弘扬郭明义同志的先进事迹和崇高品德，为构建社会主义和谐社会提供强大精神力量。"[②]

董存瑞、黄继光感召了雷锋，雷锋感召了郭明义，郭明义感召了郭明义的团队，郭明义的团队感召了越来越多的人。崇高人物在思想观念上有其贯通性、共同性。正是因此，我们在塑造崇高的过程中，应当通过各种方式、途径、渠道大力宣传英雄人物、劳动模范、积极分子的先进事迹。在思想政治理论课教学中，可以具体采用典范感召法、人物讲评法和精当案例法。

（一）典范感召法

在新中国成立 60 周年之际，经中共中央批准，中央宣传部、中央组织部、中央统战部、中央文献研究室、中央党史研究室、民政部、人力资源和社会保障部、全国总工会、共青团中央、全国妇联、中国人民解放军总政治部等 11 个部门联合组织开展了"100 位为新中国成立做出突出贡献的英雄模范人物和 100 位新中国成立以来感动中国人物"评选活动。根据提名确定的 150 位为新中国成立做出突出贡献的英雄模范人物候选人和 150 位新中国成立以来感动中国人物候选人，向社会公布后由群众投票，仅仅 20 天时间，参与投票的总人数就接近 1 亿。在投票评选的基础上，经过有关部门审核、组委会评审、专家投票等程序，最终评选出"双百人物"。100 位英雄模范人物组成了一部英勇不屈的奋斗史，他们英勇不曲的奋斗史就是崇高史。100 位感动

---

① 《幸福就这么简单·前言》，郭明义：《幸福就是这么简单》，中国工人出版社 2011 年版。
② 转引自红旗出版社编辑部：《雷锋精神》，红旗出版社 2012 年版，第 8 页。

中国人物体现出当代中华儿女的崇高精神风貌。通过对他们事迹的宣传,可以让更多的人感悟他们的崇高。①

"感动中国"是 21 世纪以来举国上下最关注的评选活动之一,是对社会良知的一种感性评价。入选"感动中国"的人物没有级别、资产、学历、身份、阶层、地域的区别,只有令中国人钦佩的品行,来自于各行各业的感动中国人物体现了仁爱、正义。"他们带上年幼的孩子,是为了更多的孩子。他们放下苍老的父母,是为了成为最好的父母。不是绝情,是极致的深情;不是冲动,是不悔的选择。"这一段颁奖辞,说的是 2011 年"感动中国"十大人物中的两位——四川甘孜州康定县塔公乡支教教师胡忠和谢晓君。曾任中国台湾《中国时报》记者的张平宜被大陆人民称为"跨越海峡的希望之翼"。她 1999 年进入大凉山麻风村采访,目睹被遗弃的病人的惨状及其无知的眼神,她决定努力改变这个群体后代的命运。新疆青年阿里木被称为"烤羊肉串的爱心巴郎",2001 年,他只身来到贵州毕节,摆起地摊经营烤羊肉串,因为参与扑灭了一次山火,被当地政府奖励 300 元,他将这 300 元连同身上的 200 元都捐给了一个贫困学生;大方县一所小学的学生没有书包,阿里木又买了 181 个新书包,翻山越岭两个小时,送到孩子们的手里;另一所学校的 41 名学生交不起学杂费,他随即冒雨送去了 5000 元……②

"最美"起自民间,传自网络,经过舆论推动和传播,响彻中国。在社会生活中,由人们自发评选的"最美"人物就是崇高的人物,他们的事迹特别能给人以崇高的震撼,比如:最美女教师张丽莉,最美警卫战士高铁成,最美妈妈吴菊萍,最美女护士何遥,最美司机吴斌,"托举哥"周冲。③这些"最美中国人"其实就是崇高的中国人。这些"最美中国人"事迹生动,感人至深,他们事迹是崇高的,是最美的,我们要大力宣传他们的事迹,以他们事迹的崇高,引发人们心灵的崇高。

至 2015 年,全国道德模范已经评选五届。这些道德模范"或充满爱心、助人为乐,或见义勇为、舍生忘死,或诚实守信、坚守正道,或敬业奉献、虔诚勤勉,或孝老爱亲、血脉情深"④。他们的高尚品德,温暖了人心,感

---

① 张贺、杨雪梅、陈原、刘阳:《回答时代命题,见证中国进步》,《人民日报》,2012 年 10 月 16 日,第 9 版。
② 张贺、杨雪梅、陈原、刘阳:《回答时代命题,见证中国进步》,《人民日报》,2012 年 10 月 16 日,第 9 版。
③ 见中央宣传部、中央文明办、人民日报社、国家工商总局、国家广电总局、新闻出版署部署:《"讲文明树新风"公益广告:争做"最美中国人"》,《人民日报》,2012 年 10 月 13 日,第 7 版。
④ 习近平:《为实现中国梦凝聚有力道德支撑》,《习近平谈治国理政》,外文出版社 2014 年版,第 158 页。

动了中国，为全社会树立了榜样。

这些"双百人物"、感动中国人物、最美人物、道德模范，都是崇高人物，都传递了社会的正能量，因而也最能打动人的心灵。即使是平凡的普通人物，在关键时刻也能做出壮举，深深地打动人的心灵。叶朗教授在其《美学原理》一书中具体点评了汶川大地震中两个体现崇高的心灵美、崇高的精神的人物：一位是谭千秋老师，一位是不知名的母亲。2008年5月13日22时12分，救援人员在德阳市东汽中学的废墟中发现了谭千秋老师的遗体。他双臂张开趴在课桌上，就像一个"大"字，死死地护着课桌下的四个学生。他用自己的生命从死神中夺回了四个年轻的生命。对此，叶朗教授评价道："这是崇高美、灵魂美，闪耀着高尚的、圣洁的光辉。"①2008年5月16日17时3分，救援人员在一堆废墟中发现被垮塌下来的房子压死的一位妇女，她双膝跪地，整个上身向前匍匐着，双手扶着地支撑着身体，有些像古人行跪拜礼，只是身体被压得变形了。救援人员从废墟的空隙伸手进去确认了她已经死亡，于是走向下一个建筑物。这时救援队长忽然喊大家往回跑。他又来到这位妇女的尸体前，费力地用手伸进她的身子底下摸索，高声喊道："有人，有个孩子，还活着。"经过一番努力，人们把废墟清理开，发现在她的身体下躺着她的孩子，包在一个红色带黄花的小被子里，大概有三四个月大，因为母亲的身体庇护着，他毫发未伤，还在安静地睡着。救援队的医生解开被子准备对孩子的身体进行检查，发现有一部手机塞在被子里。医生看了下手机屏幕，发现屏幕上是一条已发的短信："亲爱的宝贝，如果你能活着，一定要记住：我爱你。"这是一个震撼人心的场面。这位伟大的母亲牺牲自己的生命，从死神那里夺回了一个三个月大的小生命。对此，叶朗教授评价道："这是精神的崇高。这种精神的崇高，既是道德的（道德的崇高），也是审美的（崇高的意象世界）。面对这种精神的崇高，每个人在涌出泪水的同时，灵魂都会得到一次净化和升华。"②叶朗教授进一步评价谭千秋老师和这位母亲说："这位谭老师和这位母亲，显示出崇高的精神美、灵魂美。这种精神美、灵魂美，本质上是一种爱，是母亲的爱，师长的爱，人类的大爱。这种爱，包含着生命的牺牲与奉献，造就了精神的崇高。"③正是由于像谭千秋老师和这位母亲的行为体现着、昭示着崇高美，能够使人的精神和灵魂得到净化和升华，所以，在思想

---

① 叶朗：《美学原理》，北京大学出版社2009年版，第333页。
② 叶朗：《美学原理》，北京大学出版社2009年版，第333—334页。
③ 叶朗：《美学原理》，北京大学出版社2009年版，第334页。

政治理论课教学中,以这类人物的事迹、行为、精神感召学生,一定会收到较好的教学效果。

  在具体的思想政治理论课教学中,可以约请"双百人物"、感动中国人物、最美人物、道德模范等各方面有代表性的人士"现身说法",参与思想政治理论课教学(或开展其他各种形式的思想政治教育活动),以培养学生的崇高感。浙江大学充分认识到老红军、老新四军、老党员是党和国家的宝贵财富,通过聘任老同志担任校外辅导员,做"相约星期五"的主讲人,结合他们的经历和人生感悟,以座谈、报告会的形式对学生开展教育,用真实的例子、生动的故事对学生进行启发。他们中有经历过抗日战争、解放战争的副军职老同志,有在战场上英勇奋战、多次被组织授予先进荣誉称号的老同志。[①]这些老革命同志是革命的经历者,他们亲身经历了艰苦的岁月,他们的人生是崇高的人生,他们用自己的亲身经历向大学生们进行思想教育,更能激发学生的崇高感。

  新疆农业职业技术学院聘请全国道德模范陈俊贵为德育教授,为新生上第一堂德育课。陈俊贵是新疆尼勒克县乔尔玛烈士陵园管理员,他扎根天山,为牺牲的班长和168名战友护陵守墓二十八载,用一生书写感天动地的战友情。他先后获得全国道德模范、新疆维吾尔自治区劳动模范等荣誉称号,入选"中国好人榜",2013年被评为感动中国年度人物。新疆农业职业技术学院党委书记李玉鸿说,之所以邀请陈俊贵给学生上第一堂德育课,是因为他的事迹平凡中折射出伟大、执着中透露出刚毅。陈俊贵是践行社会主义核心价值观的典范,用行动弘扬了中华民族的传统美德,用真情寻找、用深情守护、用行为告诉我们什么是一诺千金。陈俊贵以自己的行动告诉我们什么是中国传统文化所尊崇的"义",他的典型事迹和崇高品德生动诠释了当代新疆精神,折射出的是忠诚、大爱、勇敢、忘我、坚持的崇高品质和可贵精神,体现出一位老战士忠于祖国、无私奉献的"人性光辉",为我们做人、做事树立了一面鲜明的道德旗帜,对学生来说,是最好的榜样。学生冯宵然说,听着英雄楷模给我们讲故事,就仿佛发生在自己身边一样,那种精神,那种震撼,让内心深受触动,远远比教科书的说教要来得"过瘾",对自己的影响也更强烈。[②]让英雄模范、先进典型人物给学生让德育课、讲故事,拉近了与

---

 ① 费兰兰:《新形势下加强大学生理想信念教育的实践探索——以浙江大学"相约星期五"模式为例》,《思想教育研究》2013年第2期。
 ② 蒋夫尔:《用身边人讲述身边事、用身边人事教育身边人——德育课就这样"活起来"》,《中国教育报》,2015年11月19日,职业教育版。

学生的距离，增强了亲切感、贴近感，增强了教育教学效果。

（二）人物讲评法

在思想政治理论课教学过程中，不可避免地要讲解、讲述对世界历史、中国历史的进程有重大影响的历史人物，这些历史人物的影响不是体现在具体的一时一事上，而是体现在他的许多活动中。要让这些历史人物感召人、影响人，必须运用人物讲评法进行教学。

在中国历史上，特别是近现代历史上，有许许多多具有崇高精神品格的人，对这些崇高人物的动情讲述讲解，有助于学生崇高感的培养。在"中国近现代史纲要"课教学中，有不少教师采用了历史人物讲评法的教学法，从而既讲解传授了课程的知识，又达到了思想政治教育的目的，还培养了学生的崇高感。近现代中国历史中历史人物众多，而教学时间有限，所以，历史人物的选择是十分重要的。历史人物的选择至少要遵循以下三个原则：（1）在探索近代中国出路过程中起到开创性和引领性作用的关键人物；（2）在反抗外来侵略、维护民族独立过程中涌现的民族英雄人物；（3）在重大历史事件中发挥重要作用，产生重大影响的历史人物。

根据教师的教学实践，在讲评历史人物时，要遵循一定的讲授方法：在课堂教学过程中，把讲历史和论人物相结合，以鲜活的人物形象增添历史的可触摸感，增强课堂教学的吸引力和感染力；在师生互动中，探究历史人物与时代的相互关系，使学生变被动听课为主动参与，激发学生的学习兴趣；在实践教学过程中，邀请专门研究近现代历史人物的专家、学者到学校开展关于历史人物的专题讲座，与主课堂教学形成互补，相得益彰；在科学研究的过程中，主动研究近现代历史人物，拓展近现代历史知识，为课程教学积累更多的历史素材。

在讲授历史人物时应注意以下几个方面的问题：在历史的叙事大环境下讲述历史人物，让历史人物丰满而不孤立；要注意历史的情节，让历史人物生动起来，让学生走近历史人物；要适当地引用历史人物在当时的语言，帮助学生理解当时的历史人物或事件；讲述过程中要注意运用好历史人物图片、人物视频等资料，使教学更加直观生动。①

---

① 郧在廷、黄丹：《透过历史人物学历史——"中国近现代史纲要"课教法拓展浅议》，中共北京市委教育工作委员会、首都大学生思想政治教育中心组编：《北京高校思想政治理论课建设的探索与实践》，北京交通大学出版社 2012 年版，第 134—137 页。

长江师范学院的项福库教授和李艳副教授出版了专著《近现代中国历史人物讲评中的思想政治教育》(吉林大学出版社 2012 年版)。从他们出版的这部专著来看,他们在"中国近现代史纲要"课教学中,有针对性地对学生讲评中国近现代史中的人物,通过对这些人物的评价,对学生进行思想政治教育。由于选取的这些历史人物都是对中国历史进步起积极作用的历史人物,因而,在对这些历史人物的讲评中,就内在地包含了对学生的思想政治教育,这当中,由于这些人物是崇高的历史人物,因而,通过对这些历史人物的讲评,就让学生感受到了这些历史人物的崇高,从而在潜移默化中让学生感觉崇高,走进崇高。对崇高历史人物进行讲评,是对学生进行崇高教育的一个有效方法。

(三) 精当案例法

　　在思想政治理论课教学中,精选适当案例进行教学,可以培养学生的崇高感。在思想政治理论课教学实践中,我们许多教师的教学是卓有成效的。北京航空航天大学的郁树廷老师在教学中引入钱学森的案例进行教学,取得了成功:不仅传授了思想政治理论课教学内容,而且培养了学生的崇高感。钱学森是我国著名科学家、"航天之父"。2009 年 10 月 31 日,钱学森因病去世。钱学森的一生是伟大而壮丽的一生,钱学森为这个世界留下了巨大的科技成果和宝贵的精神财富。钱学森的去世引起了举国同悲,万民齐哀。郁树廷老师是如何进行这一教学实践的呢?取得的教学效果如何呢?

　　郁树廷老师的做法是:首先,在课堂上讲述钱学森的生平,播放钱学森去世后党和国家领导人、各界群众及海外人士沉痛哀悼与缅怀的视频,播放北京航空航天大学师生悼念活动的视频。其次,提出了几个问题请学生思考:为什么钱学森在本科学铁路工程,后来坚决改行学航空?为什么美国的一名海军将领说,决不放走钱学森,无论在哪里,他都抵得上五个师?钱学森说:"我姓钱,但我不爱钱。"说明了他怎样的人生价值观?为什么钱学森一向反对人家称他为"导弹之父",但我们仍然称他为"导弹之父"?为什么国际小行星协会批准,将中国科学院紫金山天文台发现的一颗小行星命名为"钱学森星"?最后,让同学们举手发表自己的感想。

　　郁树廷老师教学的效果:提出问题后,学生们纷纷举手发表自己的感想。有的学生说:"这堂课改变了我的人生方向,过去,我只想到个人那点事如何如何。"有的学生说:"钱老是我一生的榜样,从钱老那里,我懂得了怎样做人、做事、做学问。"有的学生说:"他把个人的发展融入祖国的发展之中,在为祖国的奉献中实现了人生的价值。"……由于时间有限,不能让更多的学生发言,郁树廷老师就让每位学生写下了自己的感想。每位学生的感想都让老师感动和高兴。一个同学写道:"惭愧,我对钱老的了解甚少(同宿舍的同学很是崇拜钱老)。然而,今天只是一个多小时的时间,让我认识到我人生中的一个失败和遗憾。在这一个多小时的时间中,我看到了钱老生平的一小部分,真的很感动。我不是个喜欢说官话的人,但是今天我真的很感动……语言这东西,相比于情感,太苍白了,太苍白了。祖国,等着我!"另一位学生写道:"作为当代大学生,处在国际大萧条的历史挑战与机遇大潮中。钱老走了,想起他身处的时代,他做出的选择,他走过的人生道路,对我启示很大。作为理工科大学生,作为国家重点培养专业的一员,作为国防现代化的后备科技人员,我感到压力很大。在大学中有各种各样的诱惑,怎样坚持,怎样把握,钱老做出了表率。而我作为中国共产党的一员,更要清醒地认识到自己的使命,要从钱老那里继承一颗红心,继承他对科学的追求精神,回报祖国的情怀!"[①]

我们从郁树廷老师的教学效果中知道,学生们都从钱学森一生对祖国的情怀之中受到了感动,钱学森的事迹在学生心中引发的这种感动是一种什么感动呢?我们说,就是一种崇高感,学生们从钱学森的身上懂得了人生的最大价值就在于服务祖国、服务人民。这样一种高尚情怀的确立,就是学生崇高感在内心的生根发芽。我们相信,学生在这种崇高感的支配下,一定会将自己的才智发挥得更好,在服务祖国和人民的过程中,实现其人生的最大价值。

由此可知,在教学中精选适当的教学案例,可以培育学生的崇高感。精选适当案例必须遵循一定的原则,大致说来有这样四条原则:(1)契合性原则。契合性原则就是案例要与教学内容紧密契合。就是说,所选案例应当是教学内容在生活中的具体体现。(2)贴近性原则。贴近性原则就是案例要与学生贴近,要贴近学生的思想与心理,贴近学生的学习与生活的实际。这样,就会引起学生的热情与兴趣,让学生产生亲切感。(3)时代性原则。时代性原则就是要求案例必须做到故事新、角度新,具有鲜明的时代气息。(4)典

[①] 郁树廷:《从钱学森案例的成功引入谈思想政治理论课案例选择的原则》,中共北京市委教育工作委员会、首都大学生思想政治教育中心组编:《北京高校思想政治理论课建设的探索与实践》,北京交通大学出版社 2012 年版,第 85—86 页。

型性原则。典型性原则就是要选择大学生关注度高、社会影响力大、所呈现的问题具有代表性的案例。只有具备典型性的案例,才能让理论在现实中找到有说服力的根据,才能使学生思考的相关问题在生活中找到答案。[①]

四、对话引导法与情景教学法

(一) 对话引导教学法

教师除了在课堂上进行讲授、讲解之外,无论是在课堂上还是在课堂下都应经常地与学生进行对话。教师可以在与学生的对话中引导学生超越自我,关心他人、社会、民族、国家、人类,从而形成崇高的思想道德品质。对话引导教学法是思想政治理论课教学中的常用方法。下面我们以张伯苓先生为例,说明如何通过对话方法引导学生产生和形成崇高感。

张伯苓先生是中国近代著名教育家,他不仅致力于创办南开系列学校——包括南开中学、南开大学、南开女子中学、南开小学、重庆南开中学,而且在办学过程中,着力于培养学生的公德心、爱国心和团结心。张伯苓培养学生公德的一个有效办法就是经常对学生进行有关公德的演讲,而张伯苓在进行演讲时,并不是简单地自言自语,而是经常在演讲中向学生提出问题,通过与学生的对话,引导学生思考,从而使学生产生和形成公德心。1934年12月4日,张伯苓应各方之请,为宜昌各校学生讲演,鄂西女子中学校长安梦华校友对演讲内容及过程做了详细记录,从中,我们可以看到张伯苓如何通过对话培养学生的爱国情感。

张伯苓在演讲过程中,不断地向学生提问,与学生对话,其中,有连续性的对话。张伯苓在谈到一个人要克服自私自利之心,培养爱国之"公"心的品质时与宜昌学生对话如下:

我现在要先问你们,女中的学生不要回答,因为昨天我问过了。你们是哪一国的人?

[①] 郁树廷:《从钱学森案例的成功引入谈思想政治理论课案例选择的原则》,中共北京市委教育工作委员会、首都大学生思想政治教育中心组编:《北京高校思想政治理论课建设的探索与实践》,北京交通大学出版社 2012 年版,第 86—89 页。

答:"我们是中国人。"

世界上还有哪几国?

某生回答:"英、法、日、俄、美几个强国,还有其他的弱国。"

是的,世界上有很多的国家。哪一国的人最多?

答:"中国。"

世界上哪一国的领土最大?

答:"中国。"

那么,中国是一个强国还是一个弱国?

多数学生不禁哈哈一笑!

这有什么可笑的!?可怜!

答:"弱国。"

中国人口又多,领土又大,为什么是个弱国?

答:"因为许多人都是自私自利,不能团结,好像一盘散沙。"

是的,是的!我现在不问旁人,我问一问你们自私不自私?你们个人拍拍良心:你自己自私不自私?①

在此,张伯苓通过与学生的对话,提到了一个触及学生灵魂深处的大问题:自己自私不自私?张伯苓接着阐述道:"'自私',实在是中国民族的一种最大的劣根性。这种'劣根性'若是不从根本上铲除了,中国人非当亡国奴不可!"接下来,张伯苓提出了克服自私自利的有效良方,那就是要有"公"的品质。张伯苓说:"在古时候,'先王以孝治天下',所以有'国泰民安'的景象。因此有人提倡读'孝经',利用'忠''孝'的观念去维系人民,去改良国政。我看我们中国人最需要的就是一个'公'字。我们都应当读'公经'。因为中国人没有团体观念,没有国家观念,就是没有认识清楚这一个'公'字。所以凡是一个公共机关的职员都会千方百计的刮油,公家越闹越穷,私人反倒肥起来了。这种行为正是亡国奴。国家还能不灭亡吗?若是不打算救亡那就不用说了,若是肯救亡的话,那么,第一件最要紧的事情,就是先养成大家'为公'的精神,使全国的风气,都由'私'转到'公',先公而后私。……一个国家的人民都除掉自私自利的心,一致的为国努力,这个国家一定要富强起来的。"②

---

① 崔国良编:《张伯苓教育论著选》,人民教育出版社1997年版,第232—233页。
② 崔国良编:《张伯苓教育论著选》,人民教育出版社1997年版,第233页。

因为中国人没有"公"的观念,而是有自私自利的观念,所以,教育的重要任务之一就是培养学生"公"的品质。张伯苓接着说:"现在我们不要恨我们的敌人,我们应当恨自己。你们或者说中国人觉悟的并不算快,但是时候到了,自然就会有办法的。"张伯苓讲完上述内容之后,又与学生展开了如下的对话:

> 提到"公",你先问一问你自己是不是"公"。提到"自私",你先问一问你自己是不是"自私"。在宜昌有没有为水灾募捐的事情?
> 答:"有!"
> 你们都捐钱来没有?
> 答:"捐了钱的。"
> 那么,捐钱少的岂不是聪明学生,捐钱多了,不就是"傻小子"一个吗?这话好像是很合理的,是不是?
> 答:"不是。"
> 你们又到别处劝别人捐钱来没有?
> 答:"去了的。"
> 现在正是我们努力做工的时候,应当多多的做工,你们做来没有?
> 答:"在宜昌还未施行。"
> 宜昌有没有公共体育场?
> 答:"没有。"
> 那么,你们各校的学生为什么不肯一齐动手,建筑一个公共体育场?大家合作,这不是一件很容易的事情吗?你们仔细的想一想,应当做的事情太多太多了,为什么不大家合作呢?我们常常说,中国有四千多年的文化,但是在这种古老的文化里面,并没有一种很好的出路可走,这有什么用处呢?青年人应当多多的做事情,越多出血汗,多多做工,自己精力也越大,这是个很真切的道理。①

以上,张伯苓通过与学生的对话,激发了学生的爱国心,激发了学生对"公"的品质的培养的热情。张伯苓最后总结说:"总结起来,中国人第一个劣根性是'敷衍',现在应当深深的认识我们自己,积极的向前求进步。第一

---

① 崔国良编:《张伯苓教育论著选》,人民教育出版社 1997 年版,第 233—234 页。

件事情必须先有'为公'的精神;第二件事情就是努力死干。你们应当知道知识能力是越用越增加。在北方有一句话说,'能者多劳',我看不如说是'劳者多能'。因为越是多受劳苦的人,越能有机会增加他的能力。"①张伯苓关于"劳者多能"的思想具有重要的意义,体现和反映了实践第一的观点。"劳"就是一种具体的实践活动,在实践中,人们不仅可以获得对事物的认识,而且通过实践能够提高人们的能力。

张伯苓通过与学生的对话,引发学生的思考,引发学生对国家的爱,培养公的品质。张伯苓用这种方法对学生进行教育,收到了很好的效果。这为思想政治理论课教师在教学中通过对话进行教学提供了一个很好的范例。

(二)情景教学法

情景是指"(具体场合的)情形;景象。"②在一定的具体的情景中,作为对特定情景的反映,人们总会产生相应的思想、观念、情感、态度。

张伯苓目睹"国帜三易"的情景而决心教育救国。词曲家王莘在北京天安门广场看到红旗飘扬的情景,顿生灵感,创作了著名歌曲《歌唱祖国》。方志敏在上海法国公园门口看到写着"华人与狗不准进园"的牌子顿生耻辱之心。方志敏在《可爱的中国》中详细记述了他亲眼看到的一个情景:一个士兵由于没钱买票而受到日本轮船船员藤条和竹片的抽打,并被吊到铁栏杆外让江水浸泡;一个工人同样由于没钱买票也被吊到铁栏杆外让江水浸泡;一个妇女由于没钱买票受到船员的调戏侮辱。③方志敏亲眼看到的这个情景让他产生了这样的感受:"我也走回统舱里,向我的铺位上倒下去,我的头像发热病似地胀痛,我几乎要放声痛哭出来。""朋友,这是我永远不能忘记的一幕悲剧!那肥人指挥着鞭打,不仅是鞭打那三个同胞,而是鞭打我中国民族,痛在他们身上,耻在我们脸上!啊!啊!朋友,中国人难道真比一个畜生都不如了吗?你们听到这个故事,不也很难过吗?"④方志敏联系他所看到的其他情景说:"朋友,以后我还遇着不少的像这一类或者比这一类更难堪的事情,要说,几天也说不完,我也不忍多说了。总之,半殖民地的中国,处处都是吃亏受苦,有口无处诉。但是,朋友,我却因每一次受到的刺激,就更

---

① 崔国良编:《张伯苓教育论著选》,人民教育出版社 1997 年版,第 234 页。
② 中国社会科学院语言研究所词典编辑室:《现代汉语词典》(第 5 版),商务印书馆 2005 年版,第 1116 页。
③ 方志敏:《可爱的中国》,《方志敏全集》,人民出版社 2012 年版,第 124—128 页。
④ 方志敏:《可爱的中国》,《方志敏全集》,人民出版社 2012 年版,第 128 页。

加坚定为中国民族解放奋斗的决心。我是常常这样想着，假使能使中国民族得到解放，那我又何惜于我这一条蚁命！"①同胞受帝国主义侮辱的情景刺激了、坚定了方志敏为民族独立、人民解放而奋斗的决心。

情景教学法，就是在教学过程中通过综合运用多种教学手段，借助图片、音频、视频、实物及其他教学用具，创设、形成形象、生动、感人的环境和氛围，从听觉、视觉、感觉等方面唤起学生身临其境的感觉，让学生在这种环境和氛围中感受教学内容，进而达到理解与认识的升华，达到教学的目的。在情景教学法当中，既可以由教师创设一定的情景，也可以由学生创设一定的情景，从而让学生在一定的情景中体验、感悟。

1. 由教师创设情景

我们看国家级教学名师杨鹏程是怎样运用情景教学法进行教学的：

  同学们，假设现在是抗日战争时期，日本侵略军团团包围了学校，把全班同学押解到操场上，咱们的班主任为了保护大家壮烈牺牲——这当然是假设，他现在正站在教室后面笑眯眯地看着大家。日寇挨个审问：兵工厂藏在哪里？武器藏在哪里？粮食藏在哪里？伤病员藏在哪里？大家可以有三个选择：第一，大义凛然，痛斥日军，同侵略者以死相拼，当英雄。但这要付出生命的代价，当烈士。第二，既不反抗也不背叛，领张良民证回家种地，当"良民"。第三，一溜小跑领着日军去找工厂、武器、粮食、伤病员，卖国求荣，当汉奸，不仅可以保全生命，还可以升官发财。现在给大家一分钟思考时间再作选择——当然你要设想不是悠闲自在地坐在教室里听老师讲故事，而是真实的情景再现：明晃晃的刺刀和乌黑的歪把子机枪对着你的胸膛，生死一念之间，已经有好几位同学抛头颅洒热血倒下了。

  一分钟过后开始表决，令人欣慰的是全班50多人有30多个选择了当英雄、当烈士，但也有10多人选择当"良民"；令人遗憾的是，居然有一位举手选择当汉奸。

  我让三种选择各推举一名代表陈述理由，他们的回答出人意料，简明扼要，十分精当，都用了两段格言表达：

  选择当英雄、当烈士的理由：——人生自古谁无死，留取丹心照汗

---

① 方志敏：《可爱的中国》，《方志敏全集》，人民出版社2012年版，第128—129页。

青!宁为玉碎,不为瓦全!

选择当"良民"的理由:——好汉不吃眼前亏。留得青山在,不愁没柴烧。

选择当汉奸的理由:——人为财死,鸟为食亡。人不为己,天诛地灭。

我作了小结发言:

选择当英雄、当烈士的同学们,正因为你们的英勇抗争,才有抗日战争的胜利,才有中国的今天!你们是民族的脊梁,中国的希望!你们将和抗联"八女投江"的女英雄、狼牙山五壮士、把敌人引进伏击圈的放牛郎王二小一样,百世流芳,万代景仰!在此,我谨代表全国人民向你们致以崇高的敬礼!

选择当"良民"的同学们,假如几亿中国人个个都只想着怎样保全自己那一亩三分地的青山,患得患失,贪生怕死,委曲求全,逆来顺受,960万平方公里的青山都让敌人占领了,哪里还有你的柴烧?

至于选择当汉奸的这位同学,也许这并不是你发自内心的选择而是出于哗众取宠。但我要告诉你,当汉奸虽然可以一时苟且偷生,荣华富贵,但汉奸都没有好下场,结局是:千夫所指,为人唾骂,死得难看,遗臭万年![1]

杨鹏程教师在教学中运用情景再现的方法,再现了日寇侵略中国的具体情景,让学生有一种身临其境感,在这种情景中,学生必须在三种不同的选项中做出选择,而三种不同的选择,有三种不同的结局和评价。显然,运用历史情景再现的方式进行教学要比空洞说教、讲大道理效果要好。这种历史情景再现的教学法,由于有学生参与其中,我们也可以称之为参与式教学法。当然,这样的教学法,由于有师生对话,我们也可以称之为师生对话式教学法。由于有师生之间的互动,我们还可以称之为互动式教学法。

2. 由学生创设情景

2007年5月26日,《光明日报》以"在铭记历史中坚信'三个选择'"为题,重点报道了清华大学"中国近现代史纲要"课堂教学的情况:"不久前的一天,清华大学第六教学楼的一间教室里,气氛肃穆。站在讲台上的是来

---

[1] 杨鹏程:《师德三说》,李有增、谢新水主编:《名师谈教学·素养篇》,人民出版社2014年版,第96—97页。

自计算机系的李超和王岳青两位同学,他们正在演示自己制作的关于南京大屠杀的专题课件。台下的 100 多位同学则在两位同学的要求下站立着听讲,伴随着李超和王岳青悲痛激愤的解说,台上大屏幕播放着一幅幅惨绝人寰的图片。演示进行了 30 分钟,同学们也站了 30 分钟。'南京大屠杀除了日本方面的原因,作为中国人,我们也要反省自己在文化和人格上的缺陷。只有自强才能得到别人的尊重,虽然今天中国已经强大起来,但我们仍要不断地进行反省,今天的中国人,在精神上还有多少缺陷?有多少人还记得南京大屠杀?又有多少人还记得 12 月 13 日是什么日子?今天,我们让同学们站着看完演示,就是想让大家以严肃的态度,来面对同胞的苦难。居安思危,奋发图强。希望大家能记住今天的感受,并传承下去!'回应李超和王岳青这段结束语的,是 100 多位同学的掌声。"①

我们从清华大学"中国近现代史纲要"课的教学实践中,可以知道,在教学中,发挥学生的主体性,由学生选择历史的题材进行讲解、解说,可以培养学生的崇高感。由于学生年龄、经历、阅历相仿,更言易培养其崇高感。

五、文学艺术熏陶法

2011 年,清华大学马克思主义学院和美术学院联合举办因材施教教学活动,以纪念中国共产党建党九十周年、辛亥革命一百周年、清华大学建校一百周年为契机,举办了"百年印象"学生作品展。此次活动共展出美术学院 200 多名本科学生结合课程学习,围绕中国共产党的伟大历程创作的美术作品,形式包括雕塑、绘画、剪纸、陶瓷、染织、油画、多媒体设计等,内容涉及马克思、毛泽东、朱德、邓小平、遵义会址、延安窑洞等。学生用艺术的手法,生动形象地表现出当代青年学生对革命先烈的缅怀,表达了对于历史的感悟和对未来的期待。②从培养学生崇高感方面来说,清华大学马克思主义学院与美术学院的做法十分成功。学生用艺术的手段,再现了他们对革命先烈的缅怀,表达了他们的情感。清华大学美术学院学生要创作这些作品,

---

① 艾四林:《推进研究型教学、提高思想政治理论课教学效果》,中共北京市委教育工作委员会、首都大学生思想政治教育中心组编:《北京高校思想政治理论课建设的探索与实践》,北京交通大学出版社 2012 年版,第 160 页。

② 成林萍:《思想政治理论课的教学设计与创新研究——以"中国近现代史纲要"课为教学个案》,姚小玲教学技能与方法工作室:《思想政治理论课教学方法改革的理论研究与实践探索》,航空工业出版社 2014 年版,第 60 页。

第一，必须学习、熟悉那段历史。第二，那段历史在学生心中激起波澜，引起他们的激动和感动及创作的冲动。第三，他们在激动、感动、冲动的心理状态下构思他们的作品。第四，他们以他们掌握的艺术手段创作出作品，既展示那段历史鲜明生动的形象，又借其作品表达他们的情感。这些作品既反映和体现了革命先烈的崇高，又表达了学生个人的崇高感。这些作品被创作出来后，就成为提升人们审美素养的艺术作品，通过展览展示，影响更多的人受到鼓舞、感染。

"崇高的价值载体首先是体现这种冲突与抗争过程的艺术作品。"[①]因而，要培养人的崇高感，一个重要的途径和方法就是欣赏具有崇高美的艺术作品。这就是艺术欣赏途径，即美育途径。一般认为，对文学艺术的欣赏是美育的一个重要途径。在美学及美育学中，美，一般是指优美，而不包括崇高。在更宽泛的意义上，美包括崇高。因而，通过对文学艺术的欣赏不仅可以培养人的优美感，而且可以培养人的崇高感。因此，在思想政治理论课教学过程中，教师有必要引导学生欣赏古今中外的文学艺术，通过对古今中外文学艺术的欣赏培养学生的崇高感。在古今中外的文学艺术作品中，那些具有崇高内容的都可以成为培养学生崇高感的重要资料。下面我们通过若干典型的文学艺术作品来领略文学艺术作品中的崇高美。

（一）小说

雷锋读了小说《沉浮》之后，感受到简素华的那种坚强不屈的意志，那种高尚的共产主义风格，那种克服困难的决心和信心，那种艰苦朴素的工作作风，对群众那样的关怀，因而认为这位女同志是值得学习的。而沈浩如则是一个有严重资产阶级意识的人，处处只为个人打算，怕吃苦，对他那些可耻的行为，必须坚决反对。可见优秀的小说通过其鲜明的人物形象能够使人辨别是非、善恶、美丑，因而具有提升人的精神境界的作用。

苏联作家奥斯特洛夫斯基的小说《钢铁是怎样炼成的》描述了以瓦莉亚为代表的苏联共产党人视死如归的气概："瓦莉亚直到最后一刻都表现得很好。他们死得都像真正的战士。我不知道他们从哪儿来的那股力量。他们死得那么悲壮，简直无法用言语形容。他们走近绞架的时候，瓦莉亚唱了起来。我从未听到过这样的歌声——只有视死如归的人才能如此慷慨激昂地歌唱。

---

① 王旭晓：《美学原理》，上海人民出版社 2000 年版，第 72 页。

她唱的是《华沙革命之歌》，那两个同志也和着她唱。宪兵用马鞭疯狂地抽打他们，但是他们似乎感觉不到疼痛。"①从这一段描述中，我们看到了以瓦莉亚为代表的苏联共产党人的崇高品格，他们视死如归，慷慨赴死，大义凛然。

《钢铁是怎样炼成的》有一段人们耳熟能详的名言："人最宝贵的是生命。生命每个人只有一次。人的一生应当这样度过：当回首往事的时候，他不会因为虚度年华而悔恨，也不会因为碌碌无为而羞愧；在临终的时候，他能够说：'我把整个生命和全部精力都献给了世界上最壮丽的事业——为人类的解放而斗争。'"②这段话表达了作者崇高的人生观和价值观：即人的一生应当是有意义的一生，有意义的一生也就是为人类解放而斗争的一生。为人类的解放而斗争的一生，也就不再是虚度年华的一生，不再是碌碌无为的一生。在此"最宝贵"说明了生命的珍贵，"只有一次"说明了生命的唯一性，这样，在唯一的生命、最宝贵的生命中，一个人应当如何做呢？那就是为人类的解放而奉献自己的一切。这是积极进取的人生观，这是为人民服务的人生观，这是为人类的解放而奋斗的人生观。因而，是崇高的人生观。

这段话的后面还有一句："人必须抓紧时间充分地生活，因为一场莫名其妙的疾病或一次意外的悲惨事故都可能使生命突然终止。"这句言简意赅的话阐明了生命的脆弱与易逝。生命既然是如此脆弱和易逝，那么，人在生命终止以前，应当努力积极地作为。保尔的这句话是对其生命历程的注解。保尔有许多次的历险，切实地感觉到生命的易逝和脆弱。在理解保尔的这句名言时，不应当把保尔的这句话理解为人生的虚无，而是应当认识到这是人生的现实。切实地认识到这一点，人才能更加自觉地利用生命的存在发挥生命的功能，做有益于人类的事，从而使自己的人生有意义。

人活着的意义就在于做有益于人类的事情，因此人不能苟且偷生。当保尔认识到人生的这一意义后，当他遇到进一步的挫折——因为身体的疾病而看起来不能再为人类做有益的事情时，保尔曾一度悲观失望，万念俱灰，他对自己存在的意义产生了动摇、怀疑，即认为：自己已经残废，自己的存在没有了意义，没有了价值，因此，保尔曾产生强烈的自杀念头，但经过自己的思想斗争，进一步活下去的念头占据了上风，他没有自杀，而是选择坚强地活下去。保尔要以其他方式显示人生的意义。小说具体揭示了保尔的心理活动："他想起了基辅无产阶级革命领袖博什·叶夫格妮亚·波格丹诺娃。这

---

① [苏] 奥斯特洛夫斯基：《钢铁是怎样炼成的》，吉林大学出版社 2011 年版，第 79 页。
② [苏] 奥斯特洛夫斯基：《钢铁是怎样炼成的》，吉林大学出版社 2011 年版，第 123—124 页。

位久经考验的女地下工作者得了肺结核,丧失了继续工作的能力,不久前自杀身亡。她在简短的遗书中解释了自己这样做的理由:'我不能接受生活的施舍。既然成了党的累赘,就没有必要继续活下去了。'他是否也应该毁灭掉这个背叛了他的肉体呢?朝心口开一枪——一切烦恼就都结束了!以往既然能够生活得不错,那么今天也应当能适时地结束生命。谁能责备一个不愿意做垂死挣扎的战士呢?"①保尔这样想着,内心进行着思想斗争,这时,保尔又有了新的想法,并且这个想法最终占了上风:"老兄,这不过是虚假的英勇行为,任何一个笨蛋都能随时冲着自己开一枪。这是摆脱困境的最怯懦也是最容易的办法。活得艰难,就自杀。对于胆小鬼来说,没有比这更好的出路了。可你试过去战胜这种生活吗?你是否已经尽了一切努力来冲破这个铁环呢?难道你已经忘记了在诺沃格勒·沃沦斯基城下,是如何一天发起十七次冲锋,最终攻克了那座城市的吗?把手枪藏起来,永远不要对任何人提起这件事。纵然生活到了实在难以忍受的地步,也要能够活下去。要竭尽全力,让生命变得有益于人民。"②这样,保尔经过激烈的思想斗争,终于在头脑中战胜了自杀的念头,并把那种想自杀的念头看成是"胆小鬼"的做派。这样,保尔就战胜了自我,从自杀的阴影中走出来,开始了新的生活。

人的生命只有一次,要好好地以自己的生命为人类服务,为人类做贡献。即使一个人遇到了天大的困难,也要勇敢地活下去。要为人民服务,就不能轻言自杀,就不能随便死亡。除非自己的死对社会、对他人、对国家、对民族有积极意义,否则决不能随便自杀。这就是保尔的生死观,就是保尔的人生观,就是保尔的死亡哲学。

(二)优秀影视剧

在一段时间内,电视剧《亮剑》特别为人所喜欢。电视剧《亮剑》根据都梁的同名小说改编拍摄。《亮剑》塑造了以李云龙为代表的英勇抗战的八路军将士的群像。在这部电视剧中,无论是八路军高级将领,无论是李云龙这样的中级干部,也无论是普通战士,一个个都形象高大鲜明,生动感人,体现了他们勇于牺牲、坚决杀敌的气概和大无畏的民族精神。以李云龙为代表的八路军将士体现和反映了人民军队的崇高,中国共产党的崇高。《亮剑》对国民党军人楚云飞的塑造也是立体的,楚云飞和李云龙虽然有矛盾和冲突,

---

① [苏]奥斯特洛夫斯基:《钢铁是怎样炼成的》,吉林大学出版社2011年版,第170页。
② [苏]奥斯特洛夫斯基:《钢铁是怎样炼成的》,吉林大学出版社2011年版,第171页。

但在团结对外、共同抗日这个问题上却是一致的,他们的合作抗日反映和体现了以爱国主义为核心的民族精神。

李云龙关于逢敌必亮剑的论述,更是电视剧的核心精神,也就是崇高精神。李云龙说:"古代剑客们在与对手狭路相逢时,无论对手有多么的强大,就算对手是天下第一的剑客,明知不敌,也要亮出自己的宝剑。即使是倒在对手的剑下,也虽败犹荣,这就是亮剑精神。事实证明,一支具有优良传统的部队,往往具有培养英雄的土壤。英雄或是优秀军人的出现,往往是由集体形式出现,而不是由个体形式出现。理由很简单,他们受到同样传统的影响,养成了同样的性格与气质。任何一支部队都有着它自己的传统。传统是什么?传统是一种性格、是一种气质!这种传统与性格,是由这支部队组建时首任军事首长的性格与气质决定的。他给这支部队注入了灵魂。从此不管岁月流逝,人员更迭,这支部队灵魂永在。这是什么?这就是我们的军魂,我们国家进行了22年的武装斗争,从弱小逐渐走向强大,我们靠的是什么?我们靠的就是这种军魂,靠的就是我们军队广大指战员的战斗意志。纵然是敌众我寡,纵然是身陷重围,但是我们敢于亮剑,我们敢于战斗到最后一人。一句话,狭路相逢勇者胜。亮剑精神,是我们国家军队的军魂。剑锋所指,所向披靡。"

《亮剑》的艺术魅力十分巨大。笔者一个朋友的儿子,是个高中生,在假期有睡懒觉的惰性,但一听到播放《亮剑》的声音,立即起床观看。百度贴吧中有专门的"《亮剑》贴吧",许多网友热情讨论对《亮剑》的观感,包括具体的人物和情节。一个网友说,自己印象最深的是:独立团骑兵连被日军包围后,战斗到只剩下连长一人,但连长宁死不屈,高举战刀,高喊"骑兵连,前进",英勇地冲向敌人,最后壮烈牺牲。一位网友提出这样一个问题:假如今天有外敌入侵,你是否会参军报国?这位网友自问自答说:反正自己会参军报国。许多网友跟帖说:一定参军报国。由此可见,《亮剑》激起了观众多么强烈的爱国情感。

思想政治理论课教师应当引导学生在课下观看欣赏像《亮剑》这样的优秀电视剧,培养学生的崇高情怀。

(三)豪迈诗文

朗基努斯认为,崇高的文章具有塑造人的灵魂的作用。"真正崇高的文章总是可以提升我们的灵魂,让我们心中充满自豪感,满足感和炫耀的高兴,

第六章 崇高的人格塑造

似乎是我们自己创作了那篇文章。"朗基努斯还指出："真正伟大的作品应该经得起长期反复的检验。人们很难，甚至是不可能抵抗崇高作品的魅力，还有它在记忆深处留下的坚固不可磨灭的印象。总体而言，你可以认为，崇高带来的真理和美存在于那些古往今来人人爱读的诗文中。"[①] 在文学艺术的百花园中，有许多文学艺术充满了崇高精神，具有崇高的风格，这样的崇高精神是作者高尚情怀的外显，是作者崇高追求的流露。这样的文学艺术作品有助于人们精神境界的提升。

1919年11月9日，李大钊在《新生活》第12期上发表了一篇题为"牺牲"的杂感：

> 人生的目的，在发展自己的生命，可是也有发展生命必须牺牲生命的时候。因为平凡的发展，有时不如壮烈的牺牲足以延长生命的音响和光华。绝美的风景，多在奇险山川。壮绝的音乐，多是悲凉的韵调。高尚的生活，常在壮烈的牺牲中。

叶朗对此评论说："这是在讲人生哲学，同时也是讲美学。李大钊在这里讲的奇险的山川，悲凉的韵调，都属于壮美（或崇高）的范畴。李大钊这篇短文的意思是说，人生中的壮美（或崇高）的境界，常常是同艰苦的奋斗、壮烈的牺牲联系在一起的。……如果说，优美这种美的形态，是着重显现社会实践中主体和客体的统一与和谐，在这种主客体的统一与和谐中，显示了人的劳动与创造的力量，显示了人所达到的自由；那么，壮美（或崇高）这种美的形态，则着重显现社会实践中主体与客体的矛盾与冲突，显现人在征服自然和改造社会的实践中所经历的艰苦的斗争与壮烈的牺牲，在这种艰苦的斗争与壮烈的牺牲中，同样显示了人们改造世界的生命力与创造力，同样显示了人们达到的自由。壮美和优美都是自由的显现。但壮美比之优美，包含更多的社会伦理的内容，也更能激起人们为实现崇高理想而奋斗的热情。"[②] 李大钊的《牺牲》是一篇充满崇高精神和崇高风格的短文，读后特别给人以力量感和豪迈感，特别有助于人们崇高感的激发。李大钊另一篇同样充满崇高风格、给人以崇高感的短文是发表于1923年12月20日《新民国》第1卷第2期的《艰难的国运与雄健的国民》：

---

① ［古希腊］朗基努斯著，马文婷译：《论崇高》，《美学三论》，光明日报出版社2009年版，第13页。
② 叶朗：《中国美学史大纲》，上海人民出版社1985年版，第654—655页。

> 历史的道路，不全是平坦的，有时走到艰难险阻的境界。这全是靠雄健的精神才能冲过去的。
>
> 一条浩浩荡荡的长河大河，有时流到很宽阔的境界，平原无际，一泻万里。有时流到很逼狭的境界，两岸丛山叠岭，绝壁断崖，潇湘流于其间，曲折回环，极其险峻。民族生命的进展，其经历亦复如是。
>
> 人类在历史上的生活，正如旅行一样。旅途上的征人所经过的地方，有时是坦荡平原，有时是崎岖险路。老于旅途的人，走到平坦的地方，固是高高兴兴地向前走，直到崎岖的境界，愈是奇趣横生。觉得至此奇绝壮绝的境界，愈能得到一种遇险的美趣。
>
> 中华民族现在所逢的史路，是一段崎岖险阻的道路。至这一段道路上实在亦有一种奇绝壮绝的景致，使我们经过此段路的人，感到一种壮美的趣味。但这种壮美的趣味，是非有雄健的精神，不能够感觉到的。
>
> 我们的扬子江黄河可以代表我们的民族精神，扬子江及黄河遇见沙漠遇见山峡都是浩浩荡荡地往前流过去，以成其浊流滚滚，一泻万里的魄势。目前的艰难境界，哪能阻抑我们民族生命的前进。我们应该拿出雄健的精神，高唱着进行的曲调，在这悲壮歌声中，走过这崎岖险阻的道路。要知在艰难的国运中建造国家，亦是人生最有趣味的事……

在思想政治理论课教学中，引导学生欣赏这样具有崇高精神和崇高风格的文章是必不可少的。

在思想政治理论课教学中恰当地引入诗词可以激发和培养学生的崇高感，原因在于："作为一个美学概念或范畴，'崇高'并不只为西方美学、西方悲剧艺术所特有。在中国诗歌数千年的发展历程中，'崇高'也始终是它的一种精神向度，而这和历代诗人的命运与职责深刻相关，尤其是和一些伟大的诗人想要照亮和提升一个民族的心魂的努力有关。"[①]（王家新）而中国历史上这些伟大诗人的崇高情怀在中国近现代历史中得到更充分的体现，"中国近现代史上留下众多壮丽的诗篇，传达了历史当事人对国家民族的忧思与奋斗挫折、个人追求与民族命运的碰撞融合，充分呈现了历史人物的主体性。"[②]体现和反映了中国人民在近现代历史进程中的崇高精神。民族英雄林

[①] 张江、高建平、李国平、王杰、王家新：《文学呼唤崇高》，《人民日报》2014年8月29日，第24版。

[②] 胡俊修、匡南樵：《诗词教学法在"中国近现代史纲要"课教学中的运用探析》，《思想教育研究》2013年第2期。

则徐《赴戍登程口占示家人》中的"苟利国家生死以,岂因祸福避趋之",展现了林则徐视死如归、忠诚无私的爱国主义精神。维新派志士谭嗣同面对死亡的到来,写下《狱中题壁》,留下了"我自横刀向天笑,去留肝胆两昆仑"的诗句,反映和表达了谭嗣同以死报国的英雄气概。毛泽东的《七律·长征》("红军不怕远征难,万水千山只等闲。五岭逶迤腾细浪,乌蒙磅礴走泥丸,金沙水拍云崖暖,大渡桥横铁索寒,更喜岷山千里雪,三军过后尽开颜。")一诗艺术地展现了中国共产党及中国工农红军不怕困难、勇于克服困难的精神。毛泽东的《七律·人民解放军占领南京》("钟山风雨起苍黄,百万雄师过大江。虎踞龙盘今胜昔,天翻地覆慨而慷。宜将剩勇追穷寇,不可沽名学霸王。天若有情天亦老,人间正道是沧桑。")特别形象地描绘了我人民解放军百万雄师突破长江天险的恢宏气势。

而以毛泽东、朱德、陈毅等为代表的老一辈无产阶级革命家不仅仅是伟大的革命家,而且许多还是卓越的伟大诗人,他们诗词的风格不尽相同,但有一个共同点,那就是都具有崇高的精神。毛泽东的每一首诗词都是特定时代的产物,都可以看作是对某一时期的反映,既是对当时社会实际的反映,也是毛泽东当时精神世界的写照,因而,在思想政治理论课教学过程中,适当地引用毛泽东诗词以讲解、阐述思想政治理论,不仅可能而且必要。"毛泽东诗词气势磅礴,恢弘浩瀚,有着鲜明的时代感和厚重的历史纵深感,堪称中国革命的伟大史诗,具有惊天地、泣鬼神的崇高美,具体表现为:第一,具有崇高美的自然物的发现和描写;第二,无产阶级英雄形象的塑造;第三,表现诗人的豪迈胸怀和伟大气魄。"[①]毛泽东诗词的崇高美在于,既有描述自然崇高的,也有描述社会事物崇高的,还有揭示人的崇高情怀的,而且经常是有机地结合在一起。如反映青年毛泽东崇高情怀的《沁园春·长沙》:

独立寒秋,湘江北去,橘子洲头。看万山红遍,层林尽染;漫江碧透,百舸争流。鹰击长空,鱼翔浅底,万类霜天竞自由。怅寥廓,问苍茫大地,谁主沉浮?

携来百侣曾游。忆往昔峥嵘岁月稠。恰同学少年,风华正茂;书生意气,挥斥方遒。指点江山,激扬文字,粪土当年万户侯。曾记否,到中流击水,浪遏飞舟?

[①] 彭萍:《毛泽东的诗论与诗词》,湖南大学出版社2007年版,第214页。

我们再看毛泽东的《沁园春·雪》，这是一首优美与崇高统一于一体的词：

> 北国风光，千里冰封，万里雪飘。望长城内外，惟余莽莽；大河上下，顿失滔滔。山舞银蛇，原驰蜡象，欲与天公试比高。须晴日，看红装素裹，分外妖娆。
>
> 江山如此多娇，引无数英雄竞折腰，惜秦皇汉武，略输文采；唐宗宋祖，稍逊风骚。一代天骄，成吉思汗，只识弯弓射大雕。俱往矣，数风流人物，还看今朝。

我们看一首寓崇高于优美的词——《卜算子·咏梅》：

> 风雨送春归，飞雪迎春到。已是悬崖百丈冰，犹有花枝俏。
> 俏也不争春，只把春来报。待到山花烂漫时，她在丛中笑。

这首词给人一幅优美的报春图的美感。但在这优美中，同时包含着崇高。那就是梅不怕风雪，不怕严寒的风格。

所以，在教学中恰当地引入中国历史上、特别是中国近现代史上、尤其是中国现代史上老一辈无产阶级革命家的诗词有助于增添教学内容，有利于学生崇高感的培养。根据教学目的需要，恰当地引入相关的诗词，抑扬顿挫、朗朗上口地呈现在学生面前，不仅可以让学生感受到诗词之美，也可以让学生感受到教学之美，同时还可以让学生体悟崇高，感悟崇高。

思想政治理论课教学实践证明，在思想政治理论课教学中适时恰当地引入诗词是一种有效的方法，这就是思想政治理论课中的诗词教学法。所谓诗词教学法，是一种以多种形式呈现诗词、对主要教学内容形成补充并相得益彰的教学方法。诗词教学法是提升思想政治理论课教学实效性和增强教学感染力的有益方法。在思想政治理论课教学中运用诗词教学法，体现了高校思想政治教育加强人文关怀的新诉求，体现了宏观历史与微观历史叙事的契合；运用诗词进行教学是对主旋律教育内容的多维补充，是历史亲历者的"在场"见证，是微观历史场景的生动呈现，是社会背景、大众心态的形象表达；诗词教学法可以提升教学的魅力，展示教学的人文底蕴，可以提升学生的人文素养,使其在课堂上"诗意地存在"。①

(四)红色歌曲

中国人民公安大学人文社科部贺学琴副教授在"毛泽东思想和中国特色社会主义理论体系概论"课教学中,讲到"毛泽东思想"这部分内容时,引入"音乐情景式"教学,播放并由学生组织小合唱演绎代表不同时代的歌曲《东方红》《春天的故事》等,歌颂不同时代的伟人及其历史功绩。值得一提的是,在这样一个设计下,学生充分发挥特长,老歌新唱,将传统音乐与现代流行音乐相结合,在课堂上热情展示,悠扬快乐的音乐声中,一种历史责任感和民族自豪感油然而生。这种"音乐情景式"教学法达到了"以美感人、以情动人"的教学效果。②

在门类众多的文学艺术作品中,歌曲是一种特别的艺术。它的特别之处在于,歌曲不仅可以由专门的演员来演唱,而且通过一定的学习,一般的大众都可以歌唱,并且可以众人合唱。在众多的歌曲中,有一类歌曲被称为红色歌曲,红色歌曲是抒发中国共产党人及其领导的人民军队、人民大众豪迈情怀的歌曲,是具有崇高品质的歌曲,典型的如《黄河大合唱》《义勇军进行曲》,等等。歌唱红色歌曲有助于培养人们的崇高感。笔者在井冈山干部学院参加培训期间,在井冈山干部学院教员的组织下,与其他学员一起齐唱红色歌曲。不仅自己参与到演唱活动中去,而且与其他的班级一同比赛唱。在演唱的过程中,笔者感觉到红色歌曲特别能够滤除一个人的私心杂念,特别能提升一个人的精神境界,特别能够抒发革命者的崇高情怀。红色歌曲的演唱活动是一个培育学生崇高感的有效方法。在思想政治理论课教学中,根据音乐对人潜移默化的作用,有必要引入红色歌曲,教学中引入红色歌曲有如下几种方式:(1)教师本人亲自演唱。教师本人亲自演唱,会特别受到学生的喜爱,这是因为,学生从老师的教学及歌唱中,不仅可以感受到教师在理论方面的修养,而且感受到教师在音乐文艺方面的修养。当教师以亲自歌唱来表达相关内容时,教师神情专注地投入于歌唱之中,就会紧紧地吸引学生的注意,不仅以歌词本身的内容打动学生,而且以歌曲本身的情感打动学生。(2)运用多媒体播放。这又分为两种情况:一是在课堂教学中播放与教学内

---

① 胡俊修、匡南樵:《诗词教学法在"中国近现代史纲要"课教学中的运用探析》,《思想教育研究》2013年第2期。
② 贺学琴:《对提高高校思想政治理论课课堂教学有效性的思考》,姚小玲教学技能与方法工作室:《思想政治理论课教学方法改革的理论研究与实践探索》,航空工业出版社2014年版,第133页。

容相关的音乐乐曲。一是在课堂教学休息时间播放，这个时间播放的音乐以优美轻松的音乐为主，既放松学生紧张的神经，又陶冶学生的情感。（3）请学生歌唱。在教学中，如果发现有歌唱特长的学生，可以鼓励学生唱。这是发挥学生积极性的重要手段。（4）教师与学生一起演唱。这时教师与学生融为一体。师生的思想、情感有机地交融在一起。众多师生一起合唱革命歌曲，效果最为理想。

在教学中，可供选唱的红色歌曲特别丰富，仅以歌唱祖国的歌曲为例，就有：《祖国，慈祥的母亲》《母亲祖国》《父母祖国》《祖国你好》《我的祖国》《我和我的祖国》《歌唱祖国》《祖国》《我的祝福你听见了吗》《祖国的阳光》《祖国的黎明》《祖国的春天》《祖国的好江南》《亲爱的祖国》《祖国啊！我永远热爱你》《祖国万岁》《我爱祖国的蓝天》《为伟大祖国站岗》《当祖国召唤的时候》《祖国在我心中》《你是我的父母，我是你的兵》《与祖国有约》《祖国美》《中国往事》《我们的祖国歌甜花香》《致祖国》《祖国啊，母亲》《中国的年》《国旗飘扬的地方》《祖国年年好》《祖国之恋》《中华合家欢》《这就是我的祖国》《祖国啊我亲爱的祖国》《我爱我的祖国》《和谐大家园》《我的祖国美如画》《芬芳祖国》《为祖国远航》《喊一声，祖国我爱你》《感谢祖国》《客家儿女祝福祖国》《我深深爱恋的祖国》《祖国情怀》《祖国，我的母亲》《为了祖国的缘故》《祖国，我永远祝福你》《回报祖国》《心随祖国一起飞》《祖国生日礼赞》《祖国，我想你》《祖国啊，我的心》《祖国放歌》《祖国真大》《五星红旗》《五星红旗我爱你》《没有共产党就没有新中国》《东方红》《今天是你的生日》，等等。这些歌曲尽管风格各异，但热爱祖国是这些歌曲的共同特点，都能激动人心、鼓舞士气、给人以正能量。在所有红色歌曲中，国歌《义勇军进行曲》最充分地反映了中华民族的爱国主义精神、中国精神。"中华民族到了最危险的时候"，"把我们的血肉筑成我们新的长城"，"冒着敌人的炮火前进"，国歌《义勇军进行曲》"记录了我英雄的中华民族在百年救亡中所走过的光辉道路，显示了我中华民族崇高的民族之魂"[①]。因此，应当通过演唱以国歌《义勇军进行曲》为代表的红色歌曲，把崇高的民族精神、中国精神世世代代传下去。

我们的思想政治理论课教学当然不能变成音乐会，但应在教学中根据教学目的的需要，结合具体的教学内容，适当把红色歌曲引入课堂。

[①] 羊涤生：《时代呼唤崇高——重铸我民族之魂》，北京走进崇高研究院编：《纵论走进崇高——首次崇高理论研讨会文集》，人民出版社 2011 年版，第 54 页。

习近平指出:"在社会主义核心价值观中,最深层、最根本、最永恒的是爱国主义。爱国主义是常写常新的主题。拥有家国情怀的作品,最能感召中华儿女团结奋斗。范仲淹的'先天下之忧而忧,后天下之乐而乐',陆游的'王师北定中原日,家祭无忘告乃翁''位卑未敢忘忧国''夜阑卧听风吹雨,铁马冰河入梦来',文天祥的'人生自古谁无死,留取丹心照汗青',林则徐的'苟利国家生死以,岂因祸福避趋之',岳飞的《满江红》,方志敏的《可爱的中国》,等等,都以全部热情为祖国放歌抒怀。"①因而,在思想政治理论课教学中,教师可以而且应当讲述、引用有关文艺的内容,引导学生在对优秀文艺作品的欣赏中培养崇高感。

六、校园文化培育法

在思想政治理论课教学中培养学生的崇高感,具体可行的一个做法就是充分挖掘运用本校的文化资源,并充实到思想政治理论课教学内容中。任何有一定历史的高等学校都其特定的学校历史、特定的具有一定影响力的人物和事件、校园文化,这些内容都是思想政治理论课教学可以运用的校园文化资源,运用学校自身的校园文化培育学生的崇高感可以让学生感觉亲近、自豪。下面我们试以南开大学的校园文化为例,来说明如何运用校园文化培育学生的崇高感。

现在的南开大学是由过去的私立南开大学发展而来的,而私立南开大学是南开系列学校的一部分,南开中学、南开大学培养了以杰出校友周恩来为代表的成千上万的各类人才。南开大学厚重的历史积淀为南开大学思想政治理论课教师提供了丰富的历史文化资源。

南开系列学校主要创办人张伯苓先生在回顾南开学校历史时曾系统论述了创办南开学校的动机、目的及训练方针。张伯苓在谈到南开学校的创办动机时指出:"南开学校之创办人,为严范孙先生。先生名修,字范孙,为清名翰林。为人持己清廉,守正不阿。戊戌政变前,任贵州学政,首以奏请废科举,开经济特科,有声于时。政变后,致仕家居。目击当时国势岌危,外侮日急,辄以为中国欲图自强,非变法维新不可,而变法维新,又非从创办新

---

① 习近平:《在文艺工作座谈会上的讲话》(2014年10月15日),《人民日报》,2015年10月15日。

教育不可。其忧时悲世之怀,完全出乎至诚。凡与之交者,莫不为之感动。"①这是说,南开学校创办人严范孙先生的办学动机,就是为了变法维新。严范孙正是在变法维新从而创办教育的动机支配之下创办了南开学校的。

接着,张伯苓先生回顾了自己从事教育的动机。张伯苓先生说:"光绪二十三年,英人继德、俄之后,强租我威海卫,清廷力不能拒,允之。威海卫于甲午战时,为日人占据,至是交还,政府派通济轮前往接收,移交英国。其时苓适毕业于北洋水师学堂,在通济轮上服务,亲身参与其事,目睹国帜三易(按:接收时,先下日旗,后升国旗,隔一日,改悬英旗),悲愤填胸,深受刺戟!念国家积弱至此,苟不自强,奚以图存,而自强之道,端在教育。创办新教育,造就新人才,及苓将终身从事教育之救国志愿,即肇始于此时。"②由此可见,张伯苓是在受了"国帜三易"的严重刺激之后,立志要办教育,其基本的动机就是避免国家的贫弱。张伯苓进一步说:"翌年,苓离船,接严先生之聘,主持严氏家塾。严先生与苓同受国难严重刺戟,共发教育救国之宏愿。六年后(清光绪三十年十月),严氏家塾扩充为中学,此南开学校创立之缘起也。"③这就是说,由于严范孙与张伯苓有共同的教育救国思想,他们在共同的思想支配之下,创办了南开学校。他们创办南开学校并非为了谋取个人私利,而是为了教育救国。由此可见,严范孙与张伯苓创办南开学校的动机是纯正的、高尚的。张伯苓进一步论述了南开学校的办学目的。张伯苓先生说:"南开学校系因国难而产生,故其办学目的,旨在痛矫时弊,育才救国。"这就明确地指出了,严范孙和张伯苓创办南开学校的目的在于"救国"。为什么要以教育救国呢,教育能起到什么作用呢?张伯苓指出,要通过教育,治疗"五病":

> 窃以为我中华民族之大病,约有五端。首曰"愚",千余年来,国人深中八股文之余毒,民性保守,不求进步。又教育不普及,人民多愚昧无知,缺乏科学知识,充满迷信观念。次曰"弱",重文轻武,鄙弃劳动,鸦片之毒流行,早婚之害未除,因之民族体魄衰弱,民族志气消沉。三曰"贫",科学不兴,灾荒叠见,生产力弱,生计艰难。加以政治腐败,贪污流行,民生经济,濒于破产。四曰"散",两千年来,国人蛰伏于专

---

① 崔国良编:《张伯苓教育论著选》,人民教育出版社1997年版,第305页。
② 崔国良编:《张伯苓教育论著选》,人民教育出版社1997年版,第305页。
③ 崔国良编:《张伯苓教育论著选》,人民教育出版社1997年版,第305页。

制淫威之下，不善组织，不能团结。因此个人主义畸形发展，团体观念，极为薄弱。整个中华民族有如一盘散沙，而不悟"聚则力强，散则力弱""分则易折，合则难摧"之理。五曰"私"，此为中华民族之最大病根。国人自私心太重，公德心太弱，所见所谋，短小浅近。只顾眼前，忽视将来，知有个人，不知团体。其流弊所及，遂至民族思想缺乏，国家观念薄弱，良可慨也。

上述五病，实为我民族衰弱招侮之主因。苓有见于此，深感国家缺乏积极奋发，振作有为之人才，故追随严范孙先生，倡导教育救国，创办南开学校；其消极目的，在矫正上述民族五病，其积极目的，为培育救国建国人才，以雪国耻，以图自强。①

在张伯苓看来，当时中华民族有五病，即愚、弱、贫、散、私。而南开学校创办的目的，从消极方面说，就是矫正上述五病，从积极方面说，是为培育救国建国人才，以雪国耻，以图自强。因而，南开学校包括南开大学的教育目的并不在于个人的发财致富，而在于国家强大、民族强盛。在论述了创办南开学校的动机、目的之后，张伯苓提出并阐发了南开学校的训练方针。南开学校的教育训练方针共有五点：一曰重视体育，二曰提倡科学，三曰团体组织（包括学术研究、讲演、出版、新剧、音乐研究会、体育、社团等），四曰道德训练，五曰培养救国力量。②张伯苓总结说：

> 上述五项训练，一以"公能"二字为依归，目的在于培养学生爱国爱群之公德，与夫服务社会之能力。故本校成立之初，即揭橥"公能"二义，作为校训。惟"公"故能化私，化散，爱护团体，有为公牺牲之精神；惟"能"故能去愚，去弱，团结合作，有为公服务之能力。此五项基本训练，以"公能"校训为指导原则，而"公能"校训，必赖此基本训练，方得实现。分之为五项训练，合之则"公能"二义，允公允能，足以治民族之大病，造建国之人才。四十年来，我南开学校之训练，目标一贯，方法一致，根据教育理想，制定训练方案，彻底实施，认真推行，深信必能实现预期之效果，收到良好之成绩也。③

---

① 崔国良编：《张伯苓教育论著选》，人民教育出版社1997年版，第305—306页。
② 崔国良编：《张伯苓教育论著选》，人民教育出版社1997年版，第306—310页。
③ 崔国良编：《张伯苓教育论著选》，人民教育出版社1997年版，第310页。

张伯苓在回顾南开学校历史之后总结说："南开学校四十年奋斗之史迹，略具于斯。当年创立，系受国难之刺戟，而办学目的，全在育才以救国。至于训练方针，在实施'公''能'二义，藉以治民族大病。"①"盖南开过去，无时不在奋斗中，亦无时不在发展中，日新月异，自强不息，为我南开师生特有之精神。南开学校在过去，如可认为对于救国事业，稍著微绩；则在将来，对于建国工作，定可多有贡献也。"②在此，张伯苓特别指出了南开师生特有之精神就是"日新月异，自强不息"。由此可见，南开学校在其办学动机、办学目的、办学方针等方面，都着眼于学生公能素质的培养，也就是说，南开学校并不是着眼于培养学生个人去升官发财。因而，南开学校的精神是崇高的。

事实上，张伯苓在《南开学校四十年之回顾》一文之前，多次论述了南开精神。1939年3月25日，在昆明校友分会欢迎会上，张伯苓讲话指出："南开学校四十年来精神是一贯的。中日战争之后，严范孙先生看到我们不如人的原因，我当时在北洋水师学堂受到很大的刺激，所以决定了根本从教育方面着手计划，改造中国。我一向对于教育就非常重视，全国中学有科学仪器设置的，亦以南开为最早。改造中国的目的要复兴民族与国家。""南开的校训是'公''能'两个字。'能'的意思，就是对于身体的锻炼与知识的培植。'公'的意思，就是为公众，摒除自私自利。中国人向来犯这两种病，近来全国人士对南开已渐渐认识了。"③张伯苓先生还说："中国现在是在难与险中争生存。难者，国家如同船行上水，逆水行舟，大家如同拉船的人，非一齐用力拉不行；险者，如同船行下水，惊涛骇浪，只要大家群策群力，向着一个目标向前走，不见得马上就好，然而前途不见得不光明。"④在此，张伯苓以船行水上为比喻，说明当时中国所面临的形势和任务，并要求南开人在"难"与"险"的形势下，勇敢地承担起自己的责任来。

1937年7月29日至30日，日寇连续轰炸南开大学、南开中学、南开女子中学。对此，张伯苓在南京接受记者采访时表示："敌人此次轰炸南开，被毁者为南开之物质，而南开之精神，将因此挫折，而愈益奋励。故本人对于此次南开物质上所遭受之损失，绝不挂怀，更当本创校一贯精神，而重为南开树立一新生命。本人惟有凭此种精神，绝不稍馁，深信于短期内，不难建

---

① 崔国良编：《张伯苓教育论著选》，人民教育出版社1997年版，第319页。
② 崔国良编：《张伯苓教育论著选》，人民教育出版社1997年版，第319—320页。
③ 崔国良编：《张伯苓教育论著选》，人民教育出版社1997年版，第296页。
④ 崔国良编：《张伯苓教育论著选》，人民教育出版社1997年版，第297页。

立一新的规模。"①表达了张伯苓对重建南开学校的信心和决心。1937年9月26日,张伯苓在武汉南开校友会上演讲说:"教育是立在精神上的,而不是立在物质上的。""本人以为建立一个大学,精神难而物质易。"对于南开大学被日寇炸毁这件事,张伯苓表示:"如今牺牲掉,本人并不过分爱惜,因南开精神已散布于全国,愈毁坏,愈有更新发展之可能。"②表达了对重建南开大学的自信。1938年10月,张伯苓在一次讲话中指出,中国为什么能坚持抗战?就是因为中国人有一种浩然之气。张伯苓说:"我研究中国为什么能如此,是因为中国人得到正义。孔曰成仁,孟曰取义。孟子叫成浩然之气。这浩然之气的养成是积义所生。"③这浩然之气从何而来呢?张伯苓说:"这浩然之气是与生俱来。也是中国的圣人所教给我们的,因为压迫的太厉害,所以奋勇抗战。南开也是如此,敌人越压迫,我们越要起来。这气可以帮助国人抗战与建国。一年多建设的完全统一了,大家不要忽略,这是气的功绩。"④中华民族历史上一直讲究浩然之气,这种浩然之气就是崇高之气,中华民族有浩然之气,南开师生也有浩然之气。张伯苓说:"南开受压迫,特别的努力,中国人民也是如此。中国的兵不溃,全国有自信力,越打力量越强,最后胜利一定是我们的。我们借此机会建国,实在感谢日本人!从前以教育的方法给大家灌输民族意识,现在日本人打的大家都有民族意识了。"⑤

南开学校的历史在一定意义上是中国近现代史的缩影,南开大学的发展是与中国近现代历史的进程相伴随的。在"中国近现代史纲要"课的教学中,插入有关南开学校历史的内容,不仅丰富了教学内容,而且由于南开学校的历史与南开学生的亲近关系,必然吸引学生,特别是南开师生的艰苦奋斗历程一定会在学生心中产生深远厚重的影响。

南开学校在其发展过程中,形成了独具特色的南开精神,南开精神的集中概括是:允公允能,日新月异。南开老校长张伯苓先生对"允公允能,日新月异"具体解释如下:"允公是大公,而不是小公,小公只不过是本位主义而已,算不得什么公了。惟其允公才能高瞻远瞩,正己教人,发扬集体的爱国精神,消灭自私的本位主义。""允能者,是要做到最能,要建设现代化国家,要有现代化的科学才能,而南开学校的教育目的,就在于培养有现代化

---

① 崔国良编:《张伯苓教育论著选》,人民教育出版社1997年版,第278页。
② 崔国良编:《张伯苓教育论著选》,人民教育出版社1997年版,第279页。
③ 崔国良编:《张伯苓教育论著选》,人民教育出版社1997年版,第292页。
④ 崔国良编:《张伯苓教育论著选》,人民教育出版社1997年版,第293页。
⑤ 崔国良编:《张伯苓教育论著选》,人民教育出版社1997年版,第293页。

才能的学生,不仅要求具备现代化的理论才能,而且要具有实际工作的能力。""所谓日新月异,不但每个人要能接受新事物,而且要成为新事物的创始者;不但要能赶上新时代,而且要能走在时代的前列。"结合南开学校的办学目的、办学实践及其实际培养的人才来看,南开精神实质上是以爱国主义为核心的民族精神,是勇于创新、与时俱进的精神。①因而,也就是具体的中国精神,可以说,南开精神就是中国精神的南开表达,是中国精神在南开学校的具体体现。在"思想道德修养与法律基础"课教学中,有"弘扬中国精神,共筑精神家园"的内容,在这部分内容的教学中,插入有关南开精神的内容,必将深化学生对中国精神的理解,可以帮助学生认识到,对于南开学校的学生来说,弘扬中国精神的具体途径之一,就是弘扬南开精神;弘扬南开精神就是弘扬中国精神。这样就可以使"弘扬中国精神"的要求化为学生的实践。这当中,"允公"作为对南开师生品德的要求,具有非常丰富的内涵,"允公"是育人为本、德育为先的教育思想,"允公"是以爱国主义为核心的民族精神,"允公"是对中华民族优良道德传统的继承和弘扬,"允公"是为人民服务的人生观和以奉献为自身追求的价值观,"允公"是社会主义道德建设的要求,"允公"是建设社会主义核心价值体系的举措,"允公"要求致力于培育和践行社会主义核心价值观。②南开学校杰出校友周恩来总理是践行"允公允能,日新月异"的典范。在思想政治理论课教学中,把具有南开特色的"允公允能,日新月异"思想有机地结合进教学内容中,再配以周恩来总理的伟大业绩、伟人风范,就会让学生感到思想政治理论课中对学生的品德要求,绝不是空洞说教,而是有着丰富具体的内容。

  总之,在长期的办学实践中,南开大学"把课堂教学、校园文化、学生实践的有机结合作为育人的基本环节,十分重视营造和运用高品位的校园文化气氛,发挥学校深厚文化底蕴的育人功能,注意进行校史、校训、校歌和不忘国耻的教育,不断赋予'允公允能、日新月异'校训以新的时代意义,以周恩来校友为楷模塑造学生健全的人格,爱国爱校,勤奋朴实,奋发进取,成为风尚。学校鼓励学生参与丰富多彩的社会实践和社团活动,既增强了能力,也培养了敬业乐群的品德。"③南开大学思想政治理论课教师的教学实践

---

① 宋成剑:《张伯苓及其南开精神论析》,《天津市教科院学报》2004年第4期。
② 宋成剑:《论"允公"》,南开大学党委宣传部、南开大学校史研究室编:《南开"公能"校训与社会主义核心价值观》,南开大学出版社2014年版,第80—83页。
③ 逄锦聚:《大学要紧紧抓住教学中心和培养人的根本任务》,《大学教育教学论》,高等教育出版社2005年版,第33页。

证明，在思想政治理论课教学中，教师结合教学的具体内容，穿插体现南开精神的历史、事件、人物、典故，既能吸引学生参加教学，又有助于培养学生的爱国主义情操和高尚情感。

现在，许多高校都形成了以校训为其核心精神的各有特点的校园文化，显示了各个大学求真、致善、臻美的崇高追求，比如，清华大学的校训是：自强不息，厚德载物；中国人民大学和天津大学的校训是：实事求是；北京师范大学的校训是：学为人师，行为世范；北京理工大学的校训是：德以明理，学以精工；复旦大学的校训是：博学而笃志，切问而近思；上海外国语大学的校训是：格高志远，学贯中外；中山大学的校训是：博学、审问、慎思、明辨、笃行；山东大学的校训是：气有浩然，学无止境，等等。在思想政治理论课教学中，结合具体的教学内容，穿插本校的校训、校史、人物、事件等，是有效培养学生崇高感的教学方法。

七、运用红色资源法

在对大学生进行崇高感教育的过程中，一个重要的途径是运用红色资源培养学生的崇高感。"红色资源是中国共产党在领导中国人民进行革命斗争和现代化建设实践中所形成的，能够被开发、利用的具有重要价值的各种精神及其物质载体的总和。"[①]进一步地说，"红色资源包括物质形态和精神形态两方面。物质形态的红色资源主要指：遗址、故居、遗迹、文本、图像、声音等等。精神形态的红色资源主要指：长征精神、延安精神、大庆精神等精神财富。红色资源的物质形态以精神形态为内核，精神形态以物质形态为载体。"[②]红色资源内含、体现的精神就是中国共产党及其领导下的人民军队、人民群众的崇高精神。因此，我们所谓以红色资源培育大学生的崇高感，就是以红色资源中所内含的崇高精神来培育大学生的崇高感。红色教育资源的核心是其中所表现的伟大的崇高的精神，就具体的精神来说，如战争年代形成的井冈山精神、长征精神、延安精神、西柏坡精神，建设时期形成的大庆精神、雷锋精神、焦裕禄精神、"两弹一星"精神、九八抗洪精神、抗击"非

---

① 康丹丹：《红色资源纳入高校思想政治理论课教学体系的应然与实然论析》，《思想教育研究》2012年第7期。
② 康丹丹：《红色资源纳入高校思想政治理论课教学体系的应然与实然论析》，《思想教育研究》2012年第7期。

典"精神、抗冰精神、抗震救灾精神等。这些具体的精神各不相同,但它们都体现了中国共产党和中国人民在革命和建设年代的英勇精神,"这些崇高精神是中国共产党人对中华民族优良传统的继承、提炼和升华,是中华民族精神的集中体现,是中华民族宝贵的精神财富。"[①]这些精神作为红色教育资源,有具体的可感知的物质载体,那就是英雄人物的事迹、历史文献、文物、革命遗址、纪念馆、烈士陵园、博物馆、展览馆等。

2004年8月下发的《中共中央、国务院关于进一步加强和改进大学生思想政治教育的意见》(中发〔2004〕16号)强调指出:"以爱国主义教育为重点,深入进行弘扬和培育民族精神教育。要充分发挥爱国主义教育基地对大学生的教育作用,如各类博物馆、纪念馆、展览馆、烈士陵园等爱国主义教育基地,对大学生集体参观一律实行免票。"这一要求,既指出了加强大学生思想政治教育的重要内容,也指出了加强大学生思想政治教育的重要途径。对大学生进行爱国主义教育,在大学生中弘扬和培育民族精神,就是对学生进行崇高教育。这些爱国主义教育基地,就是思想政治理论课教学的重要红色教育资源。在思想政治理论课教学中,对学生崇高感的培养,应当充分利用这些红色教育资源。每一地方的高校都有当地的红色教育资源,思想政治理论课教师应当充分发掘运用。比如,对云南昆明的高校来说,本地红色教育资源有:云南陆军讲武堂旧址,朱德旧居,李公朴、闻一多先生殉难处等。在云南师范大学校园内,就有"一二·一"运动纪念馆、"一二·一"运动大型纪念雕塑、西南联大旧址、四烈士墓、李公朴先生衣冠冢、闻一多先生衣冠冢、民主草坪、闻一多先生塑像等。天津的红色教育资源有:中国共产党北方工作委员会旧址、周恩来邓颖超纪念馆、平津战役纪念馆、天津博物馆、蓟县烈士陵园等。在南开大学内,有周恩来塑像、西南联大纪念碑(复制)、于方舟雕像等。在天津大学内,有张太雷雕像、著名经济学家马寅初的雕像等。

文物是红色教育资源中的一个重要部分。在思想政治理论课教学中,学校及教师充分利用历史文物、特别是革命历史文物进行教育,是培育学生崇高感的一个重要途径。文物是前人遗留下来的能反映其精神风貌的物品。早在1991年,中共中央宣传部、国家教育委员会、文化部、民政部、共青团中央、国家文物局六部门就联合发出关于充分利用文物进行爱国主义和革命传统教育的通知,要求坚持不懈地对青少年和广大群众进行中国近代史、现代

---

① 刘丽琼:《思想政治理论课教学接受论》,人民出版社2009年版,第213页。

史及国情的教育，通知指出，利用丰富的文物对群众进行热爱祖国、热爱党、热爱社会主义的教育，具有直观、形象、真实、可信的特点，易于为人们接受和理解，在某些方面有着优于一般口头讲解、文字宣传的教育效果，是青少年了解历史、认识国情、学习传统的重要途径和生动教材。[①]文物承载了前人的精神，通过利用文物进行思想政治教育，不仅可以让受众直观、形象地了解历史、了解国情，而且可以感受前人的崇高，从而走向崇高。我国是一个历史悠久、富于革命传统的国家，拥有丰富的文物资源。据不完全统计，仅文物系统现有的博物馆、纪念馆等就有上千座，文物藏品达上千万件。其中，鸦片战争以来留存下来的历史文物、革命文物就达40余万件。[②]对这些文物资源，我们应当充分利用。

《中共中央宣传部、教育部关于进一步加强高等学校思想政治理论课教师队伍建设的意见》指出："完善实践教学制度。要从本科思想政治理论课现有学分中划出2个学分、从专科思想政治理论课现有学分中划出1个学分开展本专科思想政治理论课实践教学。要探索实践育人的长效机制，提供制度、条件和环境保障，确保不流于形式。各类博物馆、纪念馆、展览馆、烈士陵园等有教育意义的场所，要对开展思想政治理论课实践教学实行免票。"[③]依靠红色资源，开展社会实践教学，培养学生崇高感的一个形式是有意识地开展红色旅游。"红色旅游是指以与中国共产党和中国革命、建设、改革等有关的革命纪念地或纪念物为旅游目的地的旅游活动。"[④]红色旅游可以使游客在游览中放松身心、增加阅历，同时学习革命精神，接受革命传统教育，鼓舞和振奋的精神。红色旅游地的建筑物、纪念馆、纪念碑、历史遗迹、革命遗址等都具有崇高的特征，能给人以崇高感。特别是纪念碑，由于其形体高大，同时它本身承载着革命先烈、英雄人物等的崇高精神，特别能给人以崇高的震撼。一位名叫何文艳的大学生在参观江西省革命烈士纪念堂之后写道："离开纪念堂之际，我向烈士深深地鞠了一躬。请你们放心，再造中华民族辉煌的重任就交给我们吧，让我们在中国共产党的领导下，继承你们的遗志，高扬你们的革命旗帜，为把我国建设成为富强、民主、文明的社会主义国家而

[①] 教育部思想政治工作司组编：《加强和改进大学生思想政治教育重要文献选编（1978—2008）》，中国人民大学出版社2008年版，第166页。

[②] 教育部思想政治工作司组编：《加强和改进大学生思想政治教育重要文献选编（1978—2008）》，中国人民大学出版社2008年版，第166页。

[③] 教育部思想政治工作司组编：《加强和改进大学生思想政治教育重要文献选编（1978—2008）》，中国人民大学出版社2008年版，第535页。

[④] 张贺、杨雪梅、陈原、刘阳：《回答时代命题，见证中国进步》，《人民日报》，2012年10月16日，第9版。

努力奋斗!"一位名叫胡莉的大学生在参观"邓小平小道"之后这样说道:"虽然我离开了'邓小平小道',但作为一个爱国主义教育基地,一个集教育、纪念、休闲为一体的纪念性公园,它所蕴含的思想观念和它所要表达的精神内涵会伴随我一生。"①这两位同学的切身感受正说明了红色教育资源在培养大学生崇高感中的作用、意义。在开展实践教学、红色旅游的具体操作上,如上海同济大学为了让学生深入理解《毛泽东思想和中国特色社会主义理论体系概论》的相关内容,为学生提供了备选的参观考察和瞻仰地点:中共一大会址、中共二大会址、鲁迅纪念馆、孙中山纪念馆、宋庆龄纪念馆、龙华烈士陵园、南京路上好八连、中国左翼作家联盟成立大会会址纪念馆、毛泽东旧居、陈云故居暨青浦革命历史纪念馆、李白烈士故居、浦东新区、嘉定毛桥村等新农村建设典型,等等。②

在现代技术条件下,红色资源还体现为影视资料。教学中结合具体教学内容,播放相关影视资料有助于增强教学效果。如有的学校为进行影视教学备选的影视作品有:《我的长征》《开国大典》《邓小平》《永远的邓小平》《百年小平》《走进小康》《大国崛起》《中国:1978—2008》等。③在实际的教学中,教师如果能结合学校自身的实际,制作精美的视频,可以起到更好的教学效果。以清华大学"思想道德修养与法律基础"课"继承爱国传统、弘扬民族精神"这一节的教学为例,他们设计了一组以鲜艳夺目的五星红旗为背景,以无限深情的《共和国之恋》乐曲为衬托,一帧帧清华"两弹一星"功勋们的音容笑貌缓缓移动的音乐视频,红底金星国旗背景和深情的乐曲烘托出英雄功勋们的形象,汇成激情澎湃的华彩乐章,将学生们的爱国情怀激发到巅峰,被点燃的爱国激情伴着热泪盈眶和掌声雷鸣,完成了一次震撼心灵的爱国主义洗礼。有学生感叹道:"当《共和国之恋》响起在耳畔,屏幕上映出了'祖国的未来就托付给你们了!'我真的、真的无法抑制地流下了泪水。谢谢您唤醒了我心中对祖国,对人民,对社会主义的责任感!我终于真切地领悟到了清华精神的真谛所在——那便是为人民共和国输送可靠的又红又专的人才!""这门课,如同戈壁中的一泓清泉,给冰冷的逻辑架构裁上了活力的肌体,为我们追求理想最大化的石梯上种满了激励的鲜花。""以前上的思

---

① 周琴:《实践教学应成为〈毛泽东思想、邓小平理论和"三个代表"重要思想概论〉课的重要环节》,汪荣有、周利生主编:《思想政治理论新课程教学研究》,安徽大学出版社2007年版,第18页。
② 李占才:《引导学生剖析现实问题能够更好地提高思政课教学的有效性》,吴潜涛、徐柏才、阎占定主编:《高校思想政治教育的理论与实践》,人民出版社2012年版,第326页。
③ 李占才:《引导学生剖析现实问题能够更好地提高思政课教学的有效性》,吴潜涛、徐柏才、阎占定主编:《高校思想政治教育的理论与实践》,人民出版社2012年版,第326页。

想政治理论课,总给我一种空洞呆板的感觉,但是听了这门课,我才发现,原来'基础'课也可以有如此戏剧般的张力和如此震撼人心的美感!"[①]

八、自然景观游历法

美学家蒋孔阳以文学的笔法给我们展示了什么是崇高:"当春风拂拂、柳絮轻飘的时候,我们来到野外,阳光灿烂,绿草如茵,碧波凝翠,我们完全被陶醉了,我们全身心都感到美。这种美是恬静的,舒适的,充满了愉快的。可是我们来到黄山的天都峰,或者泰山的南天门,那巍峨的山峰,陡峭的石级,压得人喘不过气来。我们要费好大的力气,才能赞美山势的雄伟,惊叹造化的神功。这也是一种美,但它美得那样特别,那样充满了惊奇与痛苦,那样叫人骚动不安,那样令人激起心灵的震撼和慑服。为了区别于前面那种愉快的美,一般把后者称为崇高。"[②]在此,蒋孔阳以文学的语言,通过形象化的对比,向我们揭示了两种不同的美,即优美与崇高。当然,这里蒋孔阳仅仅是向我们揭示了自然的崇高美。崇高美除了自然的崇高美之外,还有社会中的崇高美。社会中的崇高美与自然中的崇高美虽然有很大不同,但都给人以崇高感。这就给我们以启示:我们要培养学生的崇高感,一个重要的途径就是游历观览那些具有崇高美的自然景观。

《论崇高》一文的作者朗基努斯说:"一个人如果四方八面把生命谛视一番,看出一切事物中凡是不平凡的,伟大的和优美的都巍然高耸着,他就会马上体会到我们人是为什么生在世间的。因此,仿佛是按照一种自然规律,我们所赞赏的不是小溪小涧,尽管溪涧也很明媚而且有用,而是尼罗河、多瑙河、莱茵河,尤其是海洋。"这是说,人不能只是赞赏小溪小涧的美,还要赞赏尼罗河、多瑙河、莱茵河、特别是海洋的美,赞赏那些不平凡的、伟大的美。[③]

班纳特在 1681 年出版的《大地上的神圣理论》中论述了苍穹、星空、大海、高山给人的审美感受:"我认为,自然界的庞然巨物是最令人赏心悦目的。除了天上的苍穹以及浩渺无际的星空之外,没有比大海和高山更叫我感到愉

[①] 帅松林:《教材体系向教学体系、知识体系向信仰体系转化的教学探索与实践——以清华大学"思想道德修养与法律基础"课为例》,《思想教育研究》2012 年第 9 期,第 64—67 页。
[②] 蒋孔阳:《美学新论》,人民文学出版社 2006 年版,第 393 页。
[③] 转引自蒋孔阳:《美学新论》,人民文学出版社 2006 年版,第 396 页。

快了。这些巨大的东西有一种庄严和雄伟的气魄，在我们的心灵中刺激起伟大的思想和激情，使我们自然而然地想起上帝和他的伟大。"①这是说，巨大的东西，如苍穹、星空、海洋、高山具有庄严的雄伟的气魄，在人们的心中能"激起伟大的思想和激情"。

艾迪逊在其《论想象的快乐》一文中论述了宏伟（相当于崇高）的景观对人的感受："所谓宏伟，不是指某种单一物体之大小，而是巨大的整体的景观。例如漫漫无边的广阔的平原，辽阔的未开发的沙漠，连绵不尽的群山，层峦叠嶂，悬崖绝壁。这些大自然的产品，它们使我们感动的，不是新奇或美丽，而是它们那种惊人的粗犷和壮丽。我们的想象喜欢为对象所充塞，喜欢攫取那些超越吾人能力的巨大的东西。我们是以欢乐的惊奇投入这些无边无垠的壮观，从而陷入一种惊骇的喜悦。"②这是说宏伟的景观可以让人陷入"惊骇的喜悦"。

康德说："粗犷的、威胁着人的陡峭悬崖，密布苍穹、挟带着闪电惊雷的乌云，带有巨大毁灭力量的火山，席卷一切、摧毁一切的狂飙，涛呼潮涌、汹涌澎湃的无边无际的汪洋，以及长江大河所投下来的巨瀑，还有其他诸如此类的东西，它们那巨大的威力使得我们抗拒的力量，相形见绌，渺不足道。但是，只要我们自己处于安全之境，那么，它们的面目愈是狰狞可怕，就对我们愈是具有吸引力。我们欣然地把它们称为崇高，那就因为它们把我们灵魂的力量提升到了那样的一种高度，远远地超出了庸俗的平凡，并在我们的内心里面发见了另外一种完全不同的抵抗力量，它使我们有勇气去和自然这种看来好像是全能的力量，进行较量。"③康德在这段话的前半部分所说的各种各样的自然景观就是自然界中的崇高，这种崇高是力学上的崇高、威力的崇高。这种崇高对人的精神世界的影响是：把我们灵魂的力量提升到一种新的高度，远远地超越了庸俗的平凡，并在人的内心产生了与自然的力量相较量的抵抗力量。自然界力量的崇高给人的精神世界造成的这种影响，就是崇高感。

黑格尔在谈到大海给人的感受时指出："大海给我们茫茫无定、浩浩无际和渺渺无限的观念；人类在大海的无限里感到他自己无限的时候，他们就被激起了勇气，要去超越那有限的一切。"④

班纳特所说的由大海和高山所激起的"伟大的思想和激情"，艾迪逊所说

---

① 转引自蒋孔阳：《美学新论》，人民文学出版社 2006 年，第 397 页。
② 转引自蒋孔阳：《美学新论》，人民文学出版社 2006 年，第 398 页。
③ 转引自蒋孔阳：《美学新论》，人民文学出版社 2006 年，第 402 页。
④ [德] 黑格尔著，王造时译：《历史哲学》，生活·读书·新知三联书店 1956 年版，第 134 页。

的宏伟的景观让人陷入"惊骇的喜悦",康德所说的"我们灵魂的力量"的提升,黑格尔所的说的"被激起了勇气,要去超越那有限的一切",都是人的大脑在感受到自然界的崇高之后所产生的崇高感。四位哲人关于崇高及崇高感的论述给我们以启示:我们要培养学生的崇高感,一个重要的方法就是让学生在自然景观的游历中去感悟崇高、走向崇高、走进崇高。

中国有幅员辽阔的领土,有各种各样的自然景观。而这些自然景观又是与一定的人文景观结合在一起的。孔子登东山而小鲁,登泰山而小天下。一个人在自然景观的观览中,可以领略祖国山河的壮美,开阔自己的胸襟,提升自己的精神力量。崇高的自然景物当然可以激起人们的崇高感。优美的自然景物也可以激发起人们的崇高感,人们在优美的自然景观中,如果联想到这是我们伟大祖国山河的一部分,自然而然会由衷地产生对自己国家热爱的崇高情感。

在实际的思想政治理论课教学中,教师不可能把思想政治理论课教学上成自然景观的游览课,但可以在引导学生对自然美的欣赏中升华对党、祖国、人民、民族的深厚情感。

本章小结

总结已有的教育教学实践,我们在此列举了若干呈现崇高、展现崇高、让学生感悟崇高的教育教学方法,包括真情关爱学生法、倾注满腔情感法、典范人物事例法、对话引导情景教学法、文学艺术熏陶法、运用红色资源法、自然景观游历法等。在这些方法中,有些是可以在课堂教学中运用的,有些是可以在实践教学中运用的,有些则是必须在大学生社会实践中运用的。我们要根据具体情况选择合适的方法。展现思想政治理论课教学的崇高内容、培养学生的崇高感,有多种途径、多种方法。我们相信广大的思想政治理论课教师在其教学实践中都有自己探索的独特方法。广大的思想政治理论课教师应当积极交流、探讨有效有益的教学方法,共同搞好思想政治理论课教学。

雷锋成长的经历启示我们,在与学生日常的接触交流中,教师必须善于发现学生追求崇高的细微表现,及时地给予启发、教导、鼓励、表扬、帮助,积极地与学生辅导员以及有关党组织、团组织进行沟通交流,共同协作,努力把追求崇高进步的学生培养成熟起来。

结　语

结合前面几章的论述，我们可以看到，崇高（自然、社会生活中的崇高，伦理学和美学中的崇高，文学艺术中的崇高）具有重要的教育教学价值。思想政治理论课中有丰富的崇高教学内容，而学生自身有追求崇高的愿望，思想政治理论课教师以崇高的思想境界，把崇高的教学内容用适当的教学方法以崇高的风格呈现出来，就能感染学生，让学生感受崇高，走向崇高，走进崇高，践行崇高。

美学学者们在论述崇高时，一般把崇高与优美放在一起进行比较论述，认为崇高是与优美不同的另一种类型的美。有些中国学者论述崇高与优美时，还会论述崇高、优美和阳刚之美、阴柔之美的关系。一般认为，崇高是西方美学中的概念，中国古典美学中没有崇高这一概念。中国古典美学中有壮美这一美学概念，西方美学中没有壮美这一概念。[①]对于崇高与壮美二者的关系，有的学者认为，西方美学中的崇高，就是中国古典美学中的壮美；有的学者认为，西方美学中的崇高与中国美学中的壮美有相同或相通之处，但又有一定的区别。有学者进而指出了它们的不同之处。一般认为，崇高与优美是西方美学中的一对范畴，而阳刚之美与阴柔之美是中国美学中的一对范畴。崇高与优美、阳刚之美与阴柔之美这两对中西方美学的范畴，大多数学者认为是相像的，所以，著名美学家朱光潜先生在《文艺心理学》中论述刚性美与柔性美时，基本上是把它们作为和西方美学中的崇高与优美相同的范畴来对待的。[②]

优美和崇高虽然是两种不同类型的美，但却统一于人们的实践活动。在人们伟大的实践活动中，既有主体力量弱于客体力量，主体受到客体的约束、限制、压抑、压迫，但主体却毫不屈服而英勇斗争的情形，这时人们的实践

---

① 陈望衡：《当代美学原理》，武汉大学出版社 2007 年版，第 221 页。
② 叶朗：《美学原理》，北京大学出版社 2009 年版，第 337 页。

活动就表现出崇高美的特质，如精卫填海、夸父追日、愚公移山；也有主体力量胜过客体力量，主体轻松自如地控制、战胜、驾驭客体力量的情形，这时人们的实践活动就表现出优美的特质。由于主体、客体力量的不平衡性，时而主体力量占上风，时而客体力量占上风，人们的实践活动就体现出崇高与优美之间复杂多样的关系。因而，人们有时主要感受到崇高，有时主要感受到优美，有时感受到在崇高中有优美，有时感受到在优美中有崇高。2008年，当我国人民举国欢庆奥运会的举办时，5月12日突然发生了汶川大地震，地震造成了极其重大的伤亡。于是，在党的领导下，我国人民一方面迎接奥运会的召开，一方面又要怀着巨大的悲痛勇敢地抗震救灾。2008年因而成为我国人民悲喜交加的一年。这种情形在人们日常感受中的表现就是：痛苦中有甘甜，甘甜中有痛苦，苦中有乐，乐中有苦，苦乐参半。这种情形表现为人们的实践活动及其结果是：既有展现人们"敢教日月换新天"的伟大精神的浩大工程，又有表现人们"小桥流水人家"的细腻情感的精美杰作；既有表现人们豪迈情感的豪放诗词，又有表现人们温柔之情的婉约诗词。

中国共产党及其领导下的广大人民群众进行的革命、建设和改革开放事业是崇高的事业，中国共产党人及其领导下的人民群众为革命、建设和改革开放而进行的伟大实践活动是崇高的活动，他们由此形成的伟大人格是崇高的人格。崇高是我国革命、建设和改革开放的品格，是中国共产党人及其领导下的广大人民群众的人格。中国共产党人及其领导下的人民群众所进行的活动，所取得的成就，所形成的品格、人格不仅是崇高的，而且是优美的。崇高与优美在此达到和谐一致。我们可以从我们敬爱的周恩来总理身上看到崇高与优美的和谐统一。我们说，周恩来总理是崇高的，周恩来总理的崇高就在于他人格的崇高，他为了国家的强盛、民族的强大、人民的解放而日夜操劳，我们怎能不说周恩来是崇高的呢？我们又必须说，周恩来总理是优美的，周恩来的优美体现在他的风度、气质和言谈举止上。可以说，周恩来总理就是一个将崇高与优美和谐统一于一体的典型。我们有什么理由不去做周恩来总理那样崇高而又优美的人呢？

中国共产党和中国人民为崇高事业而奋斗的过程，就是建设美丽中国的过程。中国共产党和中国人民在其伟大的实践中所创造、展现的美，既有崇高，又有优美；崇高中有优美，优美中有崇高。正是由于崇高和优美的这种内在关系，我们主张，在思想政治理论课教学中，教师不仅要把思想政治理论课中的崇高美传达给学生，让学生在教学中感受崇高，产生和形成崇高感；

而且要把思想政治理论课教学的优美内容传达给学生,让学生在教学中感受优美,产生和形成优美感。"两种审美感都对人的心灵有直接的提升作用,使人们抛弃卑琐的东西,趋向高尚的人生境界。"①

思想政治理论课教学的风格除了具有庄严崇高的一面,还应当有优美和谐的一面,这样,就既可以让学生感受到思想政治理论课教学的崇高庄严,又感受到思想政治理论课教学的优美和谐,让学生得到不同的审美感受,得到多方面的精神陶冶,使学生多方面的情感得到丰富发展。邓小平在谈到文艺创作时指出:"我国历史悠久,地域辽阔,人口众多,不同民族、不同职业、不同经历和不同教育程度的人们,有多样的生活习俗、文化传统和艺术爱好。雄伟和细腻,严肃和诙谐,抒情和哲理,只要能够使人们得到教育和启发,得到娱乐和美的享受,都应当在我们的文艺园地里占有自己的位置。英雄人物的业绩和普通人们的劳动、斗争和悲欢离合,现代人的生活和古代人的生活,都应当在文艺中得到反映。"②邓小平这一关于文艺的论述对于我们进行思想政治理论课教学具有重要的启示意义。一般来说,雄伟、严肃、哲理、英雄人物、"悲离"是崇高的事象,会让人产生崇高感,而细腻、诙谐、抒情、普通人物、"欢合"是优美的事象,会让人产生优美感。在思想政治理论课教学中,把崇高与优美的内容有机地穿插于教学之中,让人产生多样化的美感,是我们追求的效果。这样的一种教学效果,也就是毛泽东所主张、邓小平多次强调的这样一种情形:又有集中又有民主,又有纪律又有自由,又有统一意志,又有个人心情舒畅、生动活泼。③

事实上,有的思想政治理论课教师已经在教学中做到了这一点,这是值得我们广大的思想政治理论课教师学习借鉴的。河北师范大学朱月龙教授在谈到"中国近现代史纲要"课教学时说:"中国近现代史是一部跌宕起伏的历史,其气势如虹,既有硝烟战火,又有诗情画意;既有屈辱痛苦,又有前赴后继的奋斗;既有艰难曲折,更有喜庆动人的场景。在课堂上如果能将慷慨激昂、悲愤低沉、轻松欢快的感情色彩融入教学内容之中,将一幕幕场景有声有色地再现出来,必定使学生在对旧中国屈辱历史的回顾中,对侵略者暴行的愤怒中,对蒋介石百万大军灰飞烟灭的笑声中,对革命先烈浩然正气的

---

① 胡家祥:《审美学》(修订版),北京大学出版社2010年版,第179页。
② 邓小平:《在中国文学艺术工作者第四次代表大会上的祝词》,《邓小平文选》第2卷,人民出版社1994年版,第210页。
③ 邓小平:《完整地准确地理解毛泽东思想》,《邓小平文选》第2卷,人民出版社1994年版,第44页。

赞叹中,对党和人民胜利的欢乐、振奋中,受到感染和教育。"①一部中国近现代史本身就是一部跌宕起伏的历史,在这样一部历史中,人们因经历不同的事件自然而然地具有不同的情感,人们因屈辱而悲愤,人们因胜利而喜庆,人们面对艰难勇于克服而慷慨激昂,中国近现代史历程本身的复杂多样性使得人们在面对不同境遇时产生不同的情感。在思想政治理论课教学中,特别是"中国近现代史纲要"课教学中,教师在讲解不同的历史事件、历史人物、历史进程等教学内容时,自然而然地就有相应的感情、情感,并以这种感情、情感去感染学生、影响学生。因为情感、感情具有多样性,所以,思想政治理论课教学中的以情感人,具体地说,就是以多样化的情感感人,而不是以单一化的情感、感情感人。在多样化的情感、感情中,使学生的情感得到多样化的熏陶、陶冶和感染,从而使学生成为情感充实、丰富、完满的人。

  美并非只有优美和崇高两种类型,美还有其他类型。社会中存在着各种不同的物象,有优美的,有滑稽的,有崇高的,当然还有其他各种美的形态,如悲。当社会中的各种美经过思想政治理论课教师的艺术加工,并以美的形态呈现出来时,我们就会感到思想政治理论课教学中的各种美。因而,思想政治理论课教师在教学时,由于具体教学内容的不同,会有各种不同的美产生,有优美,有滑稽,有崇高,有悲剧。教师在教学中时间过长地让学生欣赏一种类型的美,会让学生产生审美疲劳,所以,理想的教学应当是以各种类型的美参差交错地呈现于学生,从而让学生产生不同的美感。因此,我们主张思想政治理论课教学应当具有崇高的风格,把思想政治理论课教学内容中所内含的崇高美呈现给学生,但我们同时又主张思想政治理论课教学要展现不同类型的美,让学生感受多方面的美,这样,通过我们的教学,学生不仅成为崇高的人,而且成为优美的人,成为具有较高审美素质从而建设美丽中国乃至建设美丽世界的人。

  总之,通过我们的思想政治理论课教学,帮助广大青年学生树立和践行社会主义核心价值观,坚定理想信念,练就过硬本领,勇于创新创造,矢志艰苦奋斗,锤炼高尚品格。②"永远热爱我们伟大的祖国,永远热爱我们伟大的人民,永远热爱我们伟大的中华民族,坚定跟着党走中国道路。"③"历

---

  ① 朱月龙:《讲好"中国近现代史纲要"课的体会》,王炳林主编:《思想政治理论课教学方法创新研究》,北京师范大学出版社 2011 年版,第 185 页。
  ② 习近平:《在实现中国梦的生动实践中放飞青春梦想》,《习近平谈治国理政》,外文出版社 2014 年版,第 50—52 页。
  ③ 习近平:《在实现中国梦的生动实践中放飞青春梦想》,《习近平谈治国理政》,外文出版社 2014 年版,第 53 页。

练宠辱不惊的心理素质，坚定百折不挠的进取意志，保持乐观向上的精神状态，变挫折为动力，用从挫折中吸取的教训启迪人生，使人生获得升华和超越。"①

---

① 习近平：《在实现中国梦的生动实践中放飞青春梦想》，《习近平谈治国理政》，外文出版社 2014 年版，第 54 页。

参考文献

《马克思恩格斯文集》第1、2卷，人民出版社2009年版。
《马克思恩格斯选集》第1、2、3、4卷，人民出版社1995年版。
《列宁专题文集·论马克思主义》，人民出版社2009年版。
《列宁专题文集·论社会主义》，人民出版社2009年版。
《列宁专题文集·论资本主义》，人民出版社2009年版。
《列宁专题文集·论无产阶级政党》，人民出版社2009年版。
《列宁专题文集·论辩证唯物主义和历史唯物主义》，人民出版社2009年版。
《列宁选集》第1、2、3、4卷，人民出版社1995年版。
《毛泽东选集》第1、2、3、4卷，人民出版社1991年版。
《周恩来选集》上卷，人民出版社1980年版。
《周恩来选集》下卷，人民出版社1984年版。
《刘少奇选集》上卷，人民出版社1981年版。
《刘少奇选集》下卷，人民出版社1985年版。
《朱德选集》，人民出版社1983年版。
《邓小平文选》第1、2卷，人民出版社1994年版。
《邓小平文选》第3卷，人民出版社1993年版。
《江泽民文选》第1、2、3卷，人民出版社2006年版。
胡锦涛：《论构建社会主义和谐社会》，中央文献出版社2013年版。
《习近平谈治国理政》，外文出版社2014年版。
中共中央文献研究室编：《习近平关于实现中华民族伟大复兴的中国梦论述摘编》，中央文献出版社2013年版。
《方志敏全集》，人民出版社2012年版。
中共中央文献研究室第二编研部：《周恩来自述》，国际文化出版公司

2009 年版。

中共中央文献研究室第二编研部：《刘少奇自述》，国际文化出版公司 2009 年版。

中共中央文献研究室第二编研部：《朱德自述》，国际文化出版公司 2009 年版。

中共中央文献研究室第二编研部：《邓小平自述》，国际文化出版公司 2009 年版。

董必武：《董必武诗选》，人民文学出版社 1977 年版。

朱德等著：《十老诗选》，中国青年出版社 1979 年版。

叶剑英：《远望集》，人民文学出版社 1979 年版。

《将帅诗词选》编委会：《将帅诗词选》，辽宁人民出版社 1987 年版。

中共中央文献研究室编：《朱德诗词集》（新编本，上下册），中央文献出版社 2007 年版。

中共中央文献研究室编：《陈毅诗词集》（上、下），中央文献出版社 2012 年版。

周振甫：《毛泽东诗词欣赏》，中华书局 2010 年版。

中共中央党史研究室：《中国共产党简史》，中共党史出版社 2010 年版。

陈锡联：《陈锡联回忆录》，解放军出版社 2007 年版。

中共中央宣传部新闻局等：《永远的丰碑》第 1 部，学习出版社 2005 年版。

中共中央宣传部新闻局等：《永远的丰碑》第 2 部，学习出版社 2005 年版。

本书编写组：《思想道德修养与法律基础》，高等教育出版社 2015 年修订版。

本书编写组：《中国近现代史纲要》，高等教育出版社 2015 年修订版。

本书编写组：《马克思主义基本原理概论》，高等教育出版社 2015 年修订版。

本书编写组：《毛泽东思想和中国特色社会主义理论体系概论》，高等教育出版社 2015 年修订版。

李爱华：《以科学态度对待马克思主义：马克思恩格斯的思想与实践》，学习出版社 2012 年版。

首都精神文明建设委员会办公室：《中华美德故事（近代篇）》，北京出版社 2012 年版。

张光年：《张光年文论选》，人民文学出版社 2009 年版。

王旭晓：《美学原理》，上海人民出版社 2000 年版。

陈伟：《崇高论——对一种美学范畴和美学形态的历史考察》，学林出版社 1992 年版。

言冰：《走近崇高》，河北人民出版社 1998 年版。

王斑：《历史的崇高形象》，上海三联书店 2008 年版。

林新华：《崇高的文化阐释》，复旦大学出版社 2009 年版。

朱鹏飞：《崇高的迷失与重生——新中国审美文化史论》，吉林大学出版社 2011 年版。

北京走进崇高研究院编：《纵论走进崇高——首次崇高理论研讨会文集》，人民出版社 2011 年版。

北京走进崇高研究院编：《走进崇高的阶梯》，人民出版社 2011 年版。

孙正聿：《崇高的位置》，人民出版社 2010 年版。

走进崇高研究院编：《中外崇高论》，人民出版社 2010 年版。

贺茂之：《走进崇高——贺茂之文论选》，人民出版社 2010 年版。

项福库、李艳：《近现代史中国历史人物讲评中的思想政治教育》，吉林大学出版社 2012 年版。

周芳：《思想政治教育审美研究》，人民出版社 2012 年版。

刘焕甲、刘芳、张家驹：《美学与思想政治工作》，解放军出版社 1992 年版。

童坦主编：《思想政治工作与美学》，天津人民出版社 1990 年版。

朱光潜：《西方美学史》（上下卷），人民文学出版社 1979 年版。

宗白华：《美学散步》，上海人民出版社 1981 年版。

王朝闻主编：《美学概论》，人民出版社 1981 年版。

王朝闻：《审美谈》，人民出版社 1984 年版。

蒋孔阳：《美学新论》，人民文学出版社 2006 年版。

杨辛、甘霖等著：《美学原理》，北京大学出版社 2010 年版。

凌继尧：《美学十五讲》，北京大学出版社 2003 年版。

张法、王旭晓主编：《美学原理》，中国人民大学出版社 2005 年版。

彭富春：《哲学美学导论》，人民出版社 2005 年版。

彭富春主编：《美学》，武汉大学出版社 2005 年版。

王无骧：《论美与人的生存》，浙江大学出版社 2010 年版。

王善忠：《美学散论》，社会科学文献出版社 1993 年版。

薛富兴：《文化转型与当代审美》，人民文学出版社 2010 年版。

曾繁仁：《生态美学导论》，商务印书馆 2010 年版。

金雅选编：《中国现代美学名家文丛：梁启超卷》，浙江大学出版社 2009 年版。

俞玉姿、张援编：《中国近现代美育论文选（1840—1949）》，上海教育出版社 2011 年版。

何庄：《尚清审美趣味与传统文化》，中国人民大学出版社 2007 年版。

祁志祥：《中国美学的文化精神》，上海文艺出版社 1996 年版。

朱志荣：《中国审美理论》，北京大学出版社 2005 年版。

李咏吟：《审美与道德的本源》，上海人民出版社 2006 年版。

朱志荣：《中西美学之间》，上海三联书店 2006 年版。

叶朗：《美学原理》，北京大学出版社 2009 年版。

陈望衡：《当代美学原理》，武汉大学出版社 2007 年版。

陈望衡：《20 世纪中国美学本体论问题》，武汉大学出版社 2007 年版。

方红梅：《梁启超趣味论》，人民出版社 2009 年版。

叶朗：《中国美学史大纲》，上海人民出版社 1985 年版。

叶朗：《美学原理》，北京大学出版社 2009 年版。

方珊：《美学的开端——走进古希腊罗马美学》，上海人民出版社 2001 年版。

章启群：《新编西方美学史》，商务印书馆 2004 年版。

邓晓芒：《西方美学史纲》，武汉大学出版社 2008 年版。

蒋孔阳：《德国古典美学》，安徽教育出版社 2008 年版。

张玉能：《席勒美学论稿》，华中师范大学出版社 2009 年版。

章安祺编订：《缪灵珠美学译文集》第 1 卷，中国人民大学出版社 1998 年版。

章安祺编订：《缪灵珠美学译文集》第 3 卷，中国人民大学出版社 1998 年版。

夏桂楣：《美学改变我们》，北京大学出版社 2011 年版。

[英]B. 鲍桑葵著，彭盛译：《美学史》，当代世界出版社 2008 年版。

[意]克罗齐著，朱光潜等译：《美学原理·美学纲要》，人民文学出版社

1983年版。

[英]埃德蒙·伯克著,郭飞译:《关于我们崇高与美观念之根源的哲学探讨》,大象出版社2010年版。

[德]康德著,何兆武译:《论优美感和崇高感》,商务印书馆2001年版。

[古希腊]朗基努斯、[古希腊]亚里士多德、[古罗马]贺拉斯著,马文婷、宫雪译:《美学三论:论崇高·论诗学·论诗艺》,光明日报出版社2009年版。

袁济喜:《传统美育与当代人格》,人民文学出版社2002年版。

[德]席勒著,冯至、范大灿译:《审美教育书简》,上海人民出版社2003年版。

马龙潜、杨杰:《知识经济与审美教育》,河南人民出版社2004年版。

钟仕伦、李天道主编:《高校美育概论》,中国社会科学出版社2006年版。

姚军著:《大学美育》,国防工业出版社2010年版。

赵道飞、陆阳秋主编:《美育与艺术鉴赏》,东南大学出版社2007年版。

李天道:《美育与美育心理》,中国社会科学出版社2006年版。

李如密:《教学风格论》,人民教育出版社2002年版。

李如密:《教学美的价值及其创造》,广东高等教育出版社2007年版。

李凤堂:《青少年生命主体性教育研究》,南开大学出版社2015年版。

《雷锋全集》,华文出版社2012年版。

胡世宗、陈广生:《雷锋传》,春风文艺出版社2011年版。

乔安山:《伤痛无声——乔安山忆雷锋》,国家行政学院出版社2012年版。

郭明义:《幸福就这么简单》,中国工人出版社2011年版。

郭明义:《我和我的爱心团队》,中华工商联合出版社2015年版。

田怀玉编:《"当代雷锋"郭明义》,新华出版社2012年版。

李征:《马克思恩格斯思想政治教育理论与实践研究》,北京大学出版社2011年版。

黄蓉生主编:《改革开放30年大学生思想政治教育若干问题研究》,西南师范大学出版社2009年版。

艾四林主编:《思想政治理论课新体系与教师队伍建设研究》,清华大学出版社2008年版。

孟宪东、高东主编:《应用型大学思想政治理论课教学模式研究》,中国政法大学出版社2007年版。

林庭芳主编:《高校思想政治理论课教育教学现代化研究》,人民出版社

2006年版。

黄淑芬主编：《教学管理与教学方法改革研究》，对外经济贸易大学出版社2006年版。

石云霞主编：《"两课"教学法研究》，武汉大学出版社2002年版。

梁桂麟、徐海波：《当代高校公共理论课教育教学研究》，中国社会科学出版社2004年版。

房玫：《思想政治理论教育教学导论》，安徽人民出版社2005年版。

林庭芳主编：《"两课"教学发展专题研究》，西南师范大学出版社2002年版。

余玉花主编：《思想道德修养与法律基础教学论》，复旦大学出版社2009年版。

刘丽琼：《思想政治理论课教学接受论》，人民出版社2009年版。

张小飞主编：《高校思想政治理论课教学与大学生思想政治工作》，西南交通大学出版社2005年版。

教育部社会科学司组编：《高校思想政治理论课教育教学热点难点问题解析》，中国人民大学出版社2007年版。

黄蓉生主编：《新世纪高校"两课"建设研究》，西南师范大学出版社2002年版。

教育部社会科学研究与思想政治工作司编：《高校思想政治理论课实践教学的探索与思考》，高等教育出版社2005年版。

刘献君：《大学德育论》，华中理工大学出版社1996年版。

陆钦仪主编：《大学德育工作通论》，四川教育出版社1998年版。

张孝宜主编：《新世纪高校理论教育途径与方法探索》，中山大学出版社2000年版。

韩源、侯德芳主编：《新世纪的高校思想政治教育》，西南财经大学出版社2002年版。

闵春发主编：《高等教育大众化与高校思想政治工作》，中央文献出版社2003年版。

赵君：《新时期高校思想政治教育队伍建设实证研究》，冶金工业出版社2008年版。

靳诺、郑永廷、张澍军等著：《新时期高校思想政治工作理论与实践》，高等教育出版社2003年版。

顾海良：《高校思想政治教育导论》，武汉大学出版社 2006 年版。

周长春主编：《新形势下大学生思想政治教育探索》，北京工业大学出版社 2005 年版。

邓卓明主编：《高校思想政治教育创新研究——以构建和谐校园为视角》，人民出版社 2009 年版。

赵祖地：《高校德育评估概论》，浙江人民出版社 2003 年版。

秦尚海：《高校德育评估论》，中国社会科学出版社 2006 年版。

刘书林、陈立思：《青年思想政治教育学原理》，中国青年出版社 1998 年版。

吴应发、朱伯兰、余长德：《新编高等学校思想政治教育学》，西南师范大学出版社 1999 年版。

刘川生主编：《大学生日常思想政治教育实效性研究》，北京师范大学出版社 2009 年版。

刘小新：《当代大学生主导价值观研究》，首都师范大学出版社 2005 年版。

杨德广、晏开利：《中国当代大学生价值观研究》，上海教育出版社 1998 年版。

黄希庭、郑涌等著：《当代大学生心理特点与教育》，上海教育出版社 1999 年版。

宋书文：《高校思想政治教育工作心理探索》，教育科学出版社 1995 年版。

教育部社会科学研究与思想政治工作司编：《高等学校"两课"教师在职攻读硕士学位教学大纲》，高等教育出版社 2000 年版。

胡斌武主编：《特区高校思想政治理论课程教学创新研究》，人民出版社 2009 年版。

张雷声主编：《新时期思想政治理论课教学方法探讨》，高等教育出版社 2006 年版。

顾海良、余双好主编：《高校思想政治理论课程教学改革研究》，武汉大学出版社 2006 年版。

骆郁廷主编：《高校思想政治理论课程论》，武汉大学出版社 2006 年版。

任者春：《思想政治理论课研究性教学理念与创新》，齐鲁书社 2006 年版。

汪荣有、周利生主编：《思想政治理论新课程教学研究》，安徽大学出版社 2007 年版。

杨慧民：《高校思想政治理论课案例教学法研究》，高等教育出版社 2007

年版。

何贻纶、陈永森、俞歌春主编：《思想政治理论课改革与教学——提高本科教学质量的探讨》，社会科学文献出版社 2008 年版。

刘素芳：《思想政治理论课改革衔接——以大中学校衔接为例》，社会科学文献出版社 2009 年版。

中共中央宣传部宣传教育局、教育部社会科学研究与思想政治工作司、共青团中央学校部组编：《加强和改进大学生思想政治教育优秀实例选编》，中国人民大学出版社 2005 年版。

杨威主编：《"思想政治教育热点"教学案例》，武汉大学出版社 2009 年版。

沈壮海主编：《思想政治教育发展报告 2009》，高等教育出版社 2009 年版。

金钊、王政堂主编：《新时期思想政治工作手册》，人民日报出版社 2009 年版。

赵金元等主编：《思想政治教育专业建设与教学改革研究》，云南大学出版社 2009 年版。

王雪凌：《马克思主义理论课教与学的统一：一种认识论的分析》，中国社会科学出版社 2011 年版。

李腊生、龚萱、闵杰等著：《高校思想政治理论课教学实效性研究》，武汉大学出版社 2011 年版。

荆兆勋等著：《思想政治教育的学科定位及建设思路研究》，山东人民出版社 2011 年版。

顾钰民主编：《高校思想政治理论课教学方法研究》，复旦大学出版社 2012 年版。

张秀荣、韦磊编著：《高校思想政治教育研究热点问题》，北京师范大学出版社 2010 年版。

谢传仓、赵军祥主编：《科学发展观"三进入"理论与教学研究》，暨南大学出版社 2009 年版。

陈跃、李强主编：《思想政治理论课科学发展观教学案例》，西南师范大学出版社 2009 年版。

吴双铁：《思想政治工作纵横谈》，解放军出版社 2010 年版。

周向军主编：《高校思想政治理论课教学改革与创新》，山东大学出版社

2011年版。

宋成剑:《精神生产视野中的思想政治教育》,光明日报出版社2011年版。

宋成剑:《思想政治理论课教学趣味论》,南开大学出版社2013年版。

张雷声、顾钰民主编:《马克思主义理论学科研究》(第4辑),高等教育出版社2009年版。

陈占安、钟明华主编:《马克思主义理论学科研究》(第5辑),高等教育出版社2011年版。

武东生、佘双好主编:《马克思主义理论学科研究》(第6辑),高等教育出版社2012年版。

郭九苓主编:《教学的魅力——北大名师访谈录》(第一辑),北京大学出版社2010年版。

吴剑平主编:《清华名师谈治学育人》(第二版),清华大学出版社2009年版。

王义遒:《谈学论教集》,北京大学出版社1997年版。

逄锦聚:《大学教育教学论》,高等教育出版社2005年版。

李珠、皮明麻主编:《中外教论荟萃》,天津社会科学院出版社1989年版。

钱伟长:《论教育》,上海大学出版社2006年版。

王宪平:《课程改革与教师教学能力发展研究》,学林出版社2009年版。

朱光潜:《我与文学及其他》,安徽教育出版社2006年版。

中共中央宣传部宣传教育局、教育部师范教育司编:《为人师表、品德高尚孟二冬》,学习出版社2006年版。

李如密:《儒家教育理论及其现代价值》,中华书局2011年版。

祖嘉合、宇文利主编:《思想道德修养与法律基础前沿问题研究》,安徽人民出版社2012年版。

洪颖编著:《踏足美利坚》,社会科学文献出版社2009年版。

崔国良编:《张伯苓教育论著选》,人民教育出版社1997年版。

[美]玛丽埃伦·韦默著,洪岗译:《以学习者为中心的教学》,浙江大学出版社2006年版。

[美]巴巴拉·G.戴维斯著,严慧仙译:《教学方法手册》,浙江大学出版社2006年版。

[澳]迈克尔·普洛瑟、基思·特里格维尔著,潘红、陈锵明译:《理解教与学:高校教学策略》,北京大学出版社2007年版。

［美］彼得·法林著，姚晓蒙、陈琼琼、李梅译：《教学的乐趣——大学新教师实用指南》，华东师范大学出版社2009年版。

李春晖：《改革开放以来高校思想政治理论课课程建设的回顾与展望》，《学校党建与思想教育》2008年第17期。

张峨建：《关于高校思想政治理论课改革的新思考》，《经济与社会发展》2006年第2期。

顾海良：《着力创新，推进高校思想政治理论课的新发展》，《思想理论教育导刊》2005年第11期。

陈志强等：《加大创新力度落实新方案》，《思想教育研究》2006年第10期。

徐云峰、张嘉友：《关于高校思想政治理论课多媒体教学的思考》，《思想理论教育导刊》2011年第6期。

花瑞锋、闫彬：《网络化课堂教学环境中思想政治理论课教师教学实践探索》，《思想理论教育导刊》2011年第6期。

王宪明、华表：《有的放矢、因材施教——清华大学"中国近现代史纲要"课程"因材施教"教学模式探索》，《思想理论教育导刊》2011年第6期。

曲澎：《高校"概论"课教学方法的多样化探索》，《思想理论教育导刊》2011年第6期。

郭正红：《"马克思主义基本原理概论"课从教材体系向教学体系转化的几点思考》，《思想理论教育导刊》2011年第6期。

徐慧：《艺术类高校"思想道德修养与法律基础"课教学改革的思考》，《思想理论教育导刊》2011年第6期。

刘文革：《内在学习动机与思想政治理论课教学实效性》，《思想教育研究》2011年第9期。

刘时新：《浅谈坚持解决思想问题与解决实际问题的一致性——兼论高校思想政治理论课"教师—辅导员结合"教学模式》，《思想教育研究》2011年第9期。

袁敏：《关于思想政治理论课教学模式的思考》，《思想教育研究》2011年第9期。

卢昌军：《利用新媒体创新大学生思想政治教育》，《人民日报》，2011年12月6日，第7版。

李鹏翔：《华中科大根据学生需求打造"两课"吸引力》，中宣部理论局、教育部社科司：《高校思想政治理论课参考资料》第 3 期。

光明日报社：《首都加强思想政治理论课建设》，《光明日报》，2009 年 2 月 9 日。

靳晓燕：《月异岁新、与时俱进——高校加强思想政治理论课教师队伍建设》，《光明日报》，2008 年 8 月 27 日。

教育部邓小平理论和"三个代表"重要思想研究中心：《创新发展高校思想政治理论课》，《光明日报》，2008 年 11 月 5 日。

江南：《理论世界无悔追寻——记马克思主义理论研究者、践行者雷云》（上），《人民日报》，2009 年 6 月 4 日。

江南：《君心一片水晶清——记马克思主义理论研究者、践行者雷云》（下），《人民日报》，2009 年 6 月 5 日。

林培雄、刘德茂：《耕耘在理论武装高地——记国防大学马克思主义教研部副主任张彬少将》，《光明日报》，2009 年 9 月 8 日。

后　记

本书是《思想政治理论课教学趣味论》的姊妹篇。

《思想政治理论课教学趣味论》是对《精神生产视野中的思想政治教育》①相关内容的深化研究，也是笔者承担的 2011 年度教育部人文社会科学专项任务项目"精神生产视野中增强思想政治理论课教学趣味研究"②的结项成果。在 2012 年教育部人文社会科学研究专项任务项目结项评审中，教育部组织专家对各课题组结项材料严格评审，共批准 84 项课题结项，其中"优秀"项目成果 8 项，"合格"项目成果 76 项。该项成果被评为优秀成果。作为结项成果，《思想政治理论课教学趣味论》被纳入"南开马克思主义研究丛书"，由南开大学出版社于 2013 年 6 月出版。2014 年，《思想政治理论课教学趣味论》在由教育部思政司指导、全国高校思想政治教育研究会组织的纪念思想政治教育学科设立三十周年优秀著作、论文和研究报告评选中获得著作类二等奖。

《思想政治理论课教学趣味论》研究的着力点在于思想政治理论课如何教学才能有趣味，也即如何教学对学生富有吸引力，让学生感觉有意思、感觉愉快，从而使思想政治理论内容深入学生内心。

在研究这个问题的过程中，笔者参阅了一些美学著作，在这些美学著作中，大都有关于崇高的精辟论述，这些关于崇高的精辟论述使笔者的心灵发生剧烈的震撼和对思想政治理论课的强烈感悟：马克思主义不是崇高的吗？毛泽东思想和中国特色社会主义理论体系不是崇高的吗？中国近现代历史所展现的中国人民进行革命、建设和改革开放的伟大实践活动不是崇高的吗？思想道德修养与法律基础课中所称的品德高尚的人不就是崇高的人吗？中国共产党、中国共产党党员、许许多多的普通个人不是崇高的吗？思想政治理论课的教育教学目标不就是培养崇高的人吗？我们身边的许多思想政治理论

---

① 纳入教育部"高校社科文库"，由光明日报出版社于 2011 年出版。
② 项目批准号：11JD710082。

课教师尽管很普通,但尽心尽力地从事思想政治理论课教学,不是很崇高吗?我们的大学生尽管有这样那样的缺点和不足,但在总体上不是求真致善臻美的吗?这不是追求崇高吗?从崇高理论的视野看,思想政治理论课教学目标是崇高的,思想政治理论课教学内容是崇高的,学生是追求崇高的,思想政治理论课教师是崇高的,那么,在此基础上,教师如何教学才能充分展现崇高的风格,塑造学生的崇高呢?这是本书要研究的问题。对思想政治理论课教学中的崇高问题,也有一些论文从某些方面、某些角度进行了论述,但是总体来看不够系统和全面。本书则试图对思想政治理论课教学中的崇高问题做一较为全面、系统、深入的研究。

在研究的过程中,笔者深深地感觉到,思想政治理论课教学不仅是科学的思想政治理论的教育教学活动,同时也是崇高的审美活动。思想政治理论课教学研究不仅要解决思想政治理论课教学对学生的吸引力问题,还要考虑在吸引学生积极参与教学的情况下,如何运用思想政治理论课中的丰富内容,使思想政治理论课教学充满崇高风格,从而以崇高感染学生、打动学生、征服学生、熏陶学生,使学生成为一个崇高的人。

崇高是美学研究的重要内容,也是哲学、伦理学、教育学、思想政治教育学等学科关注的重要内容。思想政治理论课教学与其他课程的教学一样承担着立德树人的重任,但比较说来,思想政治理论课教学更主要地承担着"立德树人"的重任,而这样一个任务的完成,就是让学生成为一个富有崇高感的人,成为一个崇高的人。那么,就有一个十分重要的问题需要我们关注和研究,那就是,如何通过我们的教学培养学生的崇高感。因而,笔者在"精神生产视野中增强思想政治理论课教学趣味研究"的基础上,进一步思考如何培养学生的崇高感。在搜集一定资料的基础上,笔者以"教学美学视野中思想政治理论课崇高教学内容及其教学方法研究——思想政治理论课教学中学生崇高感的培养"为题,申请了2012年度天津市教育委员会科研计划项目高校思想政治理论课专项任务课题,经专家评审,获准立项(项目编号:2012SZK45)。本书即为该项目的成果。

总体而言,《思想政治理论课教学趣味论》主要解决思想政治理论课教学如何吸引人的问题,《思想政治理论课教学崇高论》主要解决思想政治理论课教学如何打动人的问题。《思想政治理论课教学趣味论》和《思想政治理论课教学崇高论》结合起来,就是要解决思想政治理论课教学中如何既吸引人又打动人的问题。我们的思想政治理论课教学应当是既吸引人又打动人的。我们的思想政治理论课教学既能吸引人，又能打动人，则必然是富有实效性的教学，也就是理想的教学。《思想政治理论课教学趣味论》和《思想政治理论课教学崇高论》的研究正是为着这一理想的教学所做的有益的尝试。

笔者担任思想政治理论课教师近二十年，有一些思想政治理论课教学的经验和体验，这为本课题的研究提供了一些以教学实践为基础的直接经验。广大的思想政治理论课教师同行在其教学实践基础上都有其独特的经验和体验，这些教师在其教学实践基础上产生和形成的独特经验和体验，为笔者进行本课题的研究提供了丰富的间接经验。笔者在此深深地感谢认识的和不认识的同行们。

就广大思想政治理论课教师独特的经验和体验来说，有些教师的经验和体验已经以论文、论著等形式得以介绍、传播，更多教师的经验和体验还没有以论文、论著等形式得到介绍、传播，只有在与这些教师的交流中才能获得，这些教师的经验和体验尽管没有公开传播，但确实富有真知灼见，值得有关领导、思想政治教育专家、思想政治理论课教学专家和同行们注意、学习、借鉴、推广。

在课题申请和研究过程中，得到了武东生教授、杨谦教授、徐曼教授的指导，在此特别对他们表示感谢。本课题的研究同时得到了笔者工作单位——南开大学马克思主义教育学院及各位同事的大力支持，在此特别感谢单位领导和各位同事们。最后感谢本书责任编辑对本书的精心编校。

本课题的研究既涉及美学，又涉及马克思主义理论、毛泽东思想和中国特色社会主义理论体系、中国近现代史、思想道德修养和法律基础的丰富内容，还涉及教育学、思想政治教育学等学科的丰富知识，由于笔者知识的有限性，书中的缺点错误在所难免，恳请专家学者批评指正。

2017 年 5 月 1 日